Karl Reitzenstein

# Der Feldzug des Jahres 1621 mit der Besitzergreifung der

# Oberpfalz

Karl Reitzenstein

**Der Feldzug des Jahres 1621 mit der Besitzergreifung der Oberpfalz**

ISBN/EAN: 9783743300958

Hergestellt in Europa, USA, Kanada, Australien, Japan

Cover: Foto ©ninafisch / pixelio.de

Manufactured and distributed by brebook publishing software
(www.brebook.com)

Karl Reitzenstein

# Der Feldzug des Jahres 1621 mit der Besitzergreifung der Oberpfalz

Supplement-Heft zum Jahrbuch der Militärischen Gesellschaft
München pro 1885/87.

Der

# Feldzug des Jahres 1621

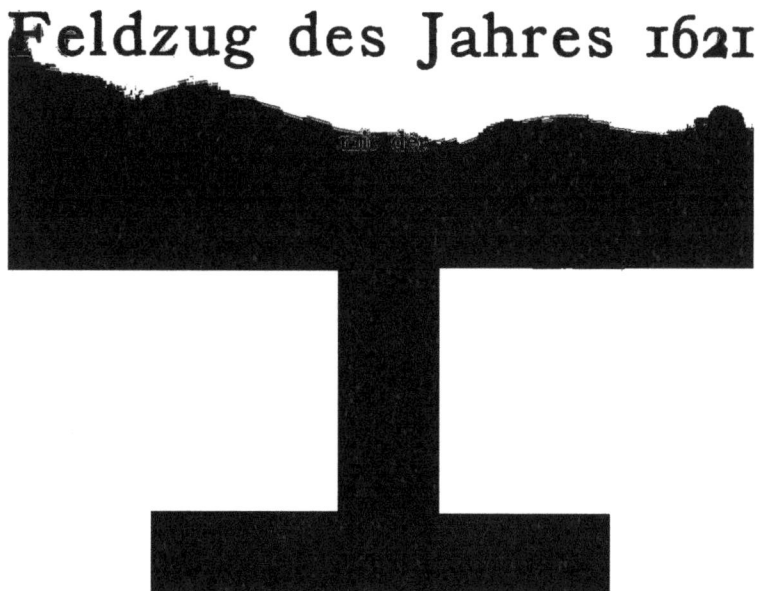

## MÜNCHEN

Akademische Buchdruckerei von F. Straub.

# Inhalts-Verzeichnis.

# Einleitung.

Am Beginne des dreissigjährigen Krieges hebt sich als bedeutsamstes Ereignis nach der entscheidenden Schlacht am weissen Berge bei Prag (1620. 8. November) die Besitznahme der ältern Oberpfalz durch den grossen Herzog und spätern Kurfürsten Maximilian I. von Bayern heraus. Dieser in seinen Folgen so wichtige Abschnitt und die vorausgehenden, beiderseitigen Unternehmungen haben vor beinahe zwanzig Jahren durch Heilmann, J; Kriegsgeschichte von Bayern, Franken, Pfalz und Schwaben 1506—1651 II. Band I. u. II. Teil, München 1868, sowie Schreiber, J. A. W., Maximilian I., der Katholische, Kurfürst von Bayern etc., München 1868 im Rahmen grösserer, den ganzen dreissigjährigen Krieg umfassender, Werke schon Bearbeitungen gefunden. Die heimischen Quellen, welche hiebei zu grunde gelegt und durchforscht wurden, fanden auch bei dem nachfolgenden Versuche Anwendung.

Vom K. B. Geheimen Staatsarchive ist ausser dem in vielen Bänden geordneten amtlichen Schriftverkehr Maximilians I. mit seinem kaiserlichen Freunde Ferdinand II., auch ein besonderer Fascikel „Kriegsberichte vom Jahre 1621" zu benützen.

Was den im K. B. Allgemeinen Reichsarchiv verwahrten umfangreichen Stoff zum dreissigjährigen Kriege anbelangt, so kann der XI Band der Archivalischen Zeitschrift, München 1886, Seite 259 dem nicht einge-

1

weihten Forscher allgemeine Aufschlüsse erteilen. Es ist für ergiebige Nachsuchungen erwünscht, dass der Premierlieutenant a. D. Zeiss sich gegenwärtig mit der dankenswerten Riesenaufgabe einer eingehenden Repertorisierung der gebundenen Akten beschäftigt. Die Hofkammerprotokolle des K. Kreisarchivs München, so wertvoll sie noch für altbayerische Heeres-Angelegenheiten des XVI. Jahrhunderts sich erweisen, sinken unter des bahnbrechenden Maximilians Regierung zu einer mehr untergeordneten Bedeutung für dieselben herab. Die gedeihlich fortschreitende Entwicklung eines landesherrlichen Heerwesens erforderte nämlich die Unterstellung desselben unter einen eigenen Kriegsrat, dem späteren Hofkriegsrate. Die Kriegsakten des K. Kreisarchivs Amberg aus der Zeit nach der Schlacht am weissen Berge bis zur Besitzergreifung der alten Oberpfalz verdienen schon deshalb eine eingehende Würdigung, als sie den regen Anteil dieses Staatswesens an den Ereignissen des Feldzugsjahres 1621 erkennen lassen.

Es ist nur zu bedauern, dass die ursprünglich in Amberg verwahrten und auf die Kriegsrüstungen der beteiligten Herzöge Friedrich und Wilhelm zu Sachsen-Weimar bezüglichen Akten im Lauf der Zeit zu verlust gegangen sind. Das K. Kriegsarchiv, welches der besonderen Obsorge Seiner Excellenz des Königlichen Kriegsministers, Herrn Generallieutenant Adolph v. Heinleth, für die Pflege der vaterländischen Heeresgeschichte sein Entstehen verdankt, und der Leitung des Königlichen Oberstlieutenants Adolph Erhard anvertraut ist, enthält mehrere, den dreissigjährigen Krieg berührende, schätzbare Schriftstücke.

Im besonderen war ein in Abteilung B, (Dreissig-jähriger Krieg 1618—1648) befindliches Truppenverzeichnis verwertbar, welches sich ohne Zweifel auf das Unternehmen Maximilians gegen Cham, September 1621, bezieht.

Die wichtigen Expeditions-Protokolle des vorerwähnten bayerischen Hofkriegsrates (A. 5. 1.) umspannen die Jahre 1643 bis 1647. Sie enthalten also noch die denkwürdige Epoche der Feldzüge eines Freiherrn v. Mercy.

Ueber den Anteil einer kursächsischen Heeresgruppe im Egerland vom Februar bis Oktober 1621 finden sich in dem trefflich geordneten städtischen Archiv zu Eger sehr schätzbare Angaben. Auch über Befehlshaber, dann die Stärke und Zusammensetzung dieser kursächsischen Truppen, welche vom 23. August 1621 an unter dem Generaloberstlieutenant Graf Wolf zu Mansfeld standen, geben sowohl die städtischen Kriegsakten 1621, als die Ratsprotokolle des Egerer Stadtbuches 1620/21 Aufklärung.

In der so reichhaltigen Handschriftensammlung des K. Hauptconservatoriums der Armee wurden zunächst die Fragmente zur bayerischen Militärgeschichte unter Kurfürst Maximilian I., ferner die Materialien zur bayerischen Kriegs- und Heeresgeschichte, zusammengestellt durch Maximilian Grafen Topór von Morawitzky und Rudnitz, nicht ohne Erfolg durchsucht.

Die Fragmente enthalten Auszüge, Verzeichnisse und Abchriften von Originalakten, welche, schon früher zu verlust gegangen, auf diese Art wenigstens einer völligen, unverdienten Vergessenheit entrissen sind.

Die vielbändigen, mit erläuternden Abbildungen versehenen Materialien etc. erstrecken sich auf verschiedene Zeiträume und sind, wie man annehmen darf, grössern

teils durch eifrige Archivbenützung M o r a w i t z k y's
gewonnen.

Die Nachrichten der anfangs des XVII. Jahrhunderts
erst im Entstehen begriffenen, noch parteilosen deutschen
Presse wurden bei nachstehender Bearbeitung gebührend
gewürdigt.

Ueber den geschichtlichen Wert der „Aeltesten halbjährigen Zeitungen oder Messrelationen und insbesondere
über deren Begründer, Freiherrn Michael von A i t z i n g,
hat sich der kgl. Professor Dr. Felix S t i e v e in den
Abhandlungen der Kgl. Bayer. Akademie der Wissenschaften III. Cl. XVI. Band I. Abt. München 1881 in
bekannter mustergiltiger Weise verbreitet.

Im Vergleich mit den eingangs aufgeführten geschichtlichen Werken von H e i l m a n n und S c h r e i b e r,
wurden nun trotz der Gleichartigkeit der benützten
Quellen, sowohl in bezug auf den inneren Zusammenhang der einzelnen Unternehmungen des Feldzugs und
ihre strategischen Zwecke, als auch bei Beurteilung der
Gegnerschaft abweichende Ergebnisse erzielt.

Von massgebendem Einfluss war hiebei der inzwischen erfolgte läuternde Aufschwung in der Ge-
samtliteratur des dreissigjährigen Krieges.

In dieser Richtung ist vor allem das grossartig
angelegte, bis zum Ausbruch des niedersächsisch-dä-
nischen Krieges gediehene Werk des K. K. Professors
Dr. Anton G i n d e l y, Geschichte des dreissigjährigen
Krieges (4 Bände) Prag 1869 — 1880 zu erwähnen. Gerade
die Ereignisse des vorwürfigen bedeutsamen Zeitab-
schnittes erhalten durch G i n d e l y's bewährte Forschungen ihre eigenartige Beleuchtung.

Eine vergleichende Kritik der über Ernest von
Mansfeld erschienenen, mit Vorsicht aufzunehmenden
älteren Flug- und Schmähschriften hat Ernst F i s c h e r

in seiner zu Berlin nach 1865 gedruckten: „Dissertatio inauguralis de scriptis apologeticis et de actis mansfeldicis" unternommen.

Unter den neuern Druckschriften, welche sich im besondern mit Mansfeld beschäftigen, sind R e u s s R u- d o l f, Graf Ernest von Mansfeld im böhmischen Kriege 1618—1621, Braunschweig 1865, und Ü t t e r o d t L u d w i g, Graf zu Scharffenberg: Ernest Graf zu Mansfeld, 1580 bis 1626, Gotha 1867, zu erwähnen. Aus letzterer Lebens-beschreibung ergaben sich namentlich für die Vorgänge an der pfälzisch-böhmischen Grenze mehrere aus dem K. Sächsischen Haupt-Staats-Archiv stammende Er-gänzungen. Zum Verständnis der Taktik des XVII. Jahrhunderts am Beginne des dreissigjährigen Krieges hat K r e b s, Dr. Julius, in seiner Druckschrift, Die Schlacht am weissen Berge bei Prag im Zusammenhang der kriege-rischen Ereignisse, mit einem Plan der Schlacht, Breslau 1879, vornehmlich auch durch Anführung der 1616--1625 in Bern, Frankfurt am Main und Jena über diesen Gegenstand erschienenen und noch wenig beachteten Fachwerke ein anschauliches Bild geliefert.

Um einer Erweiterung der Vorgeschichte des Kgl. Bayer. Heeres Vorschub zu leisten, wurde auch bedacht genommen, für die Vergangenheit der einzelnen, am An-fang des dreissigjährigen Krieges errichteten Regimenter, in einem eigenen Anhange aus den zu Gebote ge-standenen Quellen und Bearbeitungen möglichst viele Angaben zu sammeln.

Schliesslich versäumt der Verfasser nicht, den Herren Vorständen der Kgl. Archive und Bibliotheken, insbesondere auch dem Herrn Stadtarchivar zu Eger, Heinrich G r a d l, für die gewährte Unterstützung seinen ergebensten Dank abzustatten.

# I. Der Ausgang des Jahres 1620.

Seit der Rücksendung des Grafen Ernest von M a n s - feld aus Unterösterreich nach Böhmen, Mitte Juni 1620, treten die im Felde stehenden Streitkräfte des Pfalzgrafen Friedrich in zwei Teilen von ungleicher Stärke auf.[1]) Der Verband des grösseren Heerteiles, welcher unter dem Fürsten Christian von Anhalt (Vater) im September 1620 von Eggenburg ebenfalls nach Böhmen zückkehrte, wurde durch die verhängnisvolle Niederlage am weissen Berge bei Prag, 8. November 1620, gelöst. Die im kleineren Teil vereinigten mansfeldischen Werbetruppen blieben durch ihre eigenartige Verwendung für den Pfalzgrafen Friedrich erhalten.

Gegen die Anschauung der böhmischen Heeres- leitung hatte M a n s f e l d diese Truppen, mit Landfahnen vermischt, in einer mächtigen, von der Mies bis zur Sero- witz reichenden, südwärts gewendeten Sperrzone ver- splittert.

---

1) Unter dem Pfalzgrafen ist hier stets der Kurfürst Friedrich V. von der Pfalz, erwählter König von Böhmen, verstanden.

Näheres über den Rückmarsch M a n s f e l d s und seine Unter- nehmungen in Böhmen im Sommer 1620, bei G i n d e l y A., Geschichte des dreissigjährigen Krieges, III. Band, Prag 1878, Seite 131—134, dann 295. — R e u s s, Rudolph, Graf Ernst von Mansfeld im böhmischen Kriege 1618—1621, Braunschweig 1865, Seite 74—79. Nach Reuss war Mansfeld schon am 18. Juni (n. St.) vor Moldauthein.

C u s p i n i a n u s, Johann Philipp, Famae Mundi Mensis Junii, dess Welt Trommeters ander Trommetenschall etc. Gedruckt zu War- purg 1620, bringt dagegen bei den Nachrichten aus Prag, dass Mansfeld am 20. Juni nach Böhmen gekommen sei.

Durch den Vormarsch des verbündeten kaiserlich-
ligistischen Heeres wurde dieselbe zwar vom 25. September bis 13. Oktober in der allgemeinen Richtung
Wodnian-Pissek-Grünstein-Litic durchbrochen. Zur linken
Seite der Verbündeten drangen überdies von der oberen
Moldau her über die Wottawa kaiserliche Truppen nordwestlich gegen die Radbusa vor.[1])
Mit ihnen vereinigte sich schliesslich jener bayerisch-
ligistische Heeresteil, welcher von der oberen Chamb
aus das Böhmerwaldgebirge übersteigend, an der Bradlawka und Radbusa gleichfalls gegen Litic vorrückte.[2])
Durch ein solches Zusammenwirken wurden selbstredend bedeutende Lücken in die vorbereitete Sperrzone gerissen.

Allein trotzdem trat im grossen und ganzen bei dem
in der Südwesthälfte Böhmens sich ausdehnenden Netze
keine Veränderung ein. Denn auch eine etwas verspätete Weisung, wenigstens mit dem grössern Teil aller
um Pilsen zur Hand befindlichen Truppen nach Prag
aufzubrechen, brachte Mansfeld mit kaum nennenswerten
Kräften zur Ausführung.

So hoben sich nach der Prager Schlacht aus der
ursprünglichen Sperrzone in der zweiten Hälfte Novembers 1620 noch zwei besondere Ortsgruppen heraus.[3])
Das feste, zwischen der Bradlawka und der Beraun

---

1) Gindely, III. 312. Heilmann, J., Kriegsgeschichte von
Bayern, Franken, Pfalz und Schwaben, München 1868. II. 1. 68 u. 69.

2) Litic (südwestlich von Pilsen) als Vereinigungsort Haimhausens
mit Maximilian ergibt sich aus dem Berichte eines Kriegszahlmeisters
an den Herzog. (?) April 1621. Allgem. Reichs-A. 30j. Kr. Band XLVI.
Blatt 90 zwischen 22. und 29. April eingebunden. Heilmann
II. 1. 69.

3) Kreis A. Amberg. Repert. XLVIII. Fasc. XLII. 4505. 185.
Mansfeld au comte de Solms, vice-gouverneur d'Amberg. Pilsen 18/28. November 1620,

gelegene Pilsen, in welchem sich Mansfeld selbst auf-
hielt, stand der westlichen Gruppe als Hauptwaffen-
platz vor.

Es war durch Haid (Bor) auf der Pilsen-Waid-
hauser Strasse mit der südlichen Oberpfalz verbunden.
In östlicher Richtung wurden Truppenteile auf der Prager
Strasse nach Rokitzan vorgeschoben.

Nördlich von Pilsen an der Einmündung der Tre-
moschna in die Beraun hatte Mansfeld die Veste Ka-
cerow belegt.

Der Hauptplatz der zweiten, im allgemeinen östlich
der mittlern Moldau befindlichen Ortsgruppe war Tabor
an der Luschniz, welchem sich an diesem Flusse zunächst Bechyn und Sobeslaw anschlossen.

Südöstlich dieses letzten Platzes gegen das mährische
Hügelland lag Neuhaus an der Serowitz vor, während
in südlicher Richtung Wittingau im oberen Thalkessel
der Luschniz den Abschluss der Gruppe bildet.

Um zwischen den beiden Vororten Pilsen und Tabor
einen ungehinderten Verkehr über die mittlere Moldau
zu sichern, war Worlick-Zdakow als befestigte Uferwechselstelle besetzt.

Zum weiteren Schutze derselben wurden auch in
der unweit Worlick am Zusammenfluss der Wottawa und
der Moldau sich erhebenden Veste Klingenberg Truppen
verlegt.

Diese letzteren Plätze sind also als Bindeglieder
zwischen den beiden eben beschriebenen Ortsgruppen zu
betrachten.

Was die Verteilung der mansfeldischen Truppen
auf dieselben betrifft, so befand sich die Reiterei ausschliesslich bei der Pilsener Gruppe. Sie setzte sich aus
dem Regimente z. Pf. Mansfeld in 5 Kompagnien unter

Oberstlieutenant Claus von Linstow-Bellin, dann den Freikompagnien z. Pf. des Herzogs Wilhelm zu Sachsen-Weimar[1]) (Rittmeister Adrian von Möppel) und des Markgrafen Johann Georg von Brandenburg zusammen. Letztere Kompagnien bildeten die Stämme der pfälzisch-mansfeldischen Regimenter z. Pf. Herzog Wilhelm von Weimar und Markgraf Sigmund zu Brandenburg.[2]) Das verfügbare Fussvolk in der Stärke von 4 Regimentern und einem Freifähnlein war im wesentlichen gleichmässig auf die vorgeschilderten Ortsgruppen vertheilt:

Mansfeldische Regimenter z. F. 15 Fähnlein[3]):

1) Hieraus würde sich das Fehlen dieser Kompagnie z. Pf. in der Schlacht am weissen Berge (vgl. Krebs, Dr. Julius, die Schlacht am weissen Berge bei Prag, Breslau 1879, Anm. 4 zur Seite 204) und ihr späteres Auftauchen in Haid erklären.

2) Es ist übrigens zweifelhaft, ob Sigmund oder Johann Georg als Oberst des Regiments zu Pferd anzusehen ist. Sigismund, geb. 1592, 20. November, Statthalter zu Cleve, gestorben 1640, 30. April, war ein älterer Bruder des Markgrafen Johann Georg von Brandenburg, der 1598, 4. August geb., als kaiserlicher Oberst 1637, 27. Januar starb. (Kohn, Genealogische Tabellen, Tafel 75—77.)

3) Diese Stärke hatte das mansfeldische Doppelregiment z. F. 1621 nach seiner Wiederaufrichtung in der Oberpfalz. Es dürfte darauf hinzuweisen sein, dass auch die beiden gleichzeitigen englisch-niederländischen Regimenter z. F. des Obersten Horaz de Veer in 15 Fähnlein geteilt waren. Für die Etatsstärken derselben ist massgebend: „Relationis Historicae Semestralis Continuatio." Wahrhafftige Beschreibung aller fürnem vnnd gedenkwürdigen Historien / so sich hin und wider in Europa / in hoch und nider Teutschland / auch in Frankreich / Schott- vnnd Engeland / Hispanien / Hungarn / Polen / Siebenbürgen / Wallachey / Moldaw / Türckey / hierzwischen nechstverschiener Frankfurter Fastenmessz biss auff Herbstmess dieses 1620. Jahres verlauffen und zugetragen. Auss überschickten glaubwürdigen Schrifften und eygener Erfahrung beneben etlich Kupfferstücken. Durch Sigismundum Latomum alias Meurer, Francum, verlegt und continuirt. Gedruckt zu Frankfurt am Mayn im Jahr Christi MDCXX. Seite 13, Beschreibung und Verzeichnuss des

| | | | |
|---|---|---|---|
| Reg. Mansfeld I 8 Fähnlein | Oberstlieutenant Thomas Ferentz[1]) | |
| Reg. Mansfeld II 7 „ | Oberstlieutenant Casimir Graf v. Löwenstein[2]) | Pilsener Gruppe |
| Freifähnlein Ortenburg | Hauptmann Heinrich XII. Graf zu Ortenburg[3]) | |
| Reg. Frenkhing 1000 M. | Oberst Hans Sigmund von und zu Frenkhing[4]) | Taborer Gruppe |
| Reg. Sidon | Oberstlieutenant Sidon[5]) | |

Von welchen Regimentern die Uebergangsschutz-
orte an der mittlern Moldau belegt wurden, ist nicht
bekannt.

Zur näheren Beurteilung der in den Moldauplätzen
befindlichen Besatzungstruppen darf jedoch schon hier
erwähnt werden, dass sie in dem Festungskriege gegen
den kaiserlichen Obersten von Marradas eine zähe, zum

---

gewaltigen Feldlägers der General-Staden unterm Kommando Graff Mo-
rizen von Oranien.

1) Nach Khevenhüller, Annales Ferdinandei IX. 1144 war
Ferentz in Tabor. (?)

2) Ueber dieses Regiment vergl. Krebs, Seite 201, Stand der
böhmischen Armee vom 10. Juni 1620. Frankf. Messrel. 1620. 80.

3) Dem: „Verzeichnuss der Fürsten und Graffen, so sich dieser
Zeit (2. Hälfte 1620) in dem Böhmischen Läger befunden" zu entnehmen.
(Frankf. Messrelat. 1620. 80.) Ueber Ortenburgs Vergangenheit vgl.
Zwiedineck-Südenhorst, H. v., Kriegsbilder aus der Zeit der Lands-
knechte. Stuttgart 1883, Seite 96. Hiernach war Ortenburg 1616
Hauptmann im Regiment z. F. Jakob Ludwig Löwenstein.

4) Der in der Oberpfalz unter dem Namen Frenkhing vor-
kommende, von Mansfeld selbst sieur Frenkin bezeichnete, gewöhnlich
aber Fränk genannte Oberst und frühere Gesandte des böhmischen
Direktoriums im Haag dürften eine und dieselbe Person sein. Reuss
nennt ihn Hermann Fränk.

5) Dieses gleichzeitig mit dem Regiment Johann Ernst zu Sachsen-
Weimar errichtete Regiment z. F. berühren Gindely III. 128 u. 132.
Heilmann II. I., 97 Anm. Reuss 78 Anm. 2.

teil bis Ende Juli 1622 reichende Widerstandskraft bewiesen.[1])

Die Behauptung des westlich der oberen Moldau liegenden Rosenthal kann nur den Zweck verfolgt haben, den Verkehr zwischen Freistadt und Budweis zu beunruhigen.

Um das Bild aller in Böhmen nach der Schlacht am weissen Berge für den Pfalzgrafen noch vorhandenen Wehrkräfte möglichst zu vervollständigen, ist zunächst jenes Kernes von Werbetruppen an der oberen Eger zu gedenken, an welchen sich altböhmische und oberpfälzische Landfahnen fügten.[2])

Im festen, wohlarmierten Grenzplatz Eger lag der Hauptteil des 5—6 Fähnlein starken ständischen Regiments z. F. Johann Albin Schlick, 600 Mann des landschaftlichen Aufgebotes, sowie die Stadtfahne von Eger.

Die weiter östlich an der Einmündung der Zwodau in die Eger gelegene Stadt Falkenau hatte eine vom Schlick'schen Kreisregiment abgestellte Besatzung. In dem natürlich festen Egerplatz Elbogen waren die

---

1) Frankf. Messrelat. 1622. S. 63 u. 84. G i n d e l y IV. 34 setzt die Uebergabe Klingenbergs schon in das Frühjahr 1622.

2) Für die pfalzgräflichen Wehrkräfte im nordwestlichen Böhmen vergl. Kreis-Archiv Amberg. Rep. XLVIII. Fasc. LVII. Nr. 4505.·198. Wildenstein an Solms. Elbogen 6./16. November 1620. . . . . . könnten sich nach Eger begeben, alda Grave Albin S c h l i c k 1000 Musketier liegendt hätt . . . . . Ebenda 4505. Kriegsakta 39. Ebenda 4505. 155. Die Stadt Schlaggenwald an Solms 23. November 1620. Stadtarchiv Eger. Stadtbuch 1620. 134. 143. 151. 153. G i n d e l y IV. 18. 28. Schlick scheint wie Fürst Christian zu Anhalt (Vater) auch auf eigene Kosten Truppen unterhalten zu haben. (vgl. B r e n d e l, Dr. Richard, die Schlacht am weissen Berge bei Prag. Halle 1875. Seite 54. P e l l e t e r, Michael, Denkwürdigkeiten der Stadt Falkenau und ihrer nächsten Umgebung. Falkenau 1876. Seite 100. — H e i l m a n n II. 2. 851.

oberpfälzischen Landfahnen von Pleystein und nicht näher
bekannte Kreistruppen verlegt.

Zur Verwahrung der nördlich der Pfreimtniederung
befindlichen Eingangspforten vom westlichen Böhmen
in die obere Kurpfalz, lag seit der zweiten Hälfte des
Oktober 1620 in Königswart die Landfahne von Walters-
hof und Tirschenreuth, während Tachau durch die Bär-
nauer Landfahne besetzt wurde.

Nach der freien Bergstadt Schlaggenwald südlich
Elbogen war die Landfahne von Grafenwöhr vorgeschoben.

In Haid südlich von Schlackenwerth befand sich
eine versprengte Kompagnie des Regiments z. Pf. Anhalt (Sohn), welche Schlan hätte verteidigen sollen. In
Schlackenwerth selbst lag eine Kompagnie ständischer
Reiterei.

Schliesslich hatte man, wohl zur Verteidigung der
Uebergangsstelle über die Beraun, auch Karlstein, nächst
Budnan durch einen Teil des (englischen) Regiments z. F.
Gray besetzt.[1])

Gegen diese, südwestlich der Hauptstadt abgesondert sich erhebende Veste, richtete sich die erste
Unternehmung des noch verbündeten kaiserlich-ligistischen Heeres nach der Prager Schlacht.

---

[1]) Constantius Peregrinus castigatus seu Relectio Itineris Quadri-
mestris Bucquoii Authore Berchtholdo a Rauchenstein Bruggae apud
Henricum Leporium Anno MDCXXI, Seite 87, spricht nur von „sex-
centis Anglis"; Gindely IV. 18. nimmt eine grössere Besatzung an.

Nachrichten über das Regiment des Obersten John Gray bei
Cuspinianus, Famae mundi etc. Warpurg 1620. Nachrichten vom 2. April
und 8. Mai 1620. Gindely III. 52. 54. IV. 18. Heilmann II. 2. 855.

Neues Lausitzer Magazin 56. Band, Knothe, Anteil der Oberlausitz an den Anfängen des dreissigjährigen Krieges 1618—1623.
Görlitz 1874.

Es ist nämlich keinem Zweifel unterworfen, dass hiebei auch bayerisch - ligistische Werbetruppen verwendet waren.[1]) Um nun dieselben wenigstens annähernd zu bestimmen, dürfte es vorerst geboten sein, einen Blick auf die örtliche Verteilung aller in der zweiten Hälfte des Novembers 1620 im Felde stehenden bayerischen Streitkräfte zu richten.

I. Die Hauptgruppe derselben, welche nur mit etwa 5 Regimentern an der Schlacht am weissen Berge thätigen Anteil genommen hatte[2]), befand sich unter dem Befehle des Generaloberstlieutenants Freiherrn von Tilly in Prag und dessen nächster Umgebung.

Ihre Gesammtstärke dürfte um die beregte Zeit umfasst haben:

9 Regimenter z. Pf.,
8 Regimenter z. F. u. 2 Freifähnlein,
14 ausgerüstete Geschütze.[3])

---

1) Allgem. Reichs-A. 30jähr. Krieg, B. V. Bl. 23. Max an Groote, München, 25. Dezember 1620. dann B. V. 56. Max an Groote, München, 22. Januar 1621 (2. Prager und Carlsteinisch Stuckh), ferner B. V, Bl. 90, Groote an Max. Schlaggenwald 19. Februar 1621, ebenso B. LXVII Bl. 40, Max an Haimhausen. München 21. Januar 1621.

2) Bei dem kurzen Verlauf dieser Schlacht dürften höchstens die Regimenter z. Pf. Pappenheim und Cratz und Teile der Regimenter z. F. Baur, Marcoussey und Herliberg noch in Thätigkeit getreten sein (vgl. Krebs, Dr. Julius, die Schlacht am weissen Berge. Seite 122.)

Die im Allgem. Reichs-A. 30jähr. Krieg. B. LXVII. Bl. 8. Haimhausen an Maximilian, Prag 27. Dezember 1620, dann Ebenda Bl. 77. Haimhausen an Max, Prag 24. Jänner 1621 vorkommenden Verhandlungen über den Schlachtsold geben ebensowenig genügende Aufklärung, wie die bayerische Kriegsrechnung. (Ebenda Fasc. IV. 50).

3) 2 Apostel, 4 Singerinnen, 2 Falkonen, 6 Haubitzen (hievon 1 demontiert), Allg. Reichs.-A. 30jähr. Kr. B. IX. 158. Inventarium Aller Stukh und Munition, welche den 9. November 1620 mit der bayerischen Armada nach Praag gelangt, allda im Khays. Schloss unter den Newen Saal abgeladen und Matthiasen Friesenegger als bestellten Zeugwarten eingehendigt worden.

Reiterei:

| | | | |
|---|---|---|---|
| Reg. Bönninghausen | 5 Komp. | Oberst und Leibgarde-hauptmann Engelbert v. Bönninghausen | |
| „ Herzelles (würzburgisches) | 6 „ | Oberstlieutenant Franz v. Herzelles | |
| „ Pappenheim | 5 „ | Oberstlieutenant Gottfried v. Pappenheim | |
| „ Erwitte | 5 „ | Oberstlieutenant Dietrich Ottmar v. Erwitte | |
| „ Cratz | 5 „ | Oberst Johann Philipp Cratz v.Scharffenstein | |
| „ Eynatten | 5 „ | Oberstlieutenant Weinand von Eynatten | |
| „ Marcoussey | 5 „ | Führer: Oberstlieutenant Sainte Etienne | |
| „ Wartenberg | 4 „ | Oberst Albrecht Graf zu Wartenberg | |
| „ Pötting | 4 „ | Oberstlieutenant Wolfgg. Georg v. Pötting. | |

Fussvolk:

| | | | |
|---|---|---|---|
| Kreisreg. z. F. Herliberg | 8 Fähnlein | Oberst Hannibal von Herliberg | |
| Reg. Haimhausen | 2 „ | (eichstädtische) Oberst Theodor von und zu Haimhausen, Oberstlieutenant Kaspar Blaarer v. Wartensee | |
| (3.) „ z. F. Haslang | 10 | Führer: Oberstlieutenant Johann Georg Wager von Höhenkirchen | |
| „ Sulz | 10 „ | Oberst Alwig Graf Sulz | |
| „ Roville | 13 „ | Führer: Oberstlieutenant Johann de Bruyn zu Blangenfurt | |
| „ Marcoussey | 10 „ | Führer: Oberstlieutenant Franz v.Florainville | |
| „ Baur (würzburg.) | 8 „ | Oberst Johann Jakob Baur von Eiseneck | |

Reg. Schmidt      8 Fähnlein Oberst Valentin Schmidt
                             von Wellenstein

Schweizerische Freifähnlein 2    „    Hauptleute Dietrich von
                                     Salis u. Ulrich Rosin.

II. Zur Sicherung der rückwärtigen Verbindungen der unter Tilly selbst befindlichen bayerisch-ligistischen Heerteile mit dem Herzogsstaate Bayern war eine besondere aus Werbetruppen und Landvolk gemischte Gruppe gebildet.

Während die ersteren, bestehend aus

dem Reg. z. Pf. Lintelo    4 Komp. Oberst Thimon von Lintelo
   „    „   z. F. Haimhausen 3 Fähnlein Oberstwachtmeister Johann Priechle, genannt Pfisterer
   „    „   z. F. Schmidt    2    „    (?)

zwischen der Bradlawka und Radbusa verteilt waren, lagen

die   4 Lintelo'schen Landkompagnien z. Pf.,
sowie 4 Landfahnen

zwischen der Chamb und dem weissen Regen.[1])

Die Etappenstrasse Prag-Furth führte anfänglich, wie schon aus der Rückreise des grossen Herzogs zu schliessen ist, über Mnischek und Pribram nach

---

1) Würdinger J., Beiträge zur Geschichte des bayerischen Landes-Defensions-Wesens unter Kurfürst Maximilian I. Vortrag gehalten in der Sitzung der historischen Klasse der Kgl. Bayer. Akademie der Wissenschaften vom 2. Januar 1886. Seite 52. Allgem. Reichs-A. 30j. Kr. Fasc. IV. 50. bayer. Kriegsrechnung 16. Kreisarchiv Amberg. Rep. XLVIII. Fasc. LVII. 11. Wildenstein an Anhalt 24. Oktober/3. November 1620. Nach Heilmann II. 1. 85. hätte der Herzog das Landvolk entlassen.

Nepomuk und von hier über Klattau und Taus nach Furth.[1])

Der Oberbefehl über vorstehende, rittlings der bayerisch-böhmischen Grenze liegenden Gruppe, welcher auch die Beobachtung Pilsens zukam, war dem Oberst Lintelo in Taus übertragen.

III. Bei den an der untern March und der Leitha gegen Ungarn aufgestellten kaiserlichen Truppen standen seit Ende September 1620:

| | |
|---|---|
| (Schwarzes) Reg. z. Pf. Herberstorff | 4 Komp. Oberst Adam Freiherr v. Herberstorff |
| Reg. z. F. Anholt | 10 Fähnlein Generalwachtmeister Johann Jakob Freiherr v. Anholt; Oberstlieutenant JohannGeorgGraf zu Hohenzollern-Sigmaringen. |

IV. Zur Besetzung von Oberösterreich waren dem Statthalter Adam Freiherr von Herberstorff untergeben:

| | |
|---|---|
| Reg. z. Pf. Nerssen | 3 Komp. Oberstlieutenant Johann von Virmundt zu der Nerssen |
| „ z. F. Mortaigne | 10 Fähnlein Oberst Levin von Mortaigne |
| „ z. F. Herliberg | 1 „ Oberstwachtmeister Paul Sigmund Mabon zu Ensburg[2]) |

Herberstorff unterhielt über Freistadt eine rege Verbindung mit Budweis.

---

1) Hierüber vgl. Khevenhüller, Annales Ferdinandei IX. 1115. Unter Miska ist wohl Mnischek und unter Urschibram Pribram zu verstehen. Göpner, J., Bayerischer Feldzug etc. 1621 S. 21 hat für 17. Nov. Pehiska, f. 18. Nov. Breschnitz.

2) Allgem. Reichs-A. 30jähr. Krieg. Bd. XLVII. 144.

Für die Unternehmung gegen Karlstein kommen
selbstredend nur die Truppen unter dem Generaloberstlieutenant Freiherrn von Tilly in betracht.
Diese hatten aber zunächst die ansehnlichen Begleittruppen für die Rückreise des Herzogs Maximilian I.
abgestellt.
Abgesehen von der Archibusier- oder Corbiner-
garde[1]) wurden von der Reiterei vermutlich die 3 Regimenter z. Pf. Bönninghausen, Pappenheim, Warttenberg
beigezogen.

Die Bedeckung des herzoglichen Wagenzugs, welcher
die Kriegsbeute von Prag nach München verbrachte,
bildeten unter Herliberg's Führung das Regiment dieses
Obersten und Teile des würzburgischen (Baur).[2])

---

1) Nach der Bayer. Kriegsrechnung (Allgem. Reichs-A. 30jähr.
Krieg. Fasc. IV. 50) amtlich auch als „Hoffahne" bezeichnet.

Aus den vom Jahre 1551 an vorhandenen Hofzahlamtsrechnungen
des Kreisarchivs München lässt sich die allmählige Entwickelung
dieser Leibgarde aus der älteren altbayerischen Einrichtung der Ein-
spänigen nachweisen. Man darf annehmen, dass die Archibusier- oder
Corbinergarde in obiger Gestalt am 1. April 1602 als Werbetruppe in's
Leben trat. (Kreisarchiv München, Hofzahlamtsrechnungen, dann Allg.
Reichs-A. 30jähr. Krieg, Band II, Bl. 55. Decret, die Naturalverpflegung der neu in Bestallung genommenen Schützenreiter betreffend,
München 14. April 1602.) Heilmann II. 2. 914 nimmt den 10. April
1602 an.

Ausser der Archibusiergarde haben auch 12 Mann der Leibgarde
der Trabanten, deren Vergangenheit in die 1. Hälfte des XIV. Jahrhunderts zurückreicht, den Herzog im böhmischen Feldzug begleitet.
(Kreisarchiv München, Hofkammerprotokolle 1621. 1268.)

Kreisarchiv Amberg Rep. XLVIII. Fasc. LVII. N. 4505. 213,
Wildenstein an Solms. 12./22. November 1620. Hier ist bezüglich der
Begleittruppen von 16 Cornets, dann von 2000 Musketieren die Rede.
Gindely III. 377 nimmt 1200 Reiter und ebenfalls 2000 Musketiere an.

2) Allg. Reichs-A. 30j. Kr. Bd. IX. 117. Kriegszahlmeister an Max.
29. November 1620. Die Regimenter z. F. Herliberg, Baur und Schmidt
befanden sich auf „Convoyen, Salva, Guardien und Anschlägen." Die

— 18 —

Ausserdem wurden vom Fussvolk die 4 Regimenter Haslang, Sulz, Roville, Marcoussey, ebenso wie die Artillerie und das Heergeräte einer vom 17. bis 27. November während Musterung bei Prag unterzogen.[1]) Bis zur vollzogenen Reformierung oder Neubildung der Verbände vorstehender Regimenter konnten dieselben nicht als schlagfertig bezeichnet werden.[2])

Es standen demnach für Karlstein bei der Tillyschen Hauptgruppe zur Verfügung:

an Reiterei: Herzelles (würzburgisches) 1 Kompagnie des Regiments z. Pf. Pappenheim (Krobaten); Erwitte; Eynatten mit einer Kompagnie Krobaten; Cratz; Marcossey; Pötting;

an Fussvolk nur das Regiment z. F. Schmidt; 2 Fähnlein vom Regiment z. F. Haimhausen; die 2 schweizerischen Freifähnlein.

Oberst Johann Graf Gray leistete den vor Karlstein gerückten Belagerungstruppen der Verbündeten keinen Widerstand, sondern übergab die mit 12 pfäl-

---

Bemerkung, dass das Regiment Schmidt jedoch demnächst gemustert wird, lässt schliessen, dass es bei der Begleitung des Herzogs nicht beteiligt war.

Ebenda, Bd. IX. Bl. 159. Khevenhüller, Annales Ferdinandei IX. 1116. Nach Gindely III. 378. bestand der Zug aus 1500 Gepäckwägen. Krebs Seite 130.

1) Ueber diese Musterung und die hiebei zu tag tretenden Betrügereien einiger Obersten, vgl. Allg. Reichs-A. 30j. Krieg, Bd. IX. Bl. 126—132, 198, 200, 203, XIII. 58, 75. LXVII. 152. etc., ferner die bezüglichen Vorträge in der bayerischen Kriegsrechnung. Ebenda Fasc. IV. 50.

Die Iststärke an Streitbaren betrug: Haslang 1042, Sulz 704, Roville 826, Marcoussey 1014 (hierunter 165 unbewehrt.)

2) Der ältere Ausdruck „Reformierung" deckt sich mit dem neuern: „Redüzierung"; nur war bei ersterem das gleichzeitige Aufhören des Regimentsverbandes (wie hier bei Haslang und Sulz) nicht ausgeschlossen.

zischen Geschützen armierte Burg gegen das Zugeständnis
eines freien Abzugs der Besatzung.[1])

Ueber den Abschnitt der Beraun hinaus erstreckten
sich vorerst die weiteren Unternehmungen nach Westen
nicht.

Die bayerisch-ligistischen Truppen gingen vielmehr am 2. Dezember 1620 nach Prag, dem Sitz der
Heeresleitung, zurück.[2])

Das Augenmerk der letztern war von Anfang
Dezember ab nach dem Osten Böhmens gerichtet. Der
am 17. November 1620 in Breslau angelangte Pfalzgraf
Friedrich hatte die Sammlung aller noch in Böhmen
verfügbaren Streitkräfte um Königgrätz an der oberen
Elbe angeordnet.

Zugleich empfahl er diesen Platz in Verteidigungs-
zustand zu setzen.[3])

Es wäre nämlich irrig, eine völlige Auflösung aller
Truppenverbände bei dem böhmischen Haupt-Heere anzunehmen.

Berittene Abteilungen, wie die unter der Führung
des Oberstlieutenants Melchior Ritter von Kayn um
den 26. Nov. 1620 in Pardubitz an der Elbe anlangenden
(mährischen) Kompagnien z. Pf. konnten sich wohl in
bezug auf Schlagfertigkeit mit bayerisch-ligistischen
Regimentern, wie Sulz oder Marcoussey, noch messen.[4])

---

1) G i n d e l y IV. 18.
2) Allg. Reichs-A. 30j. Kr. Bd. V. Bl. 43. Verzaichnus aller Sorten
Geschütz, Munition und andere Arcoleysachen so mit der Armada am
2. Dezember nach Prag gelangt und allda in oder under dem Newen Sall
abgeladen. wurden.
3) G i n d e l y III. 411.
4) D'Elvert, Christian Ritter, Schriften der historisch-statistischen
Sektion der K. K. mährisch-schlesischen Gesellschaft etc. XXII. Band.
Brünn 1873, Seite 558. Auszüge von Correspondenzen etc. aus den

Auch das (mansfeldische) Dragonerregiment Sty-
rum[1]) und das (schlesische) Regiment z. Pf. Herrenberg
hatten von Prag einen geordneten Rückmarsch nach
Oberschlesien angetreten.[2])

Um ein Ansammeln von Wehrkräften an der obern
Elbe zu verhindern, bildete die bayerische Heeresleitung
noch vor dem 10. Dez. 1620 eine besondere Gruppe
unter dem Generalwachtmeister Freiherrn von Anholt.[3])

Soweit bekannt, wurden ihm anfänglich unterstellt:

Vom Regiment z. Pf. Pappenheim, 1 Kompagnie
(Krobaten);

Das (würzburgische) Regiment z. Pf. Herzelles,
6 Compagnien;

---

Monaten November und Dezember 1620. Jesin an den Pfalzgrafen
26. Nov. 1620.

Kr. A. Amberg. Rep. XLVIII. Fasc. LVII. N. 4505. Akt 226,
Albrecht von Wildenstein an Solms. Cham 10./20. Nov. 1620. Unter
zwei Regimentern, welche von Prag in Brünn eintrafen, waren wohl das
obige (mährische) Regiment z. Pf. und das (mährische) Regiment z. F.
Schlick verstanden.

1) Ueber die Bezeichnung „Dragoner" vgl. Frankfurter Messrelationen 1620. S. 49, dann Palm, Dr. H., Acta Publica. Verhandlungen
und Correspondenzen der schlesischen Fürsten und Stände. Jahrgang 1620.
Breslau 1872, Anm. 1 zur Seite 159, ferner Heilmann, das Kriegswesen der Kaiserlichen und Schweden etc., Leipzig und Meissen 1850.
Seite 31.

2) Palm, Acta publica 1620. Seite 310. Ueber die gute Haltung
der schlesischen Werbetruppen am 8. Nov. 1620: Zeitschrift des Vereins
für Geschichte Schlesiens XII. 1. Breslau 1874, Seite 307. Zum Aufenthalt dieser Regimenter z. Pf. in Oberschlesien, vgl. Acta publica 1621.
Seite 6 und 9. 13. 132.

3) Allg. Reichs-A. 30j. Kr. Bd. XIII. 58. Max an Tilly. München,
25. Dez. 1620. Ebenda XIII. 63. Tilly au duc Maximilien. Prague,
14. décembre 1620. Ueber Anholts Verhalten in Böhmen. Ebenda IX. 160.
Gindely IV. 16 stellt den bayerisch-ligistischen Truppen ein günstiges
Zeugnis aus.

Vom Regiment z. Pf. Eynatten, 1 Kompagnie
(Krobaten);

Vom Regiment z. F. Haimhausen, 2 Fähnlein.

Das (reformierte) Regiment z. F. Marcoussey, nunmehr Florainville, 5 Fähnlein.

Von seinem nächsten am Einfluss der wilden Adler
in die obere Elbe gelegenen Bestimmungsort Königgrätz
dehnte von Anholt zum Flankenschutz in der zweiten
Hälfte des Dezember 1620 seine Stellung nördlich über
Smiric und Jaromer bis Trautenau an der oberen Aupa,
südwärts bis zum Elbeknie bei Pardubitz aus.[1])

Der längs der oberen Elbe und Aupa nach Osten
gerichteten Fronte Anholts gegenüber hatte der Gegner
um die Mitte Dezember 1620 von Glatz aus zunächst
den Engweg bei Nachod durch Werbetruppen besetzt.[2])

Ueber das Eulengebirge hinüber wurden ferner
schlesische Landfahnen nach Braunau vorgeschoben.

Freiherr von Anholt, mit dessen Verwendung der
grosse Herzog sich nicht einverstanden erklärte[3]), beschränkte sich auf die Beobachtung der böhmisch-ober-
schlesischen Grenze.

Hiezu erwiesen sich die verfügbaren Kräfte, 8 Kompagnien z. Pf. und 7 Fähnlein ausreichend.

_____

1) Zur Stellung Anholts im nordöstlichen Böhmen vergl. Allg.
Reichs-A. 30j. Kr. Bd. XIII. 110. Tilly au Maximilien, Prague, le 12. Janvier 1621 . . . de Conigingrotz, de pardowitz et de troy aultre plasses . . .
(die drei andern Plätze dürften Trautenau, Jaromer und Smiric-Dobruska
sein.) Zeitschrift des Vereins für Geschichte und Altertum Schlesiens
XII. Bd. 1. Heft. Breslau 1874, Seite 332.

2) Allg. Reichs-A. 30j. Kr. Bd. XXXVI. Bl. 143, Herliberg an
Max, Prag 15. Dez. 1620.

3) Allg. Reichs-A. 30j. Kr. Bd. XIII. Bl. 58, Max an Tilly.
München 25. Dez. 1620: Wäre besser gewesen, Khays. Volkh nach
Königgretz zu legen.

Weit schwieriger gestalteten sich die Verhältnisse in bezug auf die zweite, dem Generalwachtweister Freiherrn von Anholt zugedachte Aufgabe. Sie war darauf gerichtet, nötigenfalls die Unternehmungen des Kurfürsten Johann Georg von Sachsen zu unterstützen.[1])

Es dürfte daher geboten sein, zunächst einen Blick auf die Kriegslage in der Oberlausitz zu werfen. Hier hatte des Kurfürsten Gegner, Markgraf Joh. Georg zu Brandenburg-Jägerndorf, zwischen der Lausitzer Neisse und der Queis Front gegen Westen seine Wehrkraft vereinigt. Ueber Stärke und Zusammensetzung derselben liegen zwar bestimmte Nachrichten nicht vor.[2]) Sie setzte sich dem deutschen Heerwesen des XVII. Jahrhunderts entsprechend im allgemeinen aus Werbetruppen und Landvolk zusammen.

Erstere hatten teils die Fürsten und Stände Schlesiens und der Lausitz, teils der Markgraf Joh. Georg von Jägerndorf errichtet.[3])

---

1) d'Elvert XVII. Seite 3, Relation des Fürsten Liechtenstein an Kaiser Ferdinand, Prag 9. Dezember 1621 im Zusammenhalt mit Allg. Reichs-A. 30j. Kr. Bd. LXVII. 77. Haimhausen an Max. Prag 21. Januar 1621.

2) Gindely III. 403 nimmt die Gesammtstärke des Markgrafen, einschliesslich der Zuzüge aus Böhmen im Nov. 1620 auf 18000 Mann an. Nach Palm Acta publica 1621. 156, Anm. 1 war Markgraf Joh Georg von Jägerndorf am 27. Febr. 1621 noch 6000 Mann stark.

3) Einige Aufschlüsse über die schlesischen und brandenburg-jägerndorf'schen Werbetruppen und ihre Befehlshaber etc. gewähren. Palm Acta publica 1620: 87. 93. 187. Anm. 2 u. 6. 189. 190. 311. etc. 1621: 4. Anm. 1. 120. (Hiernach ist die Gesamtstärke auf 3500 Pferde und 5000 Mann angegeben. An Obersten und Oberstleutnants für Regimenter z. F. sind genannt: Markgraf von Jägerndorf, Graf zu Hohenzollern,

An schlesischen Werbetruppen, deren Hauptteil
in den Herzogtümern selbst stand, waren etwa
8 Kompagnien (wahrscheinlich vom Regiment z. Pf.
Hohenzollern, später Solms) und
9 Fähnlein (nicht näher bekannter Regimenter z. F.)
für die Verteidigung der Oberlausitz bestimmt worden.
Die Stände der Lausitz hatten nur
1 Kompagnie z. Pf., Rittmeister Christian von
Gersdorff;
1 Fähnlein, Hauptmann Hans von Luttiz (Nostitz?)
dem Markgrafen zur Verfügung gestellt.[1])
Wenn daher seine Gesammtstärke auf 19 Kompagnien z. Pf., und 18 Fähnlein, zusammen 4500 Mann
sich belief, so wären hievon 11 Kompagnien, 9 Fähnlein
als markgräflich jägerndorf'sche Werbe-Truppen zu
rechnen.[2])

---

v. Dohnaw, Morei, v. Riebisch, v. Seeger genannt Spee; an Reiter-Obersten
bez. Oberstlieutenants: Graf zu Hohenzollern, v. Herrenberg, Graf zu
Solms). Frankfurter Messrelationen 1620. 25. 56. d'Elvert XXII. 550.
und 551. Zeitschrift des Vereins für Geschichte Schlesiens XI. 36.
Biermann, Jägerndorf unter der Regierung der Hohenzollern 1523 bis
1622. Ebenda XII. 1. Palm. Anteil Schlesiens am 30jäh. Kriege, 309.
Wochenblatt der Balley Brandenburg des Johanniter-Ordens 1886,
1. Sept. Nr. 35. (Hier wird Reiteroberst v. Platow genannt, vielleicht
identisch mit dem in den Acta publica vorkommenden Plaw.)

1) Zeitschrift des Vereins für Geschichte Schlesiens XII. 1. 295.
2) Neues Lausitzermagazin 56. Band Görlitz 1879.
Knothe, Anteil der Oberlausitz an den Anfängen des dreissig-
jährigen Kriegs (gekrönte Preisschrift) S. 169. Nach Khevenhüller
Annales Ferdinandei IX. 1128 hatte Markgraf zu Jägerndorf 13 Kom-
pagnien, 8 Fähnlein.
Der Markgraf selbst gibt einmal an, dass er 10 Kompagnien (ge-
worbenen Volks) bei sich habe. (Zeitschr. des Ver. f. Gesch. Schlesiens
XII. 1. 301.)
In Zittau lag die Leibkompagnie des Markgrafen. (Ebenda
XII. 1. 297.)

Die zugehörige Artillerie zu 6 Geschützen stand unter Heinrich von Castel. Das aufgebotene Landvolk, welches sich in den oben erörterten Rahmen einfügte, stammte teils von den nördlichen Kreisen Böhmens, teils aus Schlesien.[1])

Unter Führung des böhmischen Obersten von Wchynský verstärkten im Oktober 1620 750 Reiter und 6000 Mann den Markgrafen zu Brandenburg-Jägerndorf.

Vom schlesischen Landvolk hatte der Pfalzgraf 4000 Mann für die Verteidigung der Lausitz bestimmt. Allein es ist zweifelhaft, ob diese Zahlen jemals wirklich erreicht wurden. Die böhmischen Landfahnen traten ohnedies nach fortschreitender Besitznahme ihres heimischen Bodens dorthin zurück.

Die zwischen der Queis und der Steine befindlichen Eingangspforten nach Oberschlesien waren, wie anzunehmen ist, ebenfalls durch schlesische Werbetruppen und Landvolk verwahrt.[2])

Wenn Anholt dem Kurfürsten von Sachsen eintretenden Falls nützen wollte, so hätte er von Prag nördlich vorrückend, zum mindesten vorerst die Zugänge zur Oberlausitz, nämlich die Strassen über das Jeschken- und Lausitzergebirge besetzen sollen.

Zu einer derartigen gegen die linke Flanke des Markgrafen gerichteten Unternehmung fühlte sich jedoch der bayerische General-Wachtmeister zu schwach. Bei seinem Kriegsherrn, der trotz der grossen Zersplitterung der bayerisch-ligistischen Streitkräfte stets die Zügel der

---

1) Gindely III. 402. Palm etc. Acta publica 1620. 190.

2) Nach Palm, Acta publica 1621. 4. Anm. 1. standen Reiterkompagnien des Regiments Hohenzollern an den Grenzen Oberschlesiens.

Heerführung in seiner starken Hand behielt, suchte Anholt vergeblich um Verstärkungen nach.[1])

Die von ihm westlich der Iser besetzte Zone dürfte
sich daher nicht weit über jenes waldige, von Teichen
durchzogene Gelände zwischen der Mohenka und dem
Polzenbach hinaus erstreckt haben.

Was die Truppen betrifft, über welche Freiherr
von Anholt dabei verfügen konnte, so waren wohl in der
ersten Hälfte des Dezembers 1620, die nicht gerade im
besten Zustand befindlichen Reiter-Regimenter[2]) Erwitte,
Cratz, Eynatten (ohne die Krobaten-Kompagnie della
Croce), Marcoussey und Pötting noch zu verwenden.

Allein die Heeresleitung hatte doch auch auf eine
Verbindung der weit entsendeten Truppenteile unter
sich sowohl, als mit der Hauptstadt Sorge zu tragen.

In der That erscheinen auch schon um die Mitte
Dezember 1620 die Elbeübergänge Brandeis und Elbe-
kosteletz von den Regimentern z. Pf. Erwitte und Marcoussey besetzt.[3])

Es ist auch anzunehmen, dass schon damals die
Orte (Neu-) Bidsow an der Sidlina und Niemburg an
der Elbe zur Sicherung des Verkehrs zwischen Königgrätz und Prag bayerische Besatzungen erhielten.[4])

1) Allg. Reichs-A. 30j. Kr. Bd. XIII. Seite 87. Max an Tilly.
München 11. Januar 1621. Ebenda LXVII. 81. Haimhausen an Maximilian, Prag 28. Januar 1621.

2) Ueber die Schlagfertigkeit der bayerisch-ligistischen Reiterei,
Dez. 1620. vgl. Marginalbemerkung Maximilians zum Berichte Haim-
hausens an den Herzog. Prag 3. Januar 1621. Allg. Reichs-A. 30j. Kr.
Bd. LXVII. 25. In bezug auf die Stimmung der Reiter gegen Anholt:
Ebenda IX. 160.

3) Allg. Reichs-A. 30j. Kr. Bd. XXXVI. 143. Herliberg an Maximilian. Prag 15. Dez. 1620.

4) Diese Orte hatten anfangs 1621 nachweisbar Garnisonen. Allg.
Reichs-A. 30j. Kr. Bd. LXVII. 259. Ebenda Bd. XIII. 88. Max an
Tilly 11. Januar 1621.

Bringt man zu diesem Zweck ein weiteres Regiment z. Pf. und für die Bedeckung des bayerischen Hauptquartiers in Prag einige Reiter-Kompagnien in Anschlag, so bleibt noch ein Regiment z. Pf. zu Anholts unmittelbarer Verfügung.

An Fussvolk stand für ihn nur das auf 4 Fähnlein reformierte Regiment z. F. Roville zur Hand, da zur Besetzung des kaiserlichen Hradschins und der Stadtteile Prags die Regimenter z. F. Schmidt und Baur verwendet waren.

Mit den kaum nennenswerten Streitkräften, 1 Reiter-Regiment und 1 schwaches Regiment z. F. vereinigte die Heeresleitung Teile jener Begleittruppen des Herzogs welche sich um den 9. Dezember 1620 wieder nach Prag begeben hatten.[1])

Es darf nämlich erwähnt werden, dass schon an der oberpfälzisch-böhmischen Grenze 4 Fähnlein des Regiments z. F. Herliberg zur Gruppe Lintelo stiessen und nach Taus, Klattau, Bischofteinitz, Smichau, Ronsperg, Riesenberg verlegt wurden.[2])

Das Regiment z. Pf. Bönninghausen, welches sich dem Vermuten nach bei der Begleitung Maximilians befand, blieb zum Schutz der Etappenstrasse nach Bayern in Beraun zurück.[3])

So waren also für Anholt zunächst die übrigen

---

1) d'Elvert XVII. 3. Relation des Fürsten v. Liechtenstein an den Kaiser Prag 9. Dez. 1620.

2) Oberst-F., Friedrich von Boymer, Friedrich Neumann, Johann Khöpper (Allg. Reichs-A. 30j. Kr. Bd. VI. 408—412. Relation wegen der Musterung in Taus und Klattau etc.)

3) Allg. Reichs-A. 30j. Kr. Bd. LXVII. 81. Haimhausen an Max. Prag 28. Januar 1621.

6 Fähnlein des Regiments z. F. Herliberg[1]) verfügbar, zu welchen wohl auch das auf 1 Fähnlein reformierte Regiment z. F. Sulz gezogen wurde.

Ausserdem mochten noch Teile der Regimenter z. Pf. Pappenheim und Warttenberg[2]) die im nördlichen Böhmen stehende Anholtische Gruppe verstärken, zu deren engeren Verband demnach etwa im ganzen 10 Kompagnien z. Pf. und 10 Fähnlein gehörten.

Diese Truppen vereinigte Anholt bei dem Vormarsche des Gegners in der zweiten Hälfte des Januar 1621 zum grösseren Teile hinter der Elbe in einer von Melnik bis Leitmeritz reichenden Stellung.[3]) An der untern Eger schlossen sich westwärts kaiserliche Kompagnien unter Generalwachtmeister Albrecht von Waldstein an.[4])

In dem Gelände zwischen der Elbe und der untern Iser südlich vorrückend, war der Feind am 26. oder 27. Januar 1621 nach Weisswasser gelangt.[5])

Diese zwischen ansehnlichen Waldungen westlich Jungbunzlau gelegene Stadt hatten kurz vorher baye-

---

1) Bekannt sind: Oberstlieutenant Adam Arnold von Erwitte, Oberstwachtmeister Gottfried Hübner, Hauptmann Moriz Wiener von Wienau, Karl von Premer. Ueber die Verwendung des Herliberg'schen Regiments im Allgemeinen vgl. Allg. Reichs-A. 30j. Kr. B. XIII. 63 Tilly au duc Maximilien. Prague 14. décembre 1620.

2) Siehe Begleittruppen Maximilians Seite 17. Die Obersten-Kompagnie von Warttenberg ist in der zweiten Hälfte des Dezembers 1620 bei der Gruppe Lintelo. (Allg. Reichs-A. 30j. Kr. B. XLVII. 35.)

3) Dem Berichte Haimhausens an Maximilian. Prag 28. Jan. 1621 zu entnehmen. (Allg. Reichs-A. 30j. Kr. B. LXVII. 81).

4) Gindely IV. 13—15.

5) Siehe Bericht v. Anmerk.3), dann Palm, Acta publica 1621. Seite 70.

rische Reiter geräumt. Zu einer Begegnung kam es
daher nicht mehr. Die schlesischen Truppenteile, welche
bei Besetzung von Weisswasser unter dem Generalwachtmeister Ehrenfried von Berbisdorff auftraten, bestanden
aus dem Regiment z. Pf. Solms (vorher Hohenzollern)
und etwa 5 Fähnlein (von einem Regiment z. F. Berbisdorff.[1])

Vermutlich bildeten sie nur den linken Flügel
des in breiterer Front gegen die Elbe vorrückenden
Gegners.

Was den eigentlichen Zweck des feindlichen Vor-
stosses anbelangt, so war die bayerische Heeresleitung
der kaum unbegründeten Meinung, dass v. Berbisdorff
das Bestreben hatte nach Ueberschreitung der Elbe eger-
aufwärts ins westliche Böhmen vorzurücken.

Im Egerlande hätte dann die Vereinigung mit den
unter dem Grafen von Mansfeld stehenden pfalzgräflichen Streitkräften erfolgen sollen.[2])

Die Absicht, welche dem schlesischen Truppenführer bayerischerseits zugesprochen wurde, führt von
selbst darauf, jetzt näher zu untersuchen, wie sich die
Kriegslage im südlichen und westlichen Böhmen, seit
der zweiten Hälfte des November 1620 weiter entwickelte.

Das Endziel der kaiserlich-ligistischen Heerführung
richtete sich hier im allgemeinen auf den Gewinn derjenigen Plätze, welche als Ueberreste einer früheren

---

1) Haimhausen vermutet: „1000 Pferde unter Zollern und
1000 Musketier unter Perstoffer" (Berbisdorff?) Allg. Reichs-A. 30j.
Kr. B. LXVII. 81.)

2) Siehe Anmerk. 3) Seite 27. Nach Palm Acta publica 1621 S. 70
befürchtete Kurfürst Joh. Georg von Sachsen, die schlesischen Truppen
würden sich gegen das Kurland Sachsen wenden; hiemit dürfte wenigstens
der Ausdruck „Meissnische Päss" zu erklären sein.

Sperrzone noch mansfeldische oder pfalzgräfliche Be_
satzungen bargen.

Das Verfahren, welches hiebei eingeschlagen wurde,
beruhte vorwiegend auf Unterhandlungen, welche die
Entlöhnung der Werbetruppen des Grafen zu Mansfeld
und seine eigene Abrüstung bezweckten.[1])
Dieses eigenartige Vorgehen war von einer
schwachen Umstellung und Beobachtung der besetzten
Ortsgruppen unterstützt.

Bei den an der mittlern Moldau und östlich dieses
Stromes bis zur Serowitz gelegenen Plätzen kamen die
soeben bezeichneten taktischen Aufgaben dem kaiserlichen Oberst Grafen von Maradas zu. Hier folgte
zwar Neuhaus bald dem Beispiele Karlsteins. Allein
mit Tabor und den Moldau-Vesten führte Maradas,
wie schon berührt, vom Sommer 1621 ab einen hart-
näckigen Belagerungskrieg.

In dem weiten und lückenhaften Einschliessungsgürtel um die Pilsener Gruppe finden sich neben kaiserlichen auch bayerisch-ligistische Heerteile vor.

Am dichtesten häuften sich die um Pilsen verwendeten Truppen verhältnismässig im Süden und Westen
dieses Platzes von der Uslawa bis zur Mies.

Doch war die besetzte Zone nicht über die Linie der
Unterkunftsorte Nepomuk-Ruppau-Merklin-Mies hinaus
gegen Pilsen vorgerückt.[2])

Den rechten Flügel, der etwa von der Strasse
Pilsen-Blatna bis zur Bradlawka reichte, bildeten kaiserliche Truppen unter dem Oberst Martin von Huerda.

---

1) Hierüber Näheres bei Gindely IV. 19 und ff. Reuss,
S. 91 und s. f.

2) Vergl. die Ausfälle nach Merklin und Ruppau bei Göpner,
bayerischer Feldzug S. 49.

Er dürfte aller Wahrscheinlichkeit nach nicht mehr als

5 Kompagnien z. Pf. und
6 Fähnlein

unter seinem Befehle vereinigt haben.[1])

An der Bradlawka schloss sich die bayerisch-ligistische Gruppe des Reiterobersten von Lintelo an, die sich bis zur Radbusa ausdehnte.

Ihre Stärke belief sich auf:

5 Kompagnien z. Pf. (Regiment Lintelo z. Pf. und Kompagnie Wartenberg)
4 Fähnlein des Kreisregiments z. F. Herliberg
3 „ ., Regiments „ „ Haimhausen
1 „ „ „ „ „ Schmidt (Franz Festi[2])

In den Abschnitten nördlich der Radbusa bis zur Beraun hin standen kaiserliche Truppen unter dem Oberstwachtmeister Christian von Ilow, der selbst in Mies lag.

---

1) Vor Allen hat G i n d e l y IV. 25 Huerda's Truppen als unbedeutend bezeichnet.

Nach den Forschungen bei K r e b s Dr. J., Seite 195 bis 197 waren nachstehende kaiserliche Regimenter nicht in der Schlacht am weissen Berge gewesen: a) Regimenter z. Pf. Liechtenstein 5 Komp., Isterle 5 Komp., Maradas 2 Komp., detachierte Kompagnien etc. 16, zusammen 26 Komp. b) Regimenter z. F. Kriechingen und Carotti di Grana (im span. Sold) 4 Fähnlein, Fuchs 5 Fähnlein, Fürstenberg Egon 5 Fähnlein, Collalto 5 Fähnlein, Schaumburg 5 Fähnlein, Colloredo 3 Fähnlein, Schwendi 5 Fähnlein, zusammen 32 Fähnlein. Die Gesamtzahlen 28 Kompagnien und 32 Fähnlein sind auf 5 kaiserliche Nebengruppen, nämlich: Dampierre an der untern March, Waldstein an der untern Eger, Maradas gegen Tabor, Huerda und Ilow gegen Pilsen zu verteilen. Hiedurch ergibt sich obige Stärke.

2) Nach der Linzer Hauptkriegsrechnung im K. B. Kriegsarchiv B. dreissigj. Krieg ist dieses Fähnlein 24. Nov. 1620 noch in Klattau.

Es ist anzunehmen, dass er über

3 Kompagnien polnischer Reiterei und
5 Fähnlein des Regiments z. F. Fuchs

verfügen konnte.[1])

Oestlich von Pilsen zwischen der Beraun und der Uslawa sperrten bayerisch-ligistische Truppenteile:

Das Regiment z. Pf. Bönninghausen 5 Kompagnien, Oberstlieutenant Lorenzo dell Majestro;

2 Fähnlein des Kreisregiments Herliberg[2])

die wichtige Heerstrasse Pilsen-Prag ab.

Zu diesem Zwecke wurde auch das 15 Kilometer östlich Pilsen an der Klabawa liegende Rockitzan besetzt.[3])

Die zur Beobachtung Pilsens verwendeten Truppen haben also eine Gesamtstärke von

18 Kompagnien und
21 Fähnlein

kaum überschritten.

Der auf solche Weise umgarnte Mansfeld nahm zunächst bedacht, die Widerstandsfähigkeit aller noch

---

1) Zu Ilows Truppen siehe: Reuss 97 Anm. 5. Hiernach treten in dem Gefechte bei Ulitz, Jan. 1621, 150 polnische Reiter auf. Da Lintelo keine Polen unter sich hatte, so können sie nur zu Ilow gehört haben.

d'Elvert XVII. 46. Kreis-A. Amberg. Rp. XLVIII. Fasc. LVII. 4505. 5. Solms an Regierung. Waldsassen, 31. Okt. 1620 lagen wenigstens in Mies selbst 3 Fähnlein obigen Regiments, die übrigen 2 dürften in Triebel, Schwamberg, Töpl etc. verteilt gewesen sein.

2) Johann Georg von Jung zu Planegg und Johann Ligsalz. (Bayer. Kriegsrechnung. 46. Reg. Haslang.)

3) Nach Gindely IV. 21. fand im Dezember 1620 ein Ueberfall Rockitzans durch mansfeldische Truppen statt.

von ihm belegten Plätze durch Zufuhr von Lebensmitteln möglichst zu erhöhen.[1])

Für diesen Zweck hatte er mit der gegnerischen Heeresleitung durch einen Waffenstillstandsvertrag nicht nur einen freien Verkehr unter den besetzten Plätzen selbst, sondern sogar aus Pilsen in die benachbarte Oberpfalz vereinbart.[2])

Die eingeräumte Strasse führte von Pilsen nach dem befestigten Etappenort Haid (Bor) und von hier über den Rücken des Böhmerwald-Gebirges hinweg nach dem nördlich der Pfreimt-Niederung gelegenen pfälzischen Orte Waidhaus.

Die seit Mitte November 1620 zu tag tretenden engen Beziehungen Mansfeld's zur Oberpfalz lenken die Aufmerksamkeit auf die bislang getroffenen Verteidigungsmassnahmen der Kriegsräte zu Amberg.

Sie trugen von Anfang November ab für Verwahrung der südlichen und östlichen Grenzen, vom Regen und der Chamb, den Westhängen des Böhmerwaldes entlang, bis zur Wondreb Sorge.

Die gegen Bayern gerichteten Traitschinger Schanzen südlich Cham und die Werke bei Krawitz westlich Furth a/W. dürften, der Kriegslage entsprechend, schon im Vorjahre 1619 enstanden sein.

Bei der Anlage von Grenzschutzwehren dürfte man nicht mehr nach Art der veralteten Linien-Befestigungen

---

1) Gindely IV. 20. Kreis-A. Amberg. Rep. XLVIII. Fasc. LVII. 4505. 142. Solms an den Kanzler. Waldsassen 7./17. Nov. 1620.

2) Kreis-A. Amberg. Rep. XLVIII. Fasc. LVII. 4505. 185. Mansfeld au conte de Solms, vicegouverneur d'Amberg, Pilsen 18./28. Novembre 1620 . . . Nottament sera libre et ouvert le passage de Waydthausen ou Waldsaxen à Prague . . . . . et de Prague jusqu'aux dits lieux . . . Ebenda 187, Copey Stillstandts in Böhaimb. Allg. Reichs-A. 30jähr. Kr. B. IX. 145. Haimhausen an Max. Prag, 2. Dezember 1620.

oder Landwehren verfahren sein. Man beschränkte sich, unter Benützung des Geländes, auf eine kunstgerechte Absperrung der acht für Truppen gangbaren Eintrittspforten an der böhmisch-altpfälzischen Grenze.[1]) Abgesehen von dem an der Amberg-Pilsener Heerstrasse nächst der Pfreimtniederung bei Waidhaus gelegenen Haupt-Einfallthor befanden sich südlich desselben noch 3 und nördlich davon 4 Grenzübergänge:

1. Waldmünchen-Klenc an der obern oberpfälzischen Schwarzach;
2. Schönsee-Muttersdorf an der obern Ascha;
3. Eslarn-Eisendorf südlich der Pfreimt-Niederung;
4. Bärnau-Tachau an der Miesa (obern Mies);
5. Mähring-Kuttenplan;
6. Albenreuth-Königswart am Tillenberg;
7. Waldsassen-Eger an der Wondreb.

Die oberpfälzische Wehrkraft häufte sich seit der ersten Hälfte Novembers 1620 schon des Schanzenbaues wegen namentlich den berührten Eingangs-Stellen aus Böhmen und Niederbayern gegenüber.[2]) Sie war fast nur aus dem einheimischen Landvolk gebildet. Abgesehen von den 3 ständig unter den Waffen

---

1) Kreis-A. Amberg. Rep. XLVIII. Fasc. XVII. 4505. 58. 60. Schanzenbau Waidhausen. 136. 138. Verschanzung Kloster Waldsachsen. Ebenda 4602. Von Akt 15—374 eingestreut. Ebenda 4505. 151. An Solms 12. November 1620. Städtisches Archiv Eger. Stadtbuch 1620. Fol. 142 und 143. (2./12. November.) Hubmann, Dr. Chronik der Oberpfalz, Chronik der Stadt Bärnau. Amberg 1865, Seite 65, Schanze auf dem Steinberg betr. Kleemann, Otto, Generalmajor. Die Grenzbefestigungen im Kurfürstentum Bayern zur Zeit des spanischen Erbfolgekrieges. München 1885. (Im besondern von S. 19—30 hier einschlägig.)

2) Kreis.-A. Amberg. Rep. XLVIII. Fasc. LVII. 4505. Akt 110. Solms an Petsch. Waldsassen, den 2./12. November 1620.

befindlichen Reiterkompagnien der Ritterschaft (v. F u c h s,
v. H u n d t und v. U n r u h e r) traten von den 28 Landfahnen um die beregte Zeit ungefähr der dritte Teil —
wie es scheint — abwechselnd in das mobile Verhältnis über.[1])

An pfalzgräflichen Werbetruppen befanden sich
nur 3 Fähnlein des zum Unionsheer gehörigen Regiments z. F. Reinhard S o l m s in der Oberpfalz, von denen
zwei (Oberstf. und Oberstlieutenant Philipp L i p p e) in
Waldsassen und Albenreuth lagen. Vergebens bemühte
sich übrigens Oberst Graf zu S o l m s, die viel umworbene
Stadt Eger zur Aufnahme seines eigenen Fähnleins zu
bewegen.

Das dritte Fähnlein (Hauptmann Johann Bartho-
lomäus L i p p e) scheint bei einem der südlichen Sperrwerke in Verwendung gewesen zu sein.[2])

Zur Armierung der entstehenden Grenzbefestigungen
standen in den beiden Zeughäusern zu Amberg und
Neumarkt etwa 15 Geschütze und das nötige Heergeräte bereit.

---

1) Ueber das oberpfälzische Landesverteidigungswesen 1598 - 1645
hat H e i l m a n n II. 2. 843—859 schätzenswerte Angaben gesammelt.

2) Zum Regiment z. F. Reinhard Solms vergl. K. B. Geheim.
Staatsarchiv, Kriegsberichte 16 $\frac{21}{22}$, Kast. schw. $\frac{425}{6}$ 465, Rechnung Nr. 3
der Hochlöblichen Union von dem Generalpfenningmeister Friedrich von
Bergh 1621. Die übrigen 7 Fähnlein dieses Regiments: Friedrich von
Helmstatt, Kaspar Reinhard von Roseneck, Peter von Helmstatt, Graf
zu Löwenstein, von Muffel, von Reitzenstein, Rosenberger befanden sich
in der Unterpfalz.
Ueber die beiden kurpfälzischen Regimenter Reinhard und Fried-
rich Solms siehe obige Rechnung Nr. 3 im Geheim. Staatsarchiv.
Kreis-A. Amberg. Rep. XLVIII. Fasc. LVII. 4505. 15. Solms
an Regierung in Amberg. Waldsassen, 14. Nov. 1620. G ö p n e r, S. 49.
Stadt-A. Eger. Stadtbuch 1620/21. Fol. 157. H e i l m a n n II. 2. 851.

So weit die pfälzischen Verteidigungs-Anstalten bis Dezember 1620 gediehen waren, flössten sie bei den Gegnern keine besondere Achtung ein.

Wenigstens trug man sich um diese Zeit bayerischerseits trotz der eigenen Schwäche noch mit dem Gedanken, ohne kaiserliche Ermächtigung von Süden her einen Einfall in das pfälzische Gebiet zu unternehmen.

Angesichts der von den pfälzischen Kriegsräten im Einverständnis mit Mansfeld getroffenen Massnahmen stand jedoch der Herzog von einem derartigen Vorhaben ab.[1])

Das nach Uebergabe mehrerer westböhmischer Plätze wie Karlstein, Grünberg für den Feldkrieg frei gewordene und von Mansfeld angeworbene (englischniederländische) Regiment z. F. Gray wurde nämlich, Front gegen Süden, an der mittlern Naab und der oberpfälzischen Schwarzach vereinigt.[2])

Von dem auf 11 Fähnlein ergänzten und neu bewaffneten Regiment wurden

| Nabburg | mit | 300 | Mann |
|---|---|---|---|
| Schwarzhofen | ,, | 200 | ,, |
| Neunburg v. d. W. | ,, | 300 | ,, |

---

1) Allgem. Reichs-A. 30jähr. Kr. Bd. XLVII. 53. Max an Lintelo, München 27. Dez. 1620 . . . Weiln Wür aus Deinem an Unser Regierung Straubing gethanen bericht souil vernommen, das e s (nämlich das englische Volk) albereith aus Beheimb in die Obere Pfaltz geruckht sein soll, Alss ist nunmehr die vorgehabte impresa, die Wir gleichwol ohne das weil Du an Volkh so schwach, nit für rhätlich halten khönnen, für sich selbst gefallen.

2) Auf das Ansammeln von Truppen in der südlichen Oberpfalz beziehen sich: Allgem. Reichs-A. 30jähr. Kr. Bd. XLVII. 53. Max an Lintelo. München, 26. Dez. 1620.

Ebenda XIII. ·92. Max an Tilly. München, 11. Jan. 1621.

3*

Rötz       mit 300 Mann

Oberviechtach „ 150 „

belegt.[1]            .

Mittlerweile war in Pilsen ein Umschwung eingetreten, wie ihn die bayerische Heeresleitung wohl kaum
erwartet hatte.

Mansfeld, der schon länger die Absicht hegte, seinen
bisherigen Aufenthaltsort zu verlassen und sich durch
das Netz der ihn umklammernden Truppen hindurch
nach der Oberpfalz zu begeben, traf thatsächlich noch
vor dem 21. Dezember 1620 in Waidhaus ein.[2]

Er hatte hiebei die Strasse über Kladrau-Haid-
Pfraumberg(Primda)-Rosshaupt (Rozwador) benützt.

Von der Reiterei, die gleichzeitig von Pilsen und
dessen Umgebung abmarschirte, wurden 2 Kompagnien
z. Pf., bei welchen sich jene des Herzogs Wilhelm zu
Sachsen-Weimar befand, in dem Etappenorte Haid belassen.[3]

---

1) Allgem. Reichs-A. 30jähr. Kr. Bd. VI. 403. Rosenheimer an
Maximilian. Taus, 10. Januar 1621. (Hiernach war auch Amberg
belegt).

Morawitzky, Materialien etc. II. Serie 1. Bd. 163. Bericht des
Hauptmanns v. d. ob. W. Yettinger au Maximilian, Furth, 28. Dez. 1620.

2) Allgem. Reichs-A. 30jähr. Kr. Bd. XLVII. Bl. 44. Lintelo an
Max. Taus, 22. Dez. 1620. 5 Uhr nach deutscher (Uhr). Reuss 95.
Ebenda 48. Lintelo an Max. Taus, 28. Dez. 1620.

Kreis-A. Amberg. Rep. XLVIII. Fasc. LVII. 4505. 5. Solms an
die Regierung zuAmberg. Waldsassen, 21./31. Oktober 1620. Ebenda 95.
Erlass des Grafen Solms. Waldsassen, 10./20. Nov. 1620.

Gindely IV. 26. ist anderer Ansicht.
Heilmann II. 1. 95.

3) Allgem. Reichs-A. 30jähr. Kr. Bd. XLVII. 48. Avisen des
Martin Frank aus Kladraw, 24. Dez. 1620. ·Das Regiment z. Pf. Mansfeld bestand aus 5 Kompagnien 1. Leibkompagnie (Kapitän-Lieutenant

Drei Kompagnien seines eigenen Regiments z. Pf., sowie die markgräflich-brandenburgische verlegte Mansfeld, um sich einen weitern Verbindungsweg aus dem westlichen Böhmen nach der Oberpfalz zu sichern, nach dem Grenzort Tachau.

Er selbst war mit dem Grafen Heinrich XII. von Ortenburg Begleiter des Markgrafen Joh. Georg von Brandenburg und von der Leibkompagnie des Regiments z. Pf. Mansfeld beschützt.

Dieser erste Uebertritt des Grafen zu Mansfeld in die Oberpfalz erweckte bei Oberst von Lintelo die Besorgnis, dass dieser erfahrene Truppenführer nun zum Angriffe gegen Bayern schreiten würde.

Als nächste Massregel empfahl sich deshalb ein Aufruf zur Bereitschaft aller nördlich der Donau befindlichen niederbayerischen Landfahnen.[1]

Der weitblickende Herzog Maximilian ersuchte sogar seinen kaiserlichen Freund um Ablösung des an der untern March stehenden Regiments z. F. Anholt, um eine wünschenswerte Vermehrung seiner an der böhmisch-niederbayerischen Grenze stehenden Streitkräfte anbahnen zu können.[2]

Auch hegte Maximilian den Gedanken, die unter dem Freiherrn von Anholt im nordöstlichen Böhmen verwendeten bayerisch-ligistischen Heerteile jetzt schon vorsichtshalber als Schutzwehr an die pfälzischen Grenzen

Johann Georg von Sembling?) 2. Oberstlieutenant Claus v. Linstow. 3. Rittmeister Heinrich von Gleissenthal, 4. von Erkhing, 5. unbekannt.

1) Allgem. Reichs-A. 30jähr. Kr. Bd. XLVII. 46. Lintelo an die Hauptleute Rosenheimer und Yettinger, Taus, 22. Dez. 1620. Ebenda III. 48. Max an Regierung. Straubing, 25. Dez. 1620.

2) Geheim. Staats-A. Kaiserliche Korrespondenz Kast. schw. 2./17. 3. Ferdinand an Max. Wien, 19. Jan. 1621.

zu verlegen. Den Oberbefehl sollte hier sodann Oberst von Herliberg führen.[1])

Allein die nächste Thätigkeit Mansfelds, wenn sie auch noch nicht völlig aufgeklärt ist, war auf andere Ziele gerichtet.

Von der pfälzisch-böhmischen Grenze begab er sich in der letzten Dezemberwoche 1620 über Amberg, dem Sitz der Regierung, in die Reichsstadt Nürnberg, woselbst er um den 26. Dezember eintraf.[2])

Dorthin dürfte ihn eine doppelte Absicht geführt haben.

Vor Allem erschloss sich hier der thätige Mansfeld neue Hülfsquellen zur Geldverpflegung seiner jetzt

1) Allgem. Reichs-A. 30jähr. Kr. Bd. XIII. 79. Max an Tilly. München, 28. Dez. 1620. Ebenda XXXVI. 147. Max an Herliberg. München, 28. Dez. 1620.

2) Haupt-Conservatorium der Armee. Handschriften-Sammlung. Fragmente zur bayerischen Militär-Geschichte aus der Regierungszeit Maximilians I. 125. Beilagen Sect. VII. 34—36. Mansfeld aux Messieurs les capitaines de la guarnison de Pilsen, d'Amberg 26. décembre 1620 (Copie). Ebenda. Mansfeld au colonel Frenkin a Pilsen, d'Amberg, 27. décembre (?) 1620 (Copie). Die Annahme des alten Styls ist ausgeschlossen, weil Mansfeld am 16. Januar 1621 in Tachau in Böhmen war. (Apologie, Pour le Très Illustre Seigneur, Erneste Comte de Mansfeld etc. L'An MDCXXI Seite 42).

Ferner: Morawitzky, Materialien Serie II. Bd. 1. 163. Bericht des Hauptmanns Yettinger. Furth, 28. Dez. 1620.

Nach Reuss 95 wäre Mansfeld auch in Eger gewesen, was jedoch nach dem Wortlaute der vorerwähnten Apologie Seite 40 etc. mindestens zweifelhaft ist: Il escrit aussi à ceux d'Eguer qui bransloyent decha etc. Das Egerer Stadtbuch 1620/21 (Egerer Stadtarchiv) enthält keine Erwähnung über Mansfelds Anwesenheit in Eger.

Soden, Franz Ludwig, Frhr. v., Kriegs- und Sittengeschichte der Reichsstadt Nürnberg vom Ende des XVI. Jahrhunderts bis 1631. Erlangen 1861. II. Bd. S. 34.

von der Naab bis zur Luschenitz zerstreuten Werbetruppen.[1])
Andererseits wollte er in Nürnberg die Rückkehr
des Markgrafen Johann Georg von Brandenburg vom
Unionstage zu Worms abwarten.[2])
Mansfeld selbst hatte sich begnügt, einen eigenen
Bevollmächtigten, den Oberstwachtmeister Ernst de R o y e
zu den Ständen der Union zu senden.
Ein besonderer Auftrag dieses Vertrauten dürfte
sich auf die Anwerbung von 500 Reitern zur Errichtung
des Regiments z. Pf. Markgraf Sigmund von Brandenburg bezogen haben.[3])

---

1) Allgem. Reichs-A. 30jähr. Kr. Bd. XLVII. 116. Lintelo an
Max. Taus, 27. Januar 1621. Ebenda 61. Max an Lintelo 28. Dez. 1620.
Ebenda LXVII. 77. Haimhausen an Max, Prag 28. Januar 1621.

Mansfeld steht anfangs Jan. 1621 auch mit dem Generalpfennig-
meister der Unionsarmee Friedrich von Berg in Verkehr (vgl. Geheim.
Staatsarchiv, Kriegsberichte Kast. schw. $\frac{425}{6}$ 15. Berg all Mansfeld, No-
rimberga, il 6. Gennaro 1621. Soden II. 35.

2) Fragmente 125. Beil. Sect. VII. 34—36. Mansfeld aux Mss.
les capitaines à Pilsen d'Amberg 26. décembre 1620.

3) Geheim. Staats-A. Kriegsakten. Kast. schw. $\frac{425}{6}$ 15. Marquis Jean George de Brandenbourgk au conte de Mansfeldt Wormbs le
2. Janvier 1620 (alten Styls?) Reuss Seite 95. Ernst de Roye gehört
dem Vermuten nach der noch in Bayern blühenden gräflichen Linie
der Gesamtfamilie de Roye de Wichen an, welche durch Bernhard
de Roye 1583 mit dem Herzog von Alençon aus Frankreich nach
den Niederlanden kam. Der Sohn Bernhards, Andreas de Roye, war
hervorragender Ingenieuroffizier unter dem Statthalter der Niederlande,
Prinzen Moriz von Nassau-Oranien; der obige Ernst scheint ein jüngerer
Bruder des Andreas de Roye gewesen zu sein (vgl. Goethals, Géné-
alogie de la famille de Roye, originaire de Picardie. Bruxelles 1851.
Seite 21 und 22).

## II. Der Festungskrieg im nordwestlichen Böhmen.

Noch in der ersten Hälfte des Januar 1621 kehrte Mansfeld von Nürnberg durch die südliche Oberpfalz nach Tachau an die Westgrenze Böhmens zurück. Gleichzeitig stellte er 9—10 Fähnlein des Regiments z. F. Gray, jetzt Front gegen Osten nehmend, in Neunburg, Pleystein, Bärnau von der Schwarzach bis zur obern Waldnaab, bereit.[1])

In Nabburg wurde zur Sicherung der dortigen Uferwechselstelle über die mittlere Naab eine kleine Besatzung belassen.[2])

Zu Beginn der zweiten Hälfte des Januar 1621 vereinigte Mansfeld das an der Grenze stehende Regiment z. F. Gray mit seinen bislang in Haid und Tachau gelegenen Reitern. Durch Heranziehung von 3 Fähnlein und 4 Geschützen aus Pilsen mochten seine zwischen der oberen Mies und dem Grundbach verfügbaren Kräfte

---

1) Verhandlungen des historischen Vereins für Oberpfalz und Regensburg, Bd. XXIV. B r e n n e r - S c h ä f f e r Dr., Geschichte und Topographie der Stadt Neustadt an der Waldnaab S. 80. (Marsch über Neustadt nach Bärnau.) R e u s s 97 versetzt Pleystein und Neuburg (Neunburg) nach Böhmen an die sächsische Grenze, während doch diese Orte in der Oberpfalz nahe der böhmischen Grenze liegen.

M o r a w i t z k y, Materialien etc. Serie II. Bd. I. 164, Bericht des Hauptmanns Yettinger aus Furth, 14. Januar 1621. (Marsch durch Pfreimt.)

2) Kreis-A. Amberg Rep. XLVIII. Fasc. LVII. 4502. 6. Peblis an Solms. 28. Jan. 1621 (alt. Styls).

7 Kompagnien z. Pf.

12 Fähnlein und

4 Geschütze

betragen haben.[1])

Mit der auf 7 Fähnlein zusammengeschmolzenen Kriegsbesatzung von Pilsen und ihrem Befehlshaber, Obersten von Fränkhing blieb Mansfeld zwar in steter Fühlung.

Doch war die kaiserlich-ligistische Heeresleitung nach der Entfernung des gegnerischen Truppenführers bestrebt, sowohl seine Verbindungen mit Böhmen zu unterbrechen, als den um Pilsen gezogenen weiten Ring, wenigstens im Südwesten und Westen dieses Platzes etwas zu verengen.[2])

Hiedurch verlieh sie den jetzt mit der bedrängten Pilsener Besatzung angeknüpften Uebergabs-Verhandlungen mehr Nachdruck. Ein in der zweiten Hälfte Januar 1621 beim Dorfe Ulitz östlich Kladrau stattgehabter Zusammenstoss lässt ersehen, dass sich kaiserliche Truppenteile von Mies her bis auf 12 Kilometer Pilsen genähert hatten.[3])

Weitere Unternehmungen im westlichen Vorlande Pilsens waren schon durch das Verhalten Mansfelds aus-

---

1) Zur Stärke Mansfelds Jan. 1621 vgl. Allgem. Reichs-A. 30jähr. Kr. Bd. XLVII. 44. Avisen des Martin Frank aus Kladraw. Fragmente 125. Beil. Sect. VII. 34—36. Reuss S. 95.

Die aus Pilsen gekommenen Fähnlein dürften jene der Ob. Wachtm. de Roye, von Rabitz und des Hauptmanns Grafen zu Ortenburg gewesen sein. Reuss, Seite 97 nimmt 2 Geschütze an, während in einer Meldung des kaiserlichen Hauptmanns Hans Rudolph v. Buttorf von 4 Geschützen die Rede ist. (Allgem. Reichs-A. 30jähr. Kr. Bd. XLVII. 98.)

2) Allgem. Reichs-A. 30jähr. Kr. Bd. XLVII. 84. Max an Lintelo 21. Januar 1621.

3) Reuss, Seite 97 Anm. 5. Glattau dürfte hier für Kladrau zu lesen sein.

geschlossen, welches die allgemeine Kriegslage in der
zweiten Hälfte Januars 1621 veränderte.

Um die gleiche Zeit, als die schlesischen Werbetruppen vom Jeschkengebirge her in südwestlicher
Richtung gegen die mittlere Elbe vordrangen, setzte
sich nämlich auch die mansfeldische Gruppe aus der
Stellung Haid-Tachau heraus, nordöstlich der oberen
Tepel zu, in Bewegung. Mansfeld hatte hiezu seine 2000 bis 3000 Mann
starken Streitkräfte in 2 Teile gesondert.

Die am 23. Januar 1621 zu beiden Seiten der mittlern Mies bei Oschelin und Sahorszen stehende Truppe
sollte einen Anschlag auf Mies ausführen, während sich
der Hauptteil mit der Artillerie über die Schlada nach
Michaelsberg vorbewegte.[1]

Die Wegnahme einer für Mies bestimmten Zufuhr
von Schiessbedarf durch mansfeldische Truppen bestärkte
nur die herrschende Meinung, dass ein Angriff auf Mies
beabsichtigt sei. Der kaiserliche Befehlshaber in Mies
Oberstwachtmeister von Ilow, dessen Truppen kürzlich
eine Minderung erfahren hatten, ersuchte daher von dem
bayerischen Obersten von Lintelo Unterstüzung.

Vor einer Erörterung der nun bayerischerseits zur
Sicherung von Mies getroffenen thatkäftigen Massnahmen
dürfte es geboten sein, das Vorgehen des Gegners weiter
zu verfolgen.

1) Geheim. Staats-A., Kaiserliche Korrespondenz 1621. Kast. schw.
2./17. 51. Maximilian an Ferdinand. München, 10. Februar 1621.
(Concept.) Wegen Abfüerung des Volkhs aus Miess nach den Schle-
sischen Grännizen. Allgem. Reichs-A. 30jähr. Kr. Bd. XLVII. 98.
Meldung des Hauptmanns von Buttorf an Oberst von Lintelo. Mies,
23. Jan. 1621. Ebenda XLVII. 110—114. Lintelo an Max, 27. Jan. 1621.
Pelleter, M., Geschichte von Falkenau und Umgebung. Falkenau 1876.
Seite 100.

Es ist anzunehmen, dass die über Michaelsberg marschierenden mansfeldischen Truppenteile mit ihren Spitzen noch am 23. Jan. vor der durch eine kaiserliche Besatzung im Vereine mit böhmischen Landfahnen verwahrten Stadt Tepl erschienen.[1])

Obwohl dieselbe dem nachrückenden Grafen zu Mansfeld keinen erheblichen Widerstand leistete, so mag doch der Aufenthalt desselben um Tepl selbst und dem einen Kilometer südlich gelegenen Kloster gleichen Namens bis zum 26. Januar gedauert haben.

Inzwischen dürften die in der Nacht zum 24. Januar in Oschelin und Sahorszen gelegenen Truppen nach zwei Tagen über Triebel an der Wanscha und Schwamberg, hart östlich der Tscheka, ebenfalls an die obere Tepl gelangt sein, da zur Einnahme der genannten Vesten zum mindesten Stellungen im Vorlande bezogen werden mussten.[2])

Vom Stifte Tepl aus, dessen Umfassungsmauern niedergelegt wurden, setzte die mansfeldische Gruppe ihren Marsch nach Petschau fort, in dessen festen Schlosse etwa zwei Fähnlein unter Oberstwachmeister de Roye behufs Verteidigungsinstandsetzung belassen wurden.[3])

---

1) Nach G i n d e l y IV. 25. wäre die Einnahme von Stadt und Kloster Tepl schon am 17. Januar 1621 (neuen Stils) erfolgt. R e u s s Seite 127, Note 2 zu 98 hat hiefür keine Zeitangabe. Nach der Apologie Seite 44 war Mansfeld für seine Person am 16. Jan. noch in Tachau.

2) Zur Einnahme der schwambergischen Veste Triebel, vgl. Allgem. Reichs-A. 30j. Kr. Bd. XLVII. 111. Lintelo an Max. Taus, 27. Jan. 1621. Nach G i n d e l y IV. (Urkundenbeilage) 574 wurde Herr von Schwamberg selbst v o r dem 20. Jan. 1621 gefangen.

3) S c h r e i b e r, Dr., Maximilian I. der Katholische, München 1868, Seite 238, führt einige Kompagnien als spätere Besatzung Petschaus auf. Er nimmt irrtümlich la Roche statt de Roye als Befehlshaber an.

Bei Petschau das tief eingeschnittene Thal der Tepl verlassend, wandte sich Mansfeld am 28. Januar der freien Bergstadt Schlaggenwald zu und traf von hier aus am 29. Januar in dem Egerplatze Elbogen ein.[1]) Was nun die weitere Verwendung der von ihm nach dem obern Egergebiete geführten Werbetruppen betrifft, so lag es nahe, durch die Besetzung Egers eine Anlehnung an die nördliche Oberpfalz anzustreben.

Vergebens bemühte sich der Pfalzgraf selbst die Stadt für ein Zusammenwirken mit seinen im nordwestlichen Böhmen befehlenden Truppenführern, dem Grafen zu Mansfeld und dem Obersten von Fränkhing, zu gewinnen.[2])

Bei der ablehnenden Haltung Egers begnügte sich Mansfeld zur Vornahme von Musterungen den Egerkreis zu belegen.

Noch Mitte Februar werden die in der westlichen Oberpfalz eintreffenden Trupps Angeworbener nach den Musterplätzen im Egerkreis verwiesen.

Die neugeworbenen Reiterkompagnien scheinen bei ihrem Anmarsche aus der Oberpfalz nach der obern Eger zersprengt worden zu sein.[3])

---

1) In Bezug auf Zeitangaben vgl. Kreis-A. Amberg Rep. XLVIII. Fasc. LVII. 4504. 139. 141 dann Reuss Seite 98.

2) Ueber das Verhalten der Stadt Eger und ihrer Ritterschaft nach der Prager Schlacht, vgl. Stadtarchiv Eger. Egerer Stadtbuch 1620/21. Fol. 175 bis 178, ferner Fol. 191. Ebenda Fol. 201. Pfalzgraf Friedrich an Eger. Cüstrin, 31. Dez. (alten Styls) 1620. Gindely IV. 27 bis 29.

3) Allgem. Reichs-A. 30j. Kr. Bd. XXXVI. 150. Herliberg an Max. Prag, 29. Dezember 1620 (hier ist schon von dem bevorstehenden Marsche von 200 Reitern durch die Oberpfalz die Rede).

Kreis-A. Amberg, Rep. XLVIII. Fasc. LVII. 4543. 8 und 9. Im letztern Akt wird die Naturalverpflegung der Geworbenen geregelt. Ebenda 4502. 12. Anhalt an d. St. Waldsassen, 13. Februar 1621.

Ueber die Absicht von Musterungen in Böhmen, vgl. Apologie Seite 51. pour faire des gens . . . . Reuss, Seite 98 und 100.

Im Uebrigen erstreckte sich die von Mansfeld anfangs Februar 1621 besetzte Zone im Norden der Eger von der Leibschitz bis östlich der Wistriz.

In diesem Gelände bildete die an der Einbruchstelle der Eger in den Nordwestrand des Kaiserwaldes gelegene Stadt Elbogen den Hauptstützpunkt. Sie besass in der Burg Stein-Elbogen noch einen innern Verteidigungsabschnitt. Ihre Verwahrung wurde anfänglich dem frühern Obersten des Unterösterreichischen Regiments z. F., Joachim v. Carpzow übertragen, der dem Vermuten nach mit dem ortenburgschen Freifähnlein und noch 2 neu errichteten Fähnlein am 5. Februar in Elbogen einzieht.[1]

Wohin die am 1. Februar nordwestlich Elbogens in Gossengrün[2]) befindlichen Fähnlein des Regiments Gray bestimmt waren, ist nicht näher bekannt. Es ist möglich, dass eines derselben zur Besatzung der Veste Hartenberg an der Zwodau stiess.

Nordöstlich von Elbogen aber traten einer Verschiebung egerabwärts über Schlackenwerth und Joachimsthal hinaus kaiserliche Truppenteile entgegen.[3]

Im Süden der Eger breitete sich Mansfeld im allgemeinen vom Lobsbache über die Tepl hinweg bis zur Lamitz aus. Als bedeutendere Plätze hoben sich in diesen Abschnitten das schon berührte Petschau an

---

1) Nach Pelleter, Seite 100 hätte sich wenigstens Elbogen an diesem Tage an Mansfeld ergeben. Die Stärke der Besatzung Elbogens kann selbst Pröls, Geschichte der Stadt Elbogen, Eger 1879, nicht näher bestimmen. Nach Heilmann II. 1. S. 97 bestand sie aus 1100 Mann. Apologie Seite 52, trois Compagnies de tous Soldats . . . . .

2) Stadtarchiv Eger. Stadtbuch 1620/21. Fol. 201. Reuss S. 100 hat irrtümlich Grossengrün.

3) Pröls, Geschichte der Stadt Elbogen. Eger 1879. Seite 169. Reuss, Seite 98. Uetterodt, Seite 310.

der Tepl, sowie Falkenau an der Eger heraus. Zur Verteidigung dieser letztern Stadt langte Oberst Johann Graf Gray mit mindestens 2 Fähnlein seines Regiments und 2 andern mansfeldischen am 5. Februar abends von Schlaggenwald her an.[1])

Den Fortschritten Mansfelds im nordwestlichen Böhmen vermochte die bayerisch-ligistische Heeresleitung zunächst dadurch wirksam zu begegnen, dass sie derjenigen Gruppe des Freiherrn von Anholt, welche bei dem Vormarsche Berbisdorffs hinter den schützenden Abschnitt der mittlern Elbe ausgewichen war, einige Truppenteile entzog.

Doch konnte sie dem Generalzeugmeister Freiherrn von Groote, welcher zum Schutz von Mies um den 27. Januar aus Prag dorthin entsendet wurde, vorerst nicht mehr als

1 Kompagnie (150 Pferde) und

1 Fähnlein (200 Mann)

unterstellen.[2])

Zu Grootes Verstärkung zog Oberst von Lintelo höherer Anordnung zufolge in Bischofteinitz

4 Kompagnien z. Pf. seines Regiments,

1 Fähnlein (150 Mann) und

3 (leichte) Geschütze

zusammen.

---

1) Pelleter, Seite 100. Reuss, Seite 98. Kreis-A. Amberg, Rep. XLVIII. Fasc. LVII. 4502. 13. Nachrichten aus Waldsassen, 31. Jan. / 10. Febr. 1621. Nach Heilmann II. 1. 97. war die Besatzung 750 Mann stark. Apologie, Seite 52 avec quelques Compagnies de sa nation et aultres . . . . . .

2) Allgem. Reichs-A. 30jähr. Kr. Bd. XLVII. 128. Lintelo an Max. Taus, 4. Febr. 1621. Groote selbst sagt in bezug auf seine Sendung: . . . das wie ich geschickt die Mües zu entsetzen . . . . (vgl. Allgem. Reichs-A. 30jähr. Krieg. V. 196. Groote an Max. 13. Mai 1621.

Ueberdies hatte Lintelo schon vorher vom Oberstlieutenant Lorenzo dell Maiestro
4 Kompagnien des Regiments z. Pf. Bönninghausen und
2 (reformierte) Fähnlein des bisherigen (3.) Regiments z. F. Haslang
zur Unterstüzung Ilows von der Ostseite Pilsens nach
Mies abgerufen. Da anzunehmen ist, dass auch diese
bayerischen Truppenteile zu Groote stiessen, so standen
demselben an solchen Ende Januar 1621

9 Kompagnien z. Pf.
5 Fähnlein und
3 Geschütze

zur Verfügung.[1)]

Behufs Sicherung der Etappenstrasse nach Niederbayern stellte Lintelo in Furth eine Landfahne bereit.

Unter Mitwirkung des kaiserlichen Oberstwachtmeisters von Ilow, der noch 1 Kompagnie und 1 Fähnlein zuführte[2)], schritt Groote nach seiner Ankunft in
Mies unverzüglich an die herangetretenen Aufgaben.

Vor allem sollte auf eine vollständige Absonderung
Pilsens, namentlich von der Oberpfalz hingewirkt werden.[3)]

Hiezu war es geboten, das an der Strasse Pilsen-
Waidhaus liegende Haid einzunehmen, welches von der

---

1) Zu den Massnahmen Lintelos vergl. Allgem. Reichs-A. 30jähr.
Kr. Bd. XLVII. 132. Lintelo an Max. Taus, 5. Febr. 1621.
Ebenda XLVII. 131. Das Fähnlein gehörte aller Wahrscheinlichkeit nach zum Regiment Herliberg.
Ebenda XLVII. 128 und 133. Die 2 Fähnlein, Lung und Ligsalz
wurden dem Regiment Herliberg einverleibt.
2) Hierdurch ergäbe sich die Gesamtstärke von 10 Kompagnien
und 6 Fähnlein bei Reuss Seite 100.
3) Allgem. Reichs-A. 30jähr. Kr. Bd. LXVII. 81. Haimhausen
an Max. Prag, 28. Januar 1621.

sachsen-weimarischen Freikompagnie z. Pf.[1] (Rittmeister Adrian von Möppel) und 1 Fähnlein (Oberstwachtmeister von Rabitz) besetzt war.

Durch einen Ueberfall bemächtigte sich Groote dieses wichtigen Platzes, der bisher vertragsgemäss als Etappenort zwischen Pilsen und der südlichen Oberpfalz gedient hatte.[2]) Um auch eine Verbindung zwischen Haid-Bärnau abzusperren, näherte sich Groote noch am 1. Februar der Miesa. Mittels eines Nachtmarsches langten seine Truppen am 2. Februar morgens 2 Uhr an dem von einem Fähnlein bewachten Tachau an der Miesa an, dessen Befestigungen Mansfeld hatte vervollständigen lassen.

Um diese Zeit war bereits die erste Staffel jener von der mittlern Elbe abgeschickten Verstärkungen um Cernoszin und Mies (Stribro) eingetroffen.[3]) Sie bestand aus den Regimentern z. Pf.

Cratz                         5 Kompagnien
Eynatten (ausschliesslich der
    Krobaten-Kompagnie)   4     „          .
    Warttenberg           4     „
Es ist jedoch zweifelhaft, ob Groote diese Reiterregimenter noch zum Unternehmen gegen Tachau heran-

---

1) Kreis-A. Amberg, Rep. XLVIII. Fasc. LVII. 4504. 176. Regierung Amberg an Pfalzgraf Friedrich. 9. Febr. 1621 (neuen Styls). R e u s s, Seite 100 nennt Hauptmann Adrian.

2) Allgem. Reichs-A. 30jähr. Kr. Bd. V. 30. Groote al Massimiliano. Relatione come io pigliato la Villa et Castello di Haid. Di Mies all ultimo di gennaro 1621.

G i n d e l y IV. 26 nimmt an, Haid sei von den Kaiserlichen eingenommen worden. Nach R e u s s S. 100 trat die Besatzung in Kriegsgefangenschaft.

• 3) Allgem. Reichs-A. 30jähr. Kr. Bd. XLVII. 128. Lintelo an Max. Taus, 4. Febr. 1621. Ebenda V. 68. Groote al Massimiliano, Dacha, al 2. di febbraro di 1621. G ö p n e r, Bayer. Feldzug S. 57.

zog, dessen Schloss schon nach eintägiger Verteidigung dem bayerischen Generalzeugmeister übergeben wurde.[1])

Unter Zurücklassung einer kleinen Besatzung richtete Groote, wie vor ihm Mansfeld seinen Marsch am 4. Februar von Tachau nordöstlich über Michaelsberg nach der obern Tepl.[2])

Ermutigt durch die Erfolge von Haid und Tachau nahm Groote die zweite, gewichtigere Aufgabe, die Bewältigung der von Mansfeld vorbereiteten Eger-Tepl-Stellung ungesäumt in angriff.

Von der anfänglich gehegten Absicht, hiebei auch Eger zu besetzen, nahm jedoch Groote auf eine Verständigung des kursächsischen General-Wachtmeisters von Wřesowetz hin abstand.[3])

Was nun die Streitkräfte betrifft, welche man bayerischerseits jetzt verwenden konnte, so waren wohl die Reiter-Regimenter Bönninghausen und Lintelo, dann die kaiserlichen Truppenteile schon nach der Einnahme Tachaus wieder ihrer vorherigen Bestimmung zugeführt worden.[4])

Dagegen mochten während Grootes kurzen Aufenthalts in Tepl die 6 Fähnlein Herliberg'schen Regiments

---

1) Nach Kr.-A. Amberg. Rep. XLVIII. Fasc. LVII. 4543. 2. Regierung an Weiden 4. Februar 1621 ist anzunehmen, dass von der Besatzung ein Teil in die Oberpfalz sich rettete. Ueber Behandlung der Besatzung Apologie Seite 53.

2) Hierüber Allg. Reichs-A. 30j. Kr. Bd. XLVII. 132. Lintelo an Max. Taus 5. Februar 1621. Stadtarchiv Eger. Stadtbuch 1620/21. Fol. 205, 206. (Hiernach war Groote am 4. Febr. in Tepl.)

3) Vgl. hiezu Stadt-A. Eger. Stadtbuch 1620/21. Fol. 212. Gindely IV. 26.

4) Vgl. hiezu Allgem. Reichs-A. Bd. XLVII. 128. Lintelo an an Max. Taus, 4. Febr. 1621.

z. F., als 2. Staffel von Anholts Gruppe kommend, zu der neu sich bildenden Groote'schen gestossen sein.[1])
Soweit bekannt, bestand diese letztere anfangs Februar 1621 aus:

13 Kompagnien z. Pf.
8 Fähnlein (hievon 6 des Regiments z. F. Herliberg und zwei aus einem andern Regimente).
5 Geschützen.[2])

Schon der Versuch des Freiherrn von Groote, nördlich vorgehend die starke Tepl-Veste Petschau um den 6. Februar im ersten Anlaufe zu nehmen, scheiterte an der Haltung derBesatzung unter Oberstwachtmeister de Roye.

Doch war der Gewinn von Schlaggenwald am 8. Februar 1621 für die nächste Thätigkeit Grootes nur förderlich. Die Lage dieser Bergstadt am Fluthbache in der Mitte zwischen Petschau und Elbogen erleichterte es Groote den belagerungsmässigen Angriff der erstern Veste unter gleichzeitiger Beobachtung Elbogens einzuleiten.

Gegen Unternehmungen in seinem Rücken von Falkenau her sicherten ihn zwar die unwegsamen Höhen des Kaiserwaldes. Die Besetzung von Lauterbach deutet

---

1) Allgem. Reichs-A. 30j. Kr. Bd. LXVII. 81. Haimhausen an Max. Prag, 28. Jan. 1621. Ebenda XIII. 142. Tilly au Maximilien, Prague 29. janvier 1621. les six compagnies de Hedelberg (Herliberg) partiront d'icy après demain . . . .

2) Kreis-A. Amberg Rep. XLVIII. Fasc. LVII. 4502. Akt 6. Peblis an Solms. Waldsassen, 7. Febr. 1621 (neuen Styls). Peblis gibt die Gesamtstärke Grootes auf 3000 Mann, hierunter 1200 Reiter an. Bei einer mittlern Stärke der Kompagnie zu 92 Pferden und des Fähnlein zu 225 Mann stimmt seine Schätzung mit obigen Ergebnissen überein, Allgem. Reichs-A. 30j. Kr. Bd. V 80. Groote al Massimiliano, Slaque Walt al X di Febbraro 1621. Hier erwähnt Groote „li sei compagnia di Heidelberg (Herliberg) et la Cavalleria."

jedoch darauf hin, dass Groote bedacht nahm, auch die über den Kaiserwald und längs des Lobsbaches nach Falkenau führende Verbindung zu decken.[1]) Die Belegung von Königswart am Südsaume des Kaiserwaldes mit etwa 2 Kompagnien z. Pf. und einigem Fussvolk war wohl auch eine andauernde.[2])

Von da aus führte über den Tillenberg ein für Truppen benützbarer Verkehrsweg nach Albenreuth in die nördliche Oberpfalz.

Die nötige Verbindung mit den nächsten bayerischen Truppen an der obern Mies hielt über die Schlada das in Tepl befindliche Regiment z. Pf. Cratz aufrecht.[3])

In den ersten Wochen seines derartig gesicherten Aufenthaltes zu Schlaggenwald war der bayerische Generalzeugmeister im allgemeinen damit beschäftigt, dem fühlbaren Mangel eines Belagerungsparkes abzuhelfen.

· Ob die Anträge, welche er in bezug auf Beschaffung der nötigen Bespannungen erhob, von der Heeresleitung und dem etwas kargen Herzog gebührend gewürdigt wurden, bleibe dahingestellt.[4])

---

1) Allgem. Reichs-A. 30j. Kr. Bd. V. 196. Groote an Maximilian. 13. Mai 1621. Diese Rechtfertigungsschrift führt alle von Groote eingenommenen Oertlichkeiten, jedoch ohne Zeitangabe und Zweck an.
2) Kreis-A. Amberg Rep. XLVIII. Fasc. LVII. 4502. 15. Nachrichten aus Hardeck, 10. Febr. 1621. Eine so bedeutende Ansammlung bayerisch-ligistischer Truppen, wie Pröls Seite 169 sie annimmt, hat in Königswart wohl nicht stattgehabt.
3) Allgem. Reichs-A. 30j. Kr. LXVII. 284.
4) Auf den Belagerungspark beziehen sich: Allgem. Reichs-A. 30j. Kr. V. 120. Max an Groote. München, 13. März 1621. (Auf Bericht vom 26. Febr.), ferner Ebenda V. 140, dann V. 143. Max an Groote und Haimhausen, 9. März 1621.
Nach Heilmann II. 2. 952 war der Pferdestand der Artillerie und des Fuhrwesens am 25. Febr. 1621 225 Pferde, welche Zahl der Gesamtstärke des bayerisch-ligistischen Heeres nicht entsprechend wäre.

4*

Uebrigens trug Maximilian sorge, dass die Gruppe des Freiherrn von Groote für die ihr erwachsenen schwierigen Aufträge vorerst entsprechend gestärkt werde. Durch den vom Kaiser Ferdinand erbetenen Rückmarsch des Regiments z. F. Anholt von der unteren March nach dem Lande Oesterreich ob der Enns war es ermöglicht, wenigstens 5 Fähnlein des noch nicht im Felde gestandenen Regiments z. F. Mortaigne nach dem nordwestlichen Böhmen zu ziehen.[1]

Ebenso rückte das bislang in Oberösterreich gelegene (2. Oberstwachtmeisters-) Fähnlein Herlibergschen Regiments z. F. (von Mabon) zunächst nach Petschau. An Reiterei schlossen sich 2 Kompagnien des (schwarzen) Regiments z. Pf. Herberstorff dem Marsche des Halbregiments Mortaigne nach Böhmen an. Unter der Annahme, dass auch die übrigen 3 Fähnlein des Regiments z. F. Herliberg der Gruppe Lintelo entnommen und Groote unterstellt wurden, betrug die Gesamtstärke desselben Ende Februar 1621:

15 Kompagnien,
17 Fähnlein      } also im Ganzen 5590 Mann.[2]
5 Geschütze

Inzwischen waren an der obern Eger wesentliche

---

1) Allgem. Reichs-A. 30j. Kr. Bd. XXXII. 33. Max an Lintelo. München, 31. Jan. 1621.

Allgem. Reichs-A. 30j. Kr. Bd. LXXIX. 2. Max an Mortaigne, München, 1. Febr. 1621. Mortaigne, der am 26. Febr. in Klattau anlangte, war über Freistadt, Budweis, Schüttenhofen marschiert. Ebenda LXXIX. 3. Max an Mortaigne. 4. März 1621.

Ebenda XXII. 19. Herliberg an Max, 14. März 1621. Ebenda XXII. 145. dann K. B. Kriegs-A. 30j. Kr. Linzer Hauptkriegsrechnung. Laden 29. Fol. 58.

2) Nach Heilmann II. 1. Seite 96 war das ganze Regiment z. F. Herliberg unter Groote vereinigt.

Veränderungen in bezug auf die allgemeine Kriegslage eingetreten. Schon als Groote um den 7. Februar tepl-abwärts vorging, knüpfte nämlich die Oberpfalz, um einen wirksamern Schutz ihrer Ost- und Südgrenze vor-zubereiten, mit dem Grafen zu Mansfeld selbstthätig nähere Verbindungen an. Hiezu wurde als amtlicher Vertreter der im Stift Waldsassen befindliche Oberst-lieutenant Johann Georg von Peblis nach Elbogen ab-geordnet.[1])

Als nächstes Ergebnis der in Elbogen gepflogenen Verhandlungen dürfte die Entsendung Mansfeldischer Werbetruppen aus dem Egergebiete nach der nördlichen Oberpfalz zu betrachten sein.

Vom 9. Februar an rückten 6—7 Kompagnien z. Pf. und 4—5 Fähnlein in die östlich der Waldnaab gelegene Grafschaft Störnstein zu längerm Aufenthalte ein.

Noch in der ersten Hälfte Februar betrat Mansfeld selbst, die Verteidigung der kaum bezogenen Eger-Tepl-stellung bewährten Unterführern überlassend, im Stift Waldsassen ebenfalls den pfälzischen Boden[2]), um sodann

---

1) Kreis-A. Amberg. Rep. XLVIII. Fasc. LVII. 4504. 137. Re-gierung der Oberpfalz an Statthalter der Unterpfalz. Amberg $\frac{28.\ Jan.}{7.\ Febr.}$ 1621. Ebenda Nr. 4502. Akt 19. Regierung der Oberpfalz an den Statt-halter der Unterpfalz, Pfalzgraf Johann II. von Zweybrücken. Amberg 2./12. Febr. 1621. Verrichtung des Oberstleutnants Hans Georg Peblis bei Graf Mansfeld Ebenda 4502. 6. Relation des Oberstleutnant Peblis an Solms. Waldsassen 28. Jan./7. Febr. 1621. Ueber die Persönlichkeit Peblis vgl. Heilmann II. 2. 845. u. f. Krebs Dr. Seite 201.

2) Verhandlungen des histor. Vereins für Oberpfalz und Regens-burg XXIV. Bd. Brenner-Schäffer Dr., Geschichte und Topographie von Neustadt an der Waldnaab. Regensburg 1866 Seite 81 (der 30. Jan. 1621 ist alten Stils). Als Führer der mansfeldischen Reiterei ist Ritt-meister Heinrich von Gleissenthal angegeben. Der Einmarsch scheint erst am 13. Februar beendet gewesen zu sein.

in Heilsbronn Fühlung mit den dort tagenden Ständen der Union zu suchen.

Die Befürchtung des umsichtigen Herzogs, dass Mansfeld seinen zweiten Uebertritt in die Oberpfalz jetzt dazu ausnützen werde, die schwachen bayerischen Verbindungen im nordwestlichen Böhmen zu stören, erwies sich demnach als unbegründet.[1])

Trotzdem fand zur besseren Verwahrung der böhmisch-pfälzischen Grenze bei Lintelo's Gruppe eine Verschiebung in nordwestlicher Richtung nach Hostau, Muttersdorf und Heiligenkreuz statt.[2])

Von beruhigender Wirkung war. für Maximilian die schon früher angebahnte und in der zweiten Hälfte des Februars zur Ausführung gelangte Einschiebung einer kursächsischen Heeresgruppe ins Egerland. Die Stärke der zugehörigen Truppen, welche sich von der Pleisse und Mulde, also von Norden her, auf der Strasse Plauen-

---

Kreis-A. Amberg, Rep. XLVIII. Fasc. LVII. 4202. 200. Mansfeld an Regierung in Amberg 9. Febr. 1621.

Kreis-A. Amberg Rep. XLVIII. Fasc. LVII. 4543. 11. Neustadt an Anhalt 13. Febr. 1621 (neuen Styls). $\frac{4504}{162.}$ Mansfeld an Regierung in Amberg. Elbogen 11. Febr. 1621 (neuen Styls). Heilmann II. 1. 95 nimmt den 12. Febr. 1621 als Aufbruchstermin nach Nürnberg an.

1) Allgem. Reichs-A. 30j. Kr. Bd. V. 76. Max an Groote. München, 13. Febr. 1621. Ebenda V. 124. Groote al Massimiliano, Slaque Walt 2 di Marzo. 1621. Ebenda XIII. 162. Max an Tilly. München 15. Februar 1621.

2) Kreis-A. Amberg Rep. XLVIII. Fasc. LVII. 4502. 77. Hauptmann Stein an Solms. Eslarn, 17. Febr. 1621 (neuen Styls).

Die pfälzischen Berichte behaupten die Bereitstellung bei Hostau, Muttersdorf, Heiligenkreuz habe einem (zweiten) Angriffs-Versuch auf die Oberpfalz gegolten (Kreis-A. Amberg, Rep. XLVIII. Fasc. LVII. 4502. 80. War an Anhalt. Rötz, 20. Februar 1621. Ebenda 4502. 82.)

Oelsnitz-Adorf dem obern Egergebiete genähert hatten, betrug etwa

5 Kompagnien z. Pf. und
5 Fähnlein.

Nur 1 Kompagnie z. Pf. (von Helbingsdorf) wurde um den 19. Februar 1621 nach Eger selbst, 1 Fähnlein (von Späth) in die Vorstädte verlegt.[1])

Durch die Besetzung Egers war vor allem die nächste Verbindung der Eger-Teplstellung mit der Oberpfalz unterbrochen. Abgesehen davon unterstützten auch die kursächsischen Truppenteile die nächsten Unternehmungen der bayerisch-ligistischen Heeresleitung im nordwestlichen Böhmen.

Hier begann der bayerische Generalzeugmeister Freiherr von Groote Ende Februar 1621 mit den einleitenden Schritten zum Belagerungskriege gegen die Egervesten Falkenau und Elbogen.

Schon zur möglichsten Absonderung dieser Plätze schien es geboten, die in ihrem näheren und weiteren Umkreise befindlichen bedeutendern Orte und Burgen einzunehmen.

Von diesen leistete nur das an der Zwodau 6 Kilometer nördlich Falkenau sich erhebende Hartenberg einen erheblichen Widerstand, der jedoch bereits in den ersten Märztagen 1621 gebrochen war.[2])

---

1) Stadt-A. Eger. Stadtbuch 1621. Fol. 213. 214. 215.

2) Bezüglich H a r t e n b e r g vgl.

    a. Allgem. Reichs-A. 30j. Kr. Fasc. XII. 123 (rot bez.) Carpzow an Mansfeld. Elbogen 14. März 1621.

    b. Ebenda 30j. Kr. Bd. V. 121. Groote al Massimiliano, Pecia (Petschau) al 4 di Marzo 1621.

    c. dann Stadt-A. Eger, Stadtbuch 1621, Fol. 225. (Teile der Hartenberger Besatzung am 5. März in Gasnitz.)

Die hiebei beteiligten bayerischen Truppen lassen
sich insoferne annähernd bestimmen, als östlich des Kaiserwaldes gegen Petschau und Elbogen das Regiment z. F.
Herliberg in Verwendung war, während westlich des
eben genannten Gebirgsstockes vorwiegend die vorhandenen 5 Fähnlein des Regiments z. F. Mortaigne auftreten.[1])

Man darf daher wohl annehmen, dass Teile dieses
letztern Regiments bei der zwischen Falkenau und Eger
gelegenen, mit 2 Kompagnien Regiments z. Pf. Eynatten,
sowie 2 Fähnlein besetzten Uferwechselstelle Königsberg[2]) die Eger überschritten, um sich von hier in nörd-
licher Richtung den Zwodauplätzen Bleistadt und Hartenberg zu nähern.

Nach Eroberung derselben dehnten sich die nordwärts der Eger entsendeten bayerischen Truppen auch
in dem Gelände östlich der Zwodau weiter aus.

Erst am 21. März 1621 erschien im Nordostab-
schnitt des Falkenauer Vorlandes, zwischen Zwodau
und Eger, am Löwenberge eine kleine bayerische, aus
Reiterei und Fussvolk gemischte Truppenabteilung.[3])

d. Hauptkonservatorium der Armee, Handschriftensammlung.
Morawitzky, Materialien etc. Serie I. Bd. III. 18. Erstürmung von
Hartenberg, irrtümlich 27. März 1621 durch Haimhausen.

e. Frankfurter Messrelationen 1621. 35. (Hier Hertenberg
geschrieben.)

f. Pröls, Geschichte der Stadt Elbogen. Seite 169.

1) Hierüber vgl. Allgem. Reichs-A. 30j. Kr. Bd. V. 107. Carpzow
an Groote. Elbogen, 15. Febr. 1621. Ebenda 30j. Kr. Fasc. XII. 123
(rot bez.) Ortenburg an Mansfeld. Elbogen, 18. März 1621. Ebenda Bd. V. 95.
Groote al Massimiliano di Falquenau 23. di Febbraro 1621.

2) Stadt-A. Eger. Stadtbuch 1621 Fol. 230. Ernatten dürfte für
Eynatten zu lesen sein. Allgem. Reichs-A. 30jähr. Kr. Bd. V. 117.
Groote al Massimiliano. Slacque Walt al 26. di Febbraro 1621.

3) Pelleter, Geschichte von Falkenau etc. Seite 104 spricht hier
wohl irrtümlich von kaiserlichen Truppen.

Es dürfte deshalb gerechtfertigt sein, jetzt schon
etwas vorgreifend die Einschliessung Falkenaus zu berühren.

Die Hauptmasse der Einschliessungstruppen war
nach Anordnung Grootes gleichmässig in die vom Lobsbache gebildeten Vorlands-Abschnitte des rechten Eger-
ufers verteilt.[1])

Bei einer Gesamtstärke von rund 6000 Mann befanden sich einschliesslich der Artillerie-Mannschaften
etwa 3000 Mann bayerische Werbetruppen, was der
Anzahl von

7 Kompagnien z. Pf. und
8 Fähnlein

entsprechen dürfte.

Der Rest von 3000 Mann verteilt sich auf die
kursächsische Gruppe und die aufgebotenen Knapp-
schaften der umliegenden böhmischen Bergwerke.

Die beigezogenen Bergknappen leisteten namentlich
bei den Erdarbeiten des belagerungsmässigen Angriffs
wesentliche Dienste.[2])

Was die Annäherung des bayerisch-sächsischen
Einschliessungsgürtels an Falkenau betrifft, so war der-
selbe am 31. März 1621 im südlichen Vorland bei einer
mittlern Entfernung von zwei Kilometer bis zu einer
Linie vorgerückt, welche sich von der Einsenkung bei
Unter-Reichenau über Schäferei nach Teschwitz hinzieht.

Das Einschliessungsgefecht, welches an diesem Tage

---

1) Allgem. Reichs-A. 30j. Kr. Bd. V. 147. Groote an Maximilian.
Falkenau 8. April 1621.

2) Ueber die Beiziehung von Bergknappen vgl. Allgem. Reichs-A.
30j. Kr. Bd. V. 80. Groote al Massimiliano, Slacque Walt al X di Febbraro 1621, dann Frankfurter Messrelationen 1621. 35.

im Südwest-Abschnitt stattfand, berechtigt wenigstens zu dieser Annahme.[1])

Est ist dieser Zusammenstoss schon deshalb beachtenswert, weil ihn Groote auch benützt, seinen Antrag auf eine Verminderung der Feuergewehre beim bayerischen Fussvolk zu begründen.

Ein 50 Mann starker Trupp der Falkenauer Bürgerbesatzung verstärkt durch 70—80 Werbesoldaten vom (englisch-niederländischen) Regiment z. F. Gray, hatte sich bei dem Versuche aus dem südlichen Vorland Lebensmittel in die Stadt zu schaffen, dem Dorfe Unterreichenau genähert, welches mit Reitern des (schwarzen) Regiments z. Pf. Herberstorff belegt war. Ihr Führer Lieutenant Alexander von Roville ging sofort zum Angriff auf die Besatzungs-Abteilung über, der jedoch von derselben zurückgewiesen wurde. Durch einen wiederholten, mit vermehrten Kräften unternommenen Anritt, bei welchem Lieutenant von Roville fällt, wurde der Gegner versprengt. Während die Herberstorff'schen Reiter einen Teil bis nahe an Falkenau verfolgen, gelingt es dem andern sich in den zwischen Unterreichenau und Schäferei liegenden Göllnerteich zu retten. Hier vermochten sich die Versprengten bis zum Eintreffen eines grösseren Unterstützungstrupps vom Regiment z. F. Gray zu halten.

Der von Schlaggenwald aus unternommenen Einschliessung Elbogens war schon Mitte Februar die

---

1) Allgem. Reichs-A 30j. Kr. Bd. V. 159. Groote an Max. Schlaggenwald 2. April 1621.

Ebenda XXII. 35. (Hier ist Roville als „gewester Lieutenant im Herberstorff'schen Regiment" bezeichnet.

Pelleter, Seite 101.

Besetzung von Altsattel vorausgegangen, wodurch der Verkehr mit Falkenau unterbrochen wurde.[1])

Im übrigen bemächtigte sich Groote behufs Rückensicherung ebenfalls noch einiger im Flussgebiete der Eger gelegener Oertlichkeiten. Als die bedeutendsten sind hievon das an der Teplmündung eingebettete Karlsbad, dann Schlackenwerth und Buchau mit Hartenstein östlich der Lamitz zu nennen.[2])

Was die eigenartige Gestaltung des nächsten Elbogener Vorlandes anbelangt, so ist dasselbe von den engen Durchbrüchen des Fluth- und Grünlas-Baches, im Vereine mit dem Eger-Einbruch in 4 natürliche Abschnitte zerklüftet, welche die Stadt und ihre Burg im Robitsch - Kürz- und Galgenberge beherrschend umsäumen.[3])

Man darf annehmen, dass wenigstens die beiden nur 5—6 Kilometer nördlich Schlaggenwald gelegenen, steil zur Eger abfallenden Südabschnitte (Robitsch- und Kürzberg), schon in der zweiten Hälfte des Februar 1621 durch die hier verwendeten Fähnlein des bisherigen bayerischen Kreisregiments Herliberg besetzt waren.[4]) Eine weitere Verengung des Cernierungsgürtels schlossen hier die besondern Vorlandsverhältnisse aus. Dagegen war es vor Falkenau geboten, behufs Eröffnung des Artillerie-Feuers das Angriffsfeld zum Aufstellen der

---

1) Frankfurter Messrelationen 1621 S. 111. Für Königsgrätz ist hier dem Zusammenhang nach Königsberg oder Königswart zu lesen.

2) Hier ist auf die Rechtfertigungsschrift Grootes bezug genommen. Allgem. Reichs-A. 30j. Kr. Bd. V. 196. Uetterodt 326.

3) Der vierte zwischen dem Grünlas-Bache und der Eger gelegene Nordwest-Abschnitt ist auf der vorgelegenen Karte des k. k. österr. militär-geographischen Instituts nicht näher bezeichnet.

4) Wenn Pröls Seite 172 annimmt, dass die Belagerung 94 Tage gedauert habe, so ist der ganze Monat Febr. 1621 eingerechnet.

Geschütze vorerst in Besitz zu nehmen. Bevor Groote
die entsprechenden Anordnungen traf, war in der allgemeinen Kriegslage in Böhmen ein Umschwung eingetreten, der auch einer Nährung des Festungskrieges
an der Eger und dem Tepl zu statten kam.
Zur näheren Entwickelung dürfte vorerst ein Blick
auf die Verteilung des anfangs Februar 1621 unter
den Waffen stehenden bayerisch-ligistischen Heeres be-
hilflich sein. Seine Zersplitterung hatte sich seit Wiederaufnahme des Kampfes nach der Schlacht am weissen
Berge nur gesteigert.
Durch Verschiebungen, welche nicht immer ganz
der Absicht des grossen Herzogs entsprachen, heben
sich sieben besondere Gruppen heraus:

1. Ihrem strategischen Zwecke
   nach war die bedeutendste
   derselben jene des General-
   Zeugmeisters Freiherrn von
   Groote:                      15 Komp.  17 Fähnlein
2. Die unter dem General-
   Wachtmeister Freiherrn von
   Anholt im nordöstlichen
   Böhmen enthielt um beregte
   Zeit noch:                   26  „    14    „
3. Die Besatzungstruppen der
   böhmischen Hauptstadt unter Oberst von Baur be-
   standen aus                   4  „    18    „
4. Im Einschliessungsringe um
   Pilsen befanden sich an
   bayerisch-ligistischen Truppenteilen bei Oberst von
   Lintelo                       9  „     3    „
                                     (Haimhausen)

5. Oberst Adam von Herbers-
torff in Linz verfügte über 3 Komp. 14 Fähnlein
(Egon Fürstenberg).
6. An der Seite kaiserlicher
Truppen standen an der
untern March[1]) 3 Komp.
(Herberstorff)
7. Für die Kämpfe im Veltlin
waren zugeteilt[2]) 3 „
(salzburgische)

zusammen 60 Komp. 69 Fähnlein.
Die zugehörige Artillerie lässt sich auf 20—30 be-
spannte und ausgerüstete Geschütze nur annähernd bestimmen.

In St. Nikola bei Passau wurde eine ansehnliche
Geschützreserve bereitgestellt.[3])
Wenn man auch erwägt, dass die im Feldzuge
1620 entstandenen Lücken noch nicht ausgefüllt waren,
so betrug bei einer mittlern Stärke der Kompagnie von
nur 70 Reitern (statt 100) und einer solchen des Fähnleins zu 180 Mann (statt 300), die Gesamtstärke des
bayerisch-ligistischen Heeres unter Anrechnung der Ar-
tilleriemannschaften mindestens 16000 Streitbare.[4])

---

1) K. B. Geh. Staats-A. Kaiserliche Korrespondenz 1621. Kast.
schw. 59. Ferdinand an Max. Wien, 16. Febr. 1621.
2) Ebenda. Kaiserliche Korrespondenz 1621. 144. Copia Extracti
die Unruhen in Grawbündten etc. Zauner, Chronik von Salzburg, Salzburg 1813 hat die Namen der Hauptleute Bulleon (Bullion?) Ciurletto
und Mayer.
3) Zur Artillerie vgl. Allgem. Reichs-A. 30j. Kr. Bd. IX. 158.
Inventarium etc. Ebenda XLII. 271. Ebenda VIII. 102. Nach Heil-
mannn II. 2. 951 befanden sich Ende 1620 in St. Nikola noch 22 Rohrgeschütze und 5 Mörser.
4) Nach Gindely IV. S. 35 wäre der Istbestand erheblich geringer gewesen.

Eine eingehendere Beschäftigung mit der zweiten und dritten der voraufgeführten Gruppen dürfte schon deshalb begründet sein, als beide durch die geschilderten Vorgänge im nordwestlichen Böhmen noch weiter in Mitleidenschaft gezogen wurden.

Obgleich man in der zweiten Hälfte des Februars feindlicher Seits sowohl das Gelände zwischen Iser und Elbe geräumt, als auch die nach Braunau und Nachod vorgeschobenen Besatzungen zurückgezogen hatte[1]), war die Anholt'sche Gruppe vorsichtshalber zwar in ihren bisherigen Standorten verblieben.[2])

Auch der mit 27. Februar beginnende Abzug des Markgrafen Johann Georg zu Brandenburg-Jägerndorf aus der Oberlausitz brachte keine Veränderung in der örtlichen Verteilung der unter dem Freiherrn von Anholt befindlichen Kompagnien und Fähnlein hervor.

Der langsame Marsch des Markgrafen, dieses bisherigen nördlichen Gegners, war über die Queis und die Bober in südöstlicher Richtung dem Gebirge entlang gegen die schlesische Neisse gerichtet. Hier fand von Ende März ab die Vereinigung mit den schlesischen Werbetruppen des Obersten von Seger, genannt Spee in Glatz statt.[3])

---

Schreiber 235 nimmt gar nur 9000 Mann als Stärke des Heeres an. Es macht den Eindruck, als ob Maximilian gelegentlich des Augsburger Bundestags die Präsenzstärke absichtlich herabgedrückt habe.

1) Zeitschrift des Vereins für Geschichte und Altertum Schlesiens XIII. Bd. Breslau 1876. Palm, der Dresdener Accord, Seite 187.

2) Hiezu vgl. Allgem. Reichs-A. 30j. Kr. Bd. XIII. 213—217. Tilly, Haimhausen und Herliberg an Max. Prag, 24. Februar 1621 ... weyll auf das gesündt (gesündl?) welliches Zollern vnd Pernstatt gesamlet ein firsorgent aufsehn zehaben gewest . . . .

3) vgl. Hauptconservatorium der Armee, Handschriftensammlung. Morawitzky. Materialien etc. Serie II. Bd. 1. 100. Johann Georg

Der im Neissegebiet versammelten Macht des Markgrafen gegenüber, blieb Freiherr von Anholt auf seine schwache Elbestellung Pardubitz-Jaromer mit dem Flankenschutz in Trautenau beschränkt :[1])

|  | Kompagnien | Regimts. z. Pf. | Fähnl. | Regiment z. F. |
|---|---|---|---|---|
| Pardubitz | { 1 (Krobaten) | Pappenheim | — | — |
|  | { 1 | Wartenberg | — | — |
| Königgrätz | } |  |  |  |
| Smiric-Dobruska | } | — | 5 | Florainville |
| Jaromer | 1 (Krobaten) | Eynatten | — | — |
| Trautenau |  | — | 2 | Haimhausen |

Hinter diesen Truppen hielten vornehmlich Reiterkompagnien schon zur Verbindung mit Prag die Uebergänge der Czidlina, Iser und mittlern Elbe besetzt:

|  | Komp. | Reg. z. Pf. | Fähnlein | Reg. z. F. |
|---|---|---|---|---|
| Neu-Bidsow | 2 | Pappenheim | — | — |
| Nimburg | { 3 | Pötting | — | — |
|  | { 1 | Marcoussey | — | — |
|  | (Oberst). |  |  |  |
| Jungbunzlau | 6 | Herzelles | 1 | Baur |
|  |  |  | (Berlichingen) |  |
| Brandeis | 1 | Pappenheim | — | — |
| Melnik | — | — | 1 | Roville. |
|  |  |  | (Obstl.) |  |

Zur Besetzung der königlichen Burg zu Prag, sowie der bayerischerseits vervollständigten Befestigungen beider Moldauufer bei Wyserad und dem Strahower Thore[2]) gehörten unter Befehl des Obersten von Baur:

---

von Brandenburg-Jägerndorf an Mansfeld. Striegau, 25. März 1621; ferner Palm, Acta publica 1621. S. 156 Anm. (am 29. März 1621 langen markgräfliche Truppen in Patschkau an.) Gindely IV. 257.

1) Vgl. Allgem. Reichs-A. 30j. Kr. Bd. LXVII. 259. Musterungsakten aus der Zeit zwischen 15. März und 22. April 1621.

2) Hierüber vgl. K. B. Geh. Staats-A. Kaiserl. Korrespondenz, Kast. schw. ad 2/17. Fol. 316.

| | Komp. | Reg. z. Pf. | Fähnl. | Reg. z. F. |
|---|---|---|---|---|

Kleinseite:

Hradschin,[1]) Befestigungen am Strahowerthor } — — 9 Schmidt.

Alt- und Neustadt:

Befestigungen bei Wyserad } 4 Herberstorff 6 Baur.

Hieraus ergibt sich als Bestand Ende März 1621:

| | Komp. | Fähnl. |
|---|---|---|
| 1. Für Generalwachtmeister Freiherr von Anholt | 16 | 9 |
| 2. für Oberst von Baur | 4 | 15 |
| | 22 | 24 |

Es war sonach doch seit anfangs Februar eine Verminderung in der Stärke eingetreten.[2])

Von den beiden Gruppen hatte nämlich die Heeresleitung seit dem Abmarsche der 6 Fähnlein Herlibergschen Regiments z. F. (31. Januar 1621) noch weitere Teile abgebröckelt.

Um vorerst den etwas gelichteten Einschliessungsgürtel um Pilsen auszufüllen, wurden 3 Fähnlein nach Rokytzan, östlich dieses Platzes, entsendet.[3])

Ebenso dürfte die kleine Gruppe des Obersten Lin-

---

1) Der Hradschin wurde mit 6 Fähnlein Regiments z. F. Schmidt belegt (Oberst, Oberstlieut., Joh. Bapt. v. Magno, Reichard, Saint Julien, Schmidt). Allgem. Reichs-A. 30j. Kr. Bd. LXVII. 259.

2) Haimhausen gibt die Stärke später (auf 8000 Mann z. F. und 2000 Reiter an. (?) Hiezu siehe:
Allgem. Reichs-A. 30j. Kr. Bd. LXVII. 209 (zwischen 3. und 24. April). Zur früheren Stärke vgl. S. 60.

3) Allgem. Reichs-A. 30j. Kr. Bd. XIII. 142. Tilly au Maximilien. Prague, 29. Janvier 1621 (die Fähnlein waren vermutlich das auf 1 Fähnlein reformierte Regiment z. F. Sulz und 2 Fähnlein des Regiments z. F. Roville).

telo zu ihrer Stärkung einen Zuwachs von 6 Kompag-
nien und etwa 5 Fähnlein˝ erhalten haben.[1])
Diesen Verfügungen folgte am 14. März die Ver-
legung des Sitzes der bayerisch-ligistischen Heeresleitung
von Prag nach Mies.[2])
Die Wahl dieses, zwischen Pilsen und der Eger-
Teplstellung gelegenen Platzes, empfahl sich schon mit
Rücksicht auf die nächsten besonderen Aufgaben im
Felde.
Die Heeresleitung wich in bezug auf den anzu-
strebenden Gewinn Pilsens von dem bisherigen Verfahren
auch jetzt nicht ab.[3])
Trotz einer geringen Besatzung von nur 7 schwachen
Fähnlein unter Oberst von Fränkhing stellte man die

---

1) Die Reiterkompagnien gehörten den Regimentern z. Pf. Erwitte
und Marcoussey an (vgl. Allgem. Reichs-A. 30j. Kr. XIII. 242. — H e i l -
m a n n II. 1. 96).
Von den 5 Fähnlein waren vermutlich 2 dem Regiment Roville,
2 dem Regt. Schmidt und 1 dem Regt. Baur entnommen (Herlibérg berichtet von der Musterung der letzten beiden Regimenter, dass „etliche
Fähnlein an andern Orten" seien. Allgem. Reichs-A. 30jähr. Kr.
Bd. XXXVI. 214. Herliberg an Max. Prag, 2. März 1621). — H e i l -
m a n n II. 1. 96.

2) Allgem. Reichs-A. 30j. Kr. Bd. XIII. 242. Tilly und Herliberg an Maximilian. Mies, 23. März 1621.

3) R e u s s behandelt von Seite 103—105 die Geschichte der Uebergabe Pilsens. G i n d e l y IV. 32. Ebenda. Urkundenbeilage 568—577.
Aktenstücke vom 1. Nov. 1620—7. April 1621.
Zur besseren Beleuchtung des Verfahrens gegen Pilsen dienen auch
die glänzenden Versprechungen, welche den mansfeld'schen Hauptleuten
von Pieritz, von Syrach und einem Fähnrich des Regiments z. F. Löwenstein für einen Uebertritt in bayerische Kriegsdienste gemacht wurden.
(Allgem. Reichs-A. 30jähr. Kr. Bd. XIII. 276. Tilly an Maximilian.
8. Apr. 1621.) Nur Hauptmann v. T e u f f e l der Besatzung übernimmt
später ein salzburgisches Fähnlein.
Für die Entlöhnung: Allgem. Reichs-A. 30j. Kr. Bd. XIII. 256.
Max an Tilly. München, 2. April 1621.

Besitznahme nicht etwa auf die Spitze des Schwertes. Das Vorgehen richtete sich, im Lichte der damaligen Zeit betrachtet, im wesentlichen darauf, unter möglichster Schonung der eigenen Kräfte den wichtigen Platz durch Lohn-Entschädigung der Besatzung unversehrt zu erhalten.

Die Absperrung Pilsens sowohl, als der östlich der Moldau gelegenen Plätze hatte inzwischen keine Unterbrechung erlitten. An kaiserlichen Heereskräften waren bei Pilsen, wie schon berührt, die Truppen des Obersten Martin von Huerda und des Oberstwachtmeisters von Ilow vom Regiment z. F. Fuchs noch beteiligt.

Es liegt nahe, dass zu diesen Befehlshabern, ebenso wie zum bayerischen Oberst von Lintelo einige, wenn auch schwache Ergänzungen stiessen.

Die jetzt unter Tilly vereinigten kaiserlich-ligistischen Einschliessungstruppen vor Pilsen dürften eine Gesamtstärke von höchstens 8000 Mann erreicht haben.[1]

| | Komp. | Fähnl. | Gesamtstärke. |
|---|---|---|---|
| 1. Huerda im Südostabschnitt der Einschliessungszone[2] | 8 | 10 | 2800 |
| 2. Ostgruppe Lintelos bei Rokytzan | 5 | 3 | 1000 |

---

1) Nach Pröls, Geschichte von Elbogen, Seite 169 wäre Ilow in Mies allein bis auf 2000 Mann verstärkt worden.

Die Frankfurter Messrelationen 1621, S. 35. Statt Pilsen von Mons. Tilly etc. eingenommen etc. nehmen 10000 Mann an, mit welchen Tilly erst vor Pilsen gerückt wäre, ebenso Khevenhüller, Annales Ferdinandei IX. 1304.

Tilly, J. T' S., Graf von. Eine biographische Skizze, Pilsen und Leipzig 1792 (anonym), Seite 5. Tilly rückt mit geringer Mannschaft von Prag nach Pilsen. . . . .

2) Hier wurden als Vermehrung 2 Fähnlein, bei Ilow 2 Kompagnien angenommen.

| | Komp. | Fähnl. | Gesamtstärke, |
|---|---|---|---|
| 3. Ilow an der Mies | 5 | 5 | 1200 |
| 4. Westgruppe Lintelos zwischen Pilsen und der böhmisch - altpfälzischen Grenze | 12 | 8 | 2500 |
| | 30 | 26 | 7500 Mann. |

Angesichts einer immerhin mehr als sechsfachen Ueberlegenheit des Angreifers gelangten die langwierigen Uebergabs-Verhandlungen mit der Pilsener Besatzung am 26. März 1621 in Mies zum Abschlusse. Nachdem Oberst von Lintelo als kaiserlicher Bevollmächtigter den Platz und seine Vorräte am 31. März übernommen hatte, hielt Tilly am 3. April seinen Einzug in die Stadt.[1]

Von den bisherigen 7 Besatzungsfähnlein, welche den Regimentern z. F. Mansfeld, Löwenstein und Fränkhing angehört haben dürften, betraten 3 unter Oberst von Fränkhing über Haid-Rosshaupt am 5. April in Waidhaus die südliche Oberpfalz.[2]

Bei der neuen Belegung von Pilsen wurden kaiserliche und bayerisch-ligistische Fähnlein verwendet. Von ihnen sind nur 3 Fähnlein des Regiments z. F. Fuchs, welche bislang in Mies gelegen waren und 1 Fähnlein (Oberstwachtmeister des Regiments z. F. Haimhausen) näher bekannt.[3]

Im Uebrigen wurden die Einschliessungstruppen für andere Zwecke frei.

---

1) Khevenhüller, Annales Ferdinandei IX. 1304—1306 hat einen Abdruck der Uebergabsbestimmungen.

2) Kreis-A. Amberg. Rep. XLVIII. Fasc. VII. 4543. 60. Mansfeldisches Schreiben vom 5. Apr. (neuen Styls). Theatrum Europaeum oder Wahrhaffte Beschreibung etc. Frankfurt 1635 Tom. I. 566. nimmt 3 Fähnlein an, welche nicht capitulierten, aber freien Abzug erhielten. Ebenso Khevenhüller IX. 1306.

3) d'Elvert XVII. 147.

Von den bayerisch-ligistischen Teilen konnten daher jetzt im ganzen

13 Kompagnien [5 Bönninghausen, 5 Erwitte, 3 Marcoussey]

8 Fähnlein [4 Roville, 2 Haimhausen, 1 Baur, 1 Schmidt]

zum Festungskriege im Eger- und Teplgebiete gezogen werden.[1])

Die Stärke der im besondern gegen Falkenau, Elbogen und Petschau bestimmten Belagerungstruppen und ihr Mischungs-Verhältnis an Reiterei und Fussvolk lässt sich nur aus einer annähernden Verteilung der zwischen den Wasserläufen der Mies, Tepl und Eger bis zu Ende März 1621 dem bayerischen Generalzeugmeister unterstellten

27 Kompagnien und
25 Fähnlein

schliessen.[2])

| | Komp. | Regt. z. Pf. | Fähnl. | Regt. z. F. |
|---|---|---|---|---|
| Schlaggenwald (zum Schutz des Belagerungsparks) | — | — | 2 | Herliberg |
| Falkenau | 7 | Erwitte Herberstorff | 8 | Mortaigne Roville Haimhausen Baur |
| Elbogen | 8 | Bönninghausen Wartenberg | 10 | Herliberg Roville Schmidt |
| Petschau | 1 | Eynatten | 3 | Herliberg |
| Königsberg | 2 | Eynatten | 1 | Mortaigne |

---

1) Vgl. Heilmann II. 1. 96.
2) Diese Zahlen ergeben sich aus einem Berichte Soyers an Maximilian. München, 25. März 1621. (Allgem. Reichs-A. 30jähr. Kr. Bd. LXVII. Bl. 181.)

| | Komp. | Regt. z. Pf. | Fähnl. | Regt. z. F. |
|---|---|---|---|---|
| Königswart | 1 | Eynatten | 1 | Mortaigne |
| Tepl | 5 | Cratz | — | — |
| Haid u. Tachau[1]) | 3 | Marcoussey | — | — |
| | | (in der Abdankung begriffen) | | |
| | 27 | | 25 | |

Was die Stärke des gegen die Eger-Teplstellung verfügbaren Geschützparkes betrifft, so standen etwa 21 Geschütze verschiedener Bohrungsweite bereit. Hievon mochten 15 der Bundes-Artillerie angehören, während je 3 von kursächsischer und egerischer Seite gestellt waren.[2])

Die Bundesartillerie, deren Beschaffung und stetige Ergänzung vertragsgemäss der Vormacht Bayern oblag, ist hier schon deshalb einer kurzen Betrachtung wert, als sie im Verlaufe des Feldzugs 1621 wiederholt in den Vordergrund des Kampfes eintritt.

Der Bestand des Artillerie-Stabes war:[3])

1 Generaloberstzeugmeister    1 Zeugwart
1 Feldzeuglieutenant    1 Ingenieur (auch Bat-
    teriemeister genannt)

---

1) Allgem. Reichs-A. 30j. Kr. Bd. XIII. 242. Tilly und Herliberg an Max. Mies, 23. März 1621.

2) Zum Geschützpark vgl. Allg. Reichs-A. 30j. Kr. Bd. V. 155. Groote an Max. Schlaggenwald, 2. April 1621. Die Stärke ist vier halbe Karthaunen, 4 Viertelschlangen, 2 Falkonen. Es dürften hier die schon bei Groote befindlichen 5 Geschütze (Falkonen und Haubitzen) nicht inbegriffen sein. Ebenda V. 195. Ebenda V. 206. ferner

Stadt-A. Eger. Stadtbuch 1621. Bl. 8. Ersuchen um Vorspann für die von Oelsnitz ankommenden Geschütze. Ebenda Stadtbuch 1620. 226.

Muffat, K. A. K. Reichsarchivrat. Handschriftlicher Nachlass. Regesten zum 30jähr. Kr. Ingolstädter Gener. Sammlung Nr. 73. Note vom 25. März 1621.

Uetterodt 331.

3) Allg. Reichs-A. 30j. Kr. Bd. V. 161. Verzaichnus derjenigen Persohnen, So anjetzo bey dem Frstl. Bayr. Arcolei Staat vorhandten.

| | |
|---|---|
| 1 Gentiluomo della Artigliera[1] | 27 Büchsenmeister (Ge- |
| 2 Stückhauptleute | schützführer)[2] |
| 1 Quartiermeister | 1 Geschirrmeister |
| 5 Zeugdiener z. Pf. | 1 Wagenmeister |
| 2 Feldzeugschreiber | 1 Schmiedmeister mit |
| 2 Petardierer | Gesellen |
| 1 Granatierer | 1 Wagnermeister |
| 1 Profos | 6 Geschirrknechte. |
| 3 Zeugdiener z. F. | |

Ob die löbliche Gepflogenheit Maximilian I. den von ihm schon übernommenen Stamm von Büchsenmeistern auf dem Wege der inländischen Werbung zu ergänzen, sich auch bewährte, ist zum mindesten zweifelhaft. Die im Bundespark verwendeten Büchsenmeister entsprachen in bezug auf ihre Ausbildung den sich steigernden Anforderungen des Belagerungskrieges wenigstens nach Grootes Ansicht nicht.[3]

Bei dem bayerischen Artillerie-Geräte finden sich um 1621 im wesentlichen zwölf Rohrgeschütz-Gattungen und eine Mörserart vor.

Von ersteren waren etwa 5 — 6 verschiedene Kaliber bei Grootes Park in Schlaggenwald vertreten.[4]

---

1) Die „Edelleute vom Geschütz" hat auch Heilmann, Das Kriegswesen der Kaiserlichen und Schweden. Leipzig und Meissen 1850. Seite 59.

2) Hievon standen 9 im Regiment z. F. Baur, 1 im Regiment z. F. Haimhausen und 1 im Regiment z. F. Mortaigne.

3) Allg. Reichs-A. 30j. Kr. Bd. V. 155. Groote an Maximilian. Schlaggenwald, 2. April 1621. Ebenda 169. (Rechtfertigungsschrift ohne Datum.)

4) Zu einer vergleichenden Betrachtung der verschiedenen, zur Zeit des dreissigjährigen Krieges gebräuchlichen Kaliberarten dienen: Heilmann, Kriegswesen etc. Seite 51.
Heilmann, Kriegsgeschichte II. 2. 947.
Moltzheim de, L'artillerie française, Paris 1870. Seite 7—9.

Nach dem Falle Pilsens säumte derselbe nicht länger mit einem gleichzeitigen Artillerie-Angriff gegen die Egerplätze zu beginnen, deren veraltete Befestigungsart nicht zu den regelmässigen gehörte. Zum Bau der Batterien gegen Falkenau wurde die Einschliessungszone in den ersten Apriltagen 1621 der Geschütztragweite entsprechend bis auf etwa 500 bis 600 Schritte gegen die Umfassungsmauer vorgeschoben. Die bezüglichen Geschützstellungen sind wohl nur in dem zwischen dem Lobsbach und der Eger gelegenen Südwestabschnitt des Vorlandes zu suchen, in welchen die Strassen aus den Belagerungsparks zu Schlaggenwald und Königsberg hineinführen.

Die Verteidigung hatte schon bei Annäherung der Einschliessungstruppen bedacht genommen, sich das Schussfeld durch Niederlegen von Häusern frei zu machen.[1])

Nachdem sowohl der bayerische als der sächsische Truppenbefehlshaber am 5. April persönlich vor Falkenau angelangt waren,[2]) begann am 6. April morgens

---

Hiernach hatte Frankreich seit König Heinrich II. (1547—1559) ein Normalsystem von nur 6 Kalibern: „Les six calibres de France." Ludwig XIII. fügte um 1634 noch 2 hinzu.

Zwiedineck-Südenhorst, H. v., Kriegsbilder aus der Zeit der Landsknechte. Stuttgart 1883. Seite 106. (Nach alten Werken des Germanischen Museums zu Nürnberg.)

1) Müller, K. A. Forschungen auf dem Gebiete der neueren Geschichte. Fünf Bücher vom böhmischen Kriege. Dresden und Leipzig 1841. Seite 439.

2) Allg. Reichs-A. 30jähr. Kr. Bd. V. 147. Groote an Max. Im Veldtlager vor Falkenau 8. April. Ebenda Bd. V. 165. Da Grootes Ankunft übereinstimmend auf den 5. April angenommen wird. [Pelleter, Denkwürdigkeiten von Falkenau. Seite 105. Heilmann II. 1. 97] so ist der 26. März bei Müller, Forschungen etc. als Zeitangabe nach dem alten Kalender zu betrachten. Hiefür spricht auch das am 31. März

die Beschiessung aus einer fertig gestellten bayerischen
Batterie. Den gleichzeitig mit Wresowetz eingetroffenen
zwei sächsischen Freifähnlein folgten am 6. April mit
Begleitung weiterer Truppen Belagerungsgeschütze nach,
deren Thätigkeit gegen Falkenau ebenfalls einen Tag
später (7. April) begonnen haben dürfte.

Inzwischen waren die Annäherungsarbeiten des Ingenieur-Angriffs, welche am 8. April noch 50 Schritte
vom Grabenrand entfernt lagen, nach zwei Tagen bis
an denselben herangerückt. Zu einer Erstürmung der
durch Minen erzeugten Bresche kam es jedoch nicht.[1]

Nach einer viertägigen Beschiessung knüpfte der
Verteidiger, Oberst Gray, Verhandlungen mit Groote an,
welche am 11. April mit der Uebergabe Falkenaus ab-
geschlossen wurden.[2]

Bei dem Gesamt-Verlust des Belagerers von
18 Toten und einer nicht näher bekannten Zahl von
Verwundeten war der bayerische Artilleriestab mit 1 ge-
töteten und 1 verwundeten Büchsenmeister beteiligt.[3]

---

vorgefallene Einschliessungsgefecht bei Unterreichenau, welches nach
Müllers Annahme im Rücken der Geschützstellungen stattgefunden haben
müsste.

1) Allgem. Reichs-A. 30j. Kr. Bd. V. 147. Groote an Max.
Vor Falkenau 8. April 1621. Heilmann II. 1. 97. Die gewöhnliche
Art des Breschierens war diejenige durch Minen. (Archiv für die Offi-
ziere der K. Preuss. Artillerie- und Ingenieur-Corps. Berlin 1865. LVII.
Bd. 1. Heft Seite 89, Beiträge zur Geschichte des Breschelegens durch
Minen und Geschütze im XVI. und XVII. Jahrhundert. Nach den
Frankfurter Messrelationen 1621. Seite 35 ist bei Falkenau eine Minen-
legung anzunehmen. Uetterodt 326.

2) Wenn Schreiber Seite 238 behauptet: Schlaggenwald, Haid,
Falkenau und Taschau (soll wohl heissen Tachau) wurden beim ersten
Anstürmen genommen, so findet er sich mit der Belagerung Falkenaus
doch etwas zu rasch ab.

3) Allgem. Reichs-A. V. 161. Verzaichnus etc. Cesius, Henr.

Auf Seite der Verteidigung büssten im ganzen 93 Mann das Leben ein.

Schon einige Tage früher am 7. April hatte sich Oberstlieutenant de Roye erboten, die von ihm 2 Monate verteidigte Tepl-Veste Petschau gegen annehmbare Bedingungen zu übergeben.[1]) Drei Fähnlein Herliberg'schen Regiments unter Oberstwachtmeister von Mabon hielten diese Burg bislang eingeschlossen.

Die Angriffsarbeiten gegen dieselbe nahmen anfänglich bei festgefrornem Boden und namentlich mangels eines geschulten Ingenieurs nicht den erwünschten Fortgang. Erst nach Eintreffen eines Schanzmeisters wurde Ende März mit einer gedeckten Annäherung gegen die Veste zur Vorbereitung des Sturmes thatkräftiger vorgeschritten.

Die angeknüpften Verhandlungen führten schon am 8. April zur Ergebung de Roye's und zum freien Abzug der Besatzung nach der Oberpfalz.

---

Kaiserl, Kriegszahlamts-Sekretär: „Eygentliche und wahrhafftige Beschreibung Aller und jeder Länder etc. Neben gewissen Bericht: Wie viel Menschen aller Orthen (auff beyderseyts Partheyen) umbkommen und gestorben etc. Ged. Prag 1631. Staatsbibliothek Eur. 361/15. 4⁰. (Eine Zusammenstellung der beiderseitigen Verluste vom 12. Mai 1618 bis 30. September 1627.)

1) Allgem. Reichs-A. 30jähr. Kr. Bd. V. 150. de Roye an Groote. Petschau, 7. April 1621. Weitere Aktenstücke etc., welche sich auf Petschau beziehen: Ebenda V. 140. Groote an Max. Schlaggenwald, 26. März 1621.

Ebenda Fasc. XII. Nr. 113 (rote Bez.) Ebenda V. 143. Max an Groote und Haimhausen. München, 29. März 1621. Ebenda V. 75. Max an Groote. München 15. Febr. 1621.

Chevalier, Dr. L., Gymnasial-Direktor, Geschichte des alten Schlosses Petschau. Karlsbad 1875.

Die ersten gegen Elbogen errichteten bayerischen Angriffsbatterien waren bis 7. April in den felsigen Gehängen des südlichen Vorlandes vollendet. An diesem Tage wurde wenigstens das Geschützfeuer gegen den Platz eröffnet.[1])

Die Verteidigungs-Instandsetzung desselben hatte noch unter Carpzows Leitung in der ersten Hälfte Februars 1621 begonnen.

Um dem Angreifer Unterkunft und Verpflegung zu erschweren, wurde zunächst an die im Fluthbachthale gelegenen Mahlmühlen Feuer gelegt. Zur Freimachung des Schussfeldes für die Burggeschütze riss man Häuser der südlichen Vorstadt nieder.

Erst nach Beginn des Artilleriefeuers ging man daran, auch das Vorland des Nordost-Abschnittes am Galgenberge zu säubern.

Etwa gleichzeitig Mitte April 1621 liess der Verteidiger in Münchhof an der Chodau 5 Kilometer nördlich Elbogen noch Lebensmittel-Vorräte erholen.[2])

Im Anschluss an die Befestigungen des innern Abschnitts, der Burg Stein-Elbogen, wurden Batterien zur Bekämpfung der feindlichen Geschützstellungen errichtet.[3])

---

1) Pröls, Seite 170. Dass sich Pröls bei seiner Zeitangabe des alten Kalenders bediente, dürfte daraus zu schliessen sein, dass auch bei dem auf der gleichen Seite 170 angeführten Brief, in welchem die Uebergabe Falkenaus berührt ist, die Zeit nach dem alten Style belassen wurde. Nach der Apologie Seite 53 hätte die Belagerung erst am 12. April (n. St.) begonnen.

2) Ebenda Seite 169 und 170. Die letzten beiden Verteidigungsmassnahmen deutet Pröls Seite 170 wohl irrtümlich als Entsatzversuche durch mansfeldische Truppen.

3) Allgem. Reichs-A. 30jähr. Kr. V. 207. Groote an Maximilian.

Diese letzteren waren nach der Einnahme von Falkenau von Mitte April 1621 ab vermehrt worden. Die neuen Angriffsbatterien befanden sich auf dem Spitzenstein, dem Mühlacker, Robitsch- und Höfener-Berge, also vornehmlich im Südwestabschnitt des zerklüfteten Elbogener Vorlandes.[1])

Zu ihrer Armierung stellte Groote ausser den vor Falkenau frei gewordenen 6 Belagerungsgeschützen noch weiter zu Pilsen eroberte pfälzische und die in Taus befindlichen Geschütze auf Befehl der Heeresleitung bereit.[2])

Den Sitz dieser letzteren hatte Freiherr von Tilly zwischen den 12. und 21. April von Pilsen zunächst nach Falkenau und noch vor dem 27. April nach Neusattel 2½ Kilometer nordwestlich Elbogen verlegt. Von hier aus führte Tilly den Oberbefehl über die Belagerung dieses Platzes.[3])

Nachdem ein Versuch des Verteidigers durch Besetzung der Herrnmühle das Angriffsfeld dauernd zu gefährden, zurückgeworfen war, fand am 29. April die Wiederaufnahme des Geschützfeuers aus allen Batterien statt.[4])

Es ist möglich, dass die am gleichen Tage eintreffende Kunde eines von der nördlichen Oberpfalz aus

---

Elbogen, Mai 1621. Dieser amtliche Bericht über die Belagerung von Elbogen ist wie gewöhnlich ohne Bezeichnung von Nord, Süd etc. und daher nicht brauchbar.

1) Hierüber vgl. Pröls Seite 170. Unter Spitzenstein dürfte die am Westknie der Eger gelegene Bergecke zu verstehen sein.

2) Allgem. Reichs-A. 30jähr. Kr. Bd. XIII. 329. Tilly an Max. Mies. 6. Mai 1621. Nach den verwendeten (40) Pferden zu schliessen, wurden aus Pilsen und Taus zusammen 5—6 Geschütze herangezogen.

3) Allgem. Reichs-A. 30j. Kr. Bd. XIII. 284. 292. VIII. 174.

4) Pröls, Seite 171 hat den 19. April 1621.

unternommenen Entsatzversuches den Angreifer jetzt
zu besonderer Kraftäusserung anspornte.

Von den errichteten Batterien erwies sich die am
Spitzenstein wohl deshalb besonders gefährdend, weil
sie aus beherrschender Lage die Elbogener Verkehrs-
strasse der Länge nach bestrich.

Dagegen blieb eine in der Thalsohle an der böhmi-
mischen Mühle erbaute bayerische Batterie mit der
üblichen Zahl von 3 Geschützen wirkungslos.[1]

Was den allgemeinen Gang des unregelmässigen
Angriffsverfahrens betrifft, so waren mindestens 3—4 Batterien bestimmt, die Breschen zu erzeugen. Die damals
gewöhnliche Art des Breschelegens durch Minen war
schon durch die Eger und den felsigen Untergrund ihrer
Ufer ausgeschlossen.

Von den beabsichtigten 2 Mauerbreschen lag vermutlich eine in der südlichen Umfassungsmauer der um
die Burg Stein-Elbogen sich lagernden Stadt.[2]

Die andere konnte bei der Beschaffenheit des Vorlandes gleichzeitig mit der ersten in der Umfassungsmauer des inneren Abschnitts hergestellt werden.

Doch besassen dieselben den Nachteil aller damals

---

1) Pröls Seite 171. Ein Schema für eine erhöhte „Feldbattery"
zu 3 Geschützen" ist zu finden im: „Manuale Architecturae Militaris
Oder Handbüchlein über die Fortifikation und Vestungs-Bawkunst Erster
Theil: Darinnen kurze Anweisung derer Reguln, und unterschiedlichen
Vortheil, wie selbige in Praxi als Theoria nützlich zu gebrauchen. Allen
Liebhabern dieser Kunst zu gefallen, colligirt durch Georg Adam Böcklern.
Frankfurt, bei Thoma Matthia Götzen. Im Jahr MDCXLV. Seite 130.
(Fig.) Auch die Abbildung einer Batterie de Siège 1600, bei Moltz-
heim, L'artillerie française. Plan 9, Henry IV. zeigt 3 Geschütze.

2) Groote berichtet, dass Elbogen an drei Orten (also von drei
Seiten?) beschossen worden sei. (Allgem. Reichs-A. 30jähr. Kr. V. 207.)

durch Geschütz entstandenen Breschen, sie lagen zu hoch.[1])

Wenn es auch dem Angreifer gelang, die Häuser der Robitscher Vorstadt am 1. Mai zu besetzen, so vermochte er doch von hier nicht weiter vorzudringen und begnügte sich an der Stadtmauer gedeckte Stellungen (Logements) einzurichten.[2])

Das verstärkte Feuer mit schweren Belagerungsgeschützen vom Robitschberge am 5. und 6. Mai galt der Vervollständigung der entstandenen Breschen.

Diesen Vorbereitungen gegenüber erbot sich Oberstlieutenant Graf zu Orttenburg, der Mitte März die Befehlsleitung in Elbogen übernommen hatte, zu Unterhandlungen. Ihnen folgte am 7. Mai die Einräumung Elbogens an den bayerischen General-Oberstlieutenant Freiherr von Tilly.[3])

Bei dem Verluste der Belagerungstruppen von 40 Todten war der vereinigte Artillerie- und Ingenieurstab allein mit

1 Zeugwart

1 Ingenieur

---

1) Hierüber vgl. Archiv für die Offiziere der K. Preuss. Artillerie- und Ing. Corps, LVII. Bd. 1. Heft Seite 90.

Heilmann II. 1. 97. Unter Stadtmauer-Vorstadt dürfte in dem benützten Bericht Grootes die vor der Stadtmauer liegenden Häuserreihen zu verstehen sein.

Vorstadt ist hier in bezug auf die Burg zu nehmen.

2) Pröls Seite 171 berichtet nichts von einer Besetzung der Robitscher Vorstadt.

3) Näheres über Ablieferungen von Waffen der Bürgerbesatzung etc. Allgem. Reichs-A. 30jähr. Kr. XLVI. 192 etc. Verzeichnus der zu Schloss Stein-Elbogen beiwehrender Belagerung etc. (Hier liegt ein Zettel bei, welcher von dem Privatabkommen Grootes mit einem Bürger, Namens Wohlrab, handelt.)

1 Granatierer und

2 Büchsenmeistern

vertreten.[1])

Unter der nicht bekannten Zahl von Verwundeten befanden sich

2 Büchsenmeister

1 Petardierer.

In den Angriffsbatterien wurden 2 Singerinnen am Laufe und an der Laffete beschädigt.[2])

---

1) Allgem. Reichs-A. 30j. Kr. Bd. V. 161.

2) Ebenda V. 195. Groote an Max. Elbogen, 13. Mai 1621. (Singerinnen regierten 15pfündige Eisenkugeln.)

## III. Die Rüstungen in der Oberpfalz.

Noch in den letzten Tagen der Belagerung Elbogens hatten sich von der obern Waldnaab her pfälzisch-mansfeldische Truppen dem Südwestsaum des Kaiserwaldes genähert, mit der besonderen Bestimmung, den Platz zu entsetzen.

Schon eine Untersuchung über die Art und Weise, wie diese Heereskräfte zusammengesetzt waren, gibt Veranlassung, noch einmal bis zum zweiten Uebertritt Mansfelds nach der Oberpfalz zurückzugreifen.

Um die gleiche Zeit, — demnach in der ersten Hälfte Februars 1621, — vollzog sich hier, nicht ohne Einwirkung des Pfalzgrafen Friedrich V., ein bedeutungsvoller Aufschwung in der Landesverteidigung, welche ihre amtliche Spitze in der kurpfälzischen Statthalterschaft zu Amberg hatte. Ihr war zunächst der am 7. Februar 1621 errichtete Kriegsrat untergeordnet, welchem Oberst Reinhard Graf zu Solms-Hungen vorstand.[1])

Die ihm zur Seite stehenden Oberstlieutenants Jakob Balthasar von Schlammersdorf und Johann Georg von Pöblis erhielten Aufträge mittels inländischer Werbung Regimenter z. F. zu bilden.

---

1) Kr.-A. Amberg. Rep. XLVIII. Fasc. LVII. 4502. 91. Bestellten Kriegsrath in der Obern Chur-Pfaltz. Wolfenbüttel, 28. Jan. 1621. (Original.)    7. Febr.

Die Geldverpflegung dieser beiden je 4—5 Fähnlein starken Regimenter, so wie jene der 3 Fähnlein Solms'schen Regiments z. F. übernahm die oberpfälzische Landschaft.[1]) Ausserdem standen noch das Oberstlandzeugmeister-Amt zur Verwaltung der Waffen und des Heergerätes, die Landkompagnien z. Pf., dann die Stadt- und Landfahnen unter dem neuen Kriegsrate der Oberpfalz, der in besonders dringlichen Fällen sogar selbstthätig handeln konnte. Diese mit so weitgehenden Befugnissen ausgestattete Einrichtung bildete einen gewissen Gegensatz zur eigentlichen Heeresleitung, deren Seele Graf Ernst' zu Mansfeld mit dem Range eines General-Feldmarschalls war.

Das Generalat über die pfälzischen Gebietsteile, wie Mansfeld es angestrebt hatte, wurde ihm jedoch vom Pfalzgrafen nicht gewährt.[2])

Er blieb also wie schon im Vorjahre in Böhmen den Landesbehörden untergeben und konnte sich deshalb in innere Angelegenheiten der Oberpfalz, wie Aufgebot oder Verpflegswesen, nicht einmischen.

Dagegen widmete sich Mansfeld, der in den letzten Februartagen 1621 vom Unionstage zu Heilsbronn wieder nach der Oberpfalz zurückgekehrt war, von dieser Zeit ab der Errichtung eines Heeres, welches vorzugsweise auf Grund ausländischer Werbungen zu stande kam.

---

1) Vgl. hierüber Heilmann II. 2. 851—857. K. B. Geheim. Staats-Archiv, 30j. Kr. Kast. schw. 425. 120. (Hiernach war der erste
6
Musterplatz des Regiments z. F. Schlammersdorf in Auerbach. Kreisarchiv Amberg XLVIII. LVII. 4502. 241.)

2) Gindely IV. 24. Nach Uetterodt 293 und 294 hatte Mansfeld das pfalzgräfliche Patent zum General-Feldmarschall am 16./26. November 1620 erhalten.

Hilfsquellen zur Besoldung der Werbetruppen
flossen, wenn auch spärlich, durch Vermittlung des Pfalzgrafen von den Niederlanden und aus England.

Zur Geldverpflegung steuerte auch die pfälzische
Landschaft ansehnliche Mittel, insbesondere für die ersten
Musterungen der mansfeldischen Truppen bei.[1])
In bezug auf die Naturalverpflegung derselben darf
im voraus bemerkt werden, dass ihr Führer von der
oberpfälzischen Regierung auf's thatkräftigste und auf-
opferndste unterstützt wurde.[2])

Ueberhaupt wäre es irrig, dem pfälzischen Staatswesen die Rolle des leidenden Zuschauers aufzuprägen.

Was den allgemeinen Entwicklungsgang der entstehenden pfälzisch-mansfeldischen Wehrkraft betrifft, so
gelangte die Gestellung der schwer zu beschaffenden
Reiterei sogar bis zum October 1621 zu keinem Abschluss.[3])

Die mit Anwerbung von Regimentern z. Pf. be-
trauten Reiterführer hatten in den Feldzügen der Vorjahre 1619 und 1620 zum teil unter Fürst Anhalt zum teil

---

1) Kreis-A. Amberg. Rep. XLVIII. Fasc. LVII. 4506. Herrn Grafen
von Mansfeld Kriegsverfassung zu Defendierung der O. Pfalz etc. (insbesondere Akt 134). Gindely IV. 203. Heilmann II. 2. 851—887.

2) Ueber Verpflegungswesen vgl. Kreis-A. Amberg. Rep. XLVIII.
Fasc. LVII.4543. Als Verkehrsmittel spielte namentlich die Einrichtung der
Scharfuhrwerke eine hervorragende Rolle.

3) Entwürfe mit Sollstärken von Reiterei und Fussvolk enthalten:
K. B. Geheim. Staats-A. Kast. schw. 30j. Kr. 425. 237. Instruction pour
6
le comte de Löwenstein (ohne Datum, vermutlich vom März). Kreis-A.
Amberg Rep. XLVIII. Fasc. LVII. 4502. 260. Memorial so Ir G. der
Herr Graf von Mansfeld demienigen so zu I. May. abgefertigt werden
soll geben will. Hirschau, 1/11. April 1621 (von Pöblis Hand). Als
Bestände für einen gewissen Zeitabschnitt sind diese Entwürfe nicht
zu verwerten.

6

unter dem Generalfeldmarschall gedient und waren daher als erprobt bekannt.

Bis gegen Mitte des Jahres 1621 änderte sich der ursprüngliche Stand an Kompagnien nicht wesentlich. Denn die im mittlern oder nördlichen Deutschland, in den Niederlanden und in der Rheinpfalz geworbenen Reiter trafen erst vom Juni 1621 ab, zumeist schon in Staffeln von 4—6 Kompagnien vereinigt, an den Musterplätzen in der Oberpfalz ein. Hier wurde sodann ihre Ausrüstung und Bewaffnung vervollständigt.

Zu Ende April waren deshalb höchstens 10 Kompagnien vorhanden :[1])

5 Kompagnien des (alten) Regiments z. Pf. Mansfeld.

3 (Stamm-)Kompagnien der Regimenter Friedrich und Wilhelm zu Sachsen-Weimar.

2 (Stamm-)Kompagnien Markgraf zu Brandenburg.

Die Neubildung von Regimentern zu Fuss nahm einen raschern Fortgang.

Im Einverständnis mit der oberpfälzischen Regierung hatte Mansfeld hiezu seine Musterplätze aus dem Egerland nach Neustadt an der Waldnaab und Hirschau ver-

---

1) Spärliche Angaben über die Anfänge der pfälzisch-mansfeldischen Reiterei: K. B. Geheim. Staatsarchiv, Akten des 30j. Kr. Kast. schw. 425. 101. Nachrichten aus Velburg, 4. März 1621.
6

Das erwähnte Memorial vom 11. April 1621. (Kreis-A. Amberg. Rep. XLVIII. Fasc. LVII. 4502. 260) sagt, dass die Regimenter Markgraf Sigmund, Friedrich und Wilhelm von Sachsen-Weimar und Mansfeld „zum theil auf dem Fuss" seien. Hauptconservatorium der Armee, Handschriftensammlung. Morawitzky, Materialien, etc. II. S. I. B. 100. Bestellung des Pfalzgrafen Friedrich für Oberst Johann Georg, Markgrafen zu Brandenburg. März 1621.

Opel, J. O., der niedersächsisch-dänische Krieg. Halle 1872. Magdeburg 1878. I. Bd. S. 234. 350 Reiter des Regiments Friedrich Weimar sind 1. Hälfte 1621 im Amt Wülperode (Braunschweig).

legt. Er selbst begab sich ebenfalls Anfangs März über Amberg und Hirschau dorthin.[1])

Schon um diese Zeit waren 10 Fähnlein in die südliche Oberpfalz nach dem Gebiete der mittleren Naab und oberpfälzischen Schwarzach entsendet.[2])

| Nabburg | 4 Fähnlein |
| Oberviechtach | 1 „ |
| Neunburg v. d. W. | 3 „ |
| Rötz | 2 „ |

Diese Fähnlein gehörten ohne Zweifel auch den in der Errichtung begriffenen Regimentern z. F. (Neu-) Mansfeld, Löwenstein und Carpzow an.

Bis zur zweiten Hälfte März gediehen die Rüstungen soweit, dass die Heeresleitung für diese Regimenter und einige Kompagnien eine vierzehntägige Unterkunft in einer Zone nachsuchte, welche sich im allgemeinen von der hintern Schwarzach nordöstlich über die Lauterach und die Vils bis zum Ehenbach hin erstreckte.[3])

In wie weit die oberpfälzische Bevölkerung hiebei belastet wurde, lässt sich aus einem Verteilungs-Entwurfe annähernd beurteilen. Es kömmt jedoch in betracht,

---

1) Kreis-A. Amberg. Rep. XLVIII. Fasc. LVII. 4543. Akt 15—37. Uetterodt, Seite 305. Anm. 85.

Nach Gindely IV. 32. war Mansfeld am 18. März sicher in Neustadt a. d. W. Heilmann II. 1. 95.

2) Allgem. Reichs-A. 30jähr. Kr. Bd. XVI. 256. Pfleger von Stadtamhof an Regierung von Straubing, 3. März 1621.

3) Kreis-A. Amberg. Rep. XLVIII. Fasc. LVII. 4502. 189. Ebenda 4502. 138. Liste mansfeldischer Offiziere, worunter Oberstlieutenant Melchior Freiherr von Wurmbrandt (vom Regiment z. F. Frenkhing?). Heilmann II. 2. 851—857.

6*

dass ausser den Mannschaften auch der Tross Verpflegung erhielt.[1])

| | | |
|---|---|---|
| **Reg. z. Pf. Mansfeld** | 2—3 Komp. | Hirschau, Gebenbach, Hahnbach. |
| **Regiment z. F. Neu-Mansfeld** | 1 Fähnlein 200 Mann | Döswitz, Trichenricht, Sitzambuch, Mertenberg, Demenricht, Kemnath. |
| | 1 Fähnlein 200 Mann | Neunaigen, Oberndorf, Meierhof, Saltendorf, Döllnitz, Friedersdorf, Obersteinbach. |
| | 1 Fähnlein 200 Mann | Nessatting, Brudersdorf, Legendorf, Wolfsbach, Hohersdorf, Littenhof. |
| | 1 Fähnlein 200 Mann | Inzendorf, Rottendorf, Ellersdorf, Schleissdorf, Triesching. |
| | 1 Fähnlein 200 Mann | Ettsdorf, Ober- und Unter-Pennading, Jeding, Högling, Knölling. |
| | Etwa 2 Fähnlein | Nabburg. |
| **Reg. Carpzow** | 2 Fähnlein 400 Mann | Stadt Amberg. |
| | 4—5 Fähnl. | Hofkastenamt Landrichter-Amt } Amberg.[2]) |
| **Reg. z. F. Löwenstein** | 2 Fähnlein 4—5 ,, | Stadt Schultheissen-Amt } Neumarkt. |

1) Kreis-A. Amberg. Rep. XLVIII. Fasc. LVII. 4543. 42. Quartier für 1000 Mann z. F. 18. März. Ebenda 4502. 189. Ebenda 225. Verteilung des neugeworbenen Volkes. $\overline{28}$.

2) Von diesem Regiment sind die Fähnleinsführer bekannt: 1. Oberst (v. Carpzow). 2. Oberstwachtmeister Thomas Sigmund von

Die Hauptleute waren bestrebt, ihre Fähnlein durch Anwerbungen im Inlande möglichst zu ergänzen.[1])
Noch in der ersten Hälfte April begann Mansfeld den grösseren Teil der bis dahin ausgerüsteten Werbetruppen allmählich in die nördliche Oberpfalz an die obere Waldnaab und die Wondreb zu verschieben.[2]) Es treten daher von Mitte April ab in bezug auf die Verwendung der aus Werbetruppen und Landvolk gemischten pfälzisch-mansfeldischen Wehrkraft 2 besondere Gruppen hervor und ist aus dem nächststehenden Entwurfe zu entnehmen, wie hiebei die Nordgruppe etwa verteilt war:

Generalfeldmarschall Graf Ernst
zu Mansfeld etc.; beigegeben
Hauptmann Berwolf von Crails-
heim                                   Neustadt a. d. W.

Schlammersdorf. 3. Hauptmann von Liebenstein. 4. Hauptmann Strobel. 5. Hauptmann Maximilian Teuffel, Freiherr von Gundersdorff. 6. Hauptmann Georg Andreas Kechler von Schwandorf, (vorher im Regiment z. F. Württemberg. Geheim. Staats-A. Kast. schw. $\frac{425}{6}$. Rechnung 3 der Union.) 7. Hauptmann von Vitzthum zu Eckstätt. 8. Hauptmann Seybold. (Kreis-A. Amberg. Zahlungsliste 4543. 306.)

Den Stand an Offizieren und Unteroffizieren bei jedem Fähnlein siehe: Kreis-A. Amberg. 4543. 44 und 45. „Ordinanz: Lieferung vor die Mansfeldisch Soldaten.‟

1) Kreis-A. Amberg. XLVIII. LVII. 4543. 47. Hauptm. Michael Doberainer zu Sehma wirbt in Treswitz.

2) Kreis-A. Amberg. Rep. XLVIII. Fasc. LVII. 4543. 70—89. Stadt-A. Eger, Stadtb. 1621. 36. Hiernach lagen in Mitterteich 2 Kompagnien, 3 Fähnlein.

Es ist zu bemerken, dass zur Zeit des dreissigjährigen Kriegs die obere Kurpfalz durch eine Zone sulzbachisch-leuchtenbergisch-bambergischer Gebietsteile, welche vom Böhmerwald bis zur Pegnitz reichte, politisch in 2 Teile, einem nördlichen und einem südlichen getrennt war

| | | |
|---|---|---|
| Regiment z. Pf. Markgraf Sigmund zu Brandenburg<br>Regiment z. Pf. Herzog Wilhelm v. Sachsen-Weimar | 4 Komp. | Neustadt. |
| Regiment z. F. Carpzow | 2 Fähnl. | Neustadt. |
| Regiment z. Pf. Mansfeld | 6 Komp. | Falkenberg, Neuhaus, Tirschenreuth. |
| Regiment z. F. (Alt-) Mansfeld | 5 Fähnl. | Wiesau, Waltershof, Krummennaab. |
| „ „ Gray (englisch.-niederl.) | 10 „ | Liebenstein, Tirschenreuth, Konnersreuth. |
| „ „ Frenkhing | 4 „ | Mähring, Hardeck. |
| Oberstlieutenant de Roye (vermutlich vom Regiment Löwenstein) | 1 „ | Wondreb. |
| Oberstwachtmeiser von Rabitz (Regiment unbekannt) | 1 „ | Poppenreuth. |
| Kurpfälzisches Regiment z. F. Reinhard Solms | 3 „ | Waldsassen, Albenreuth, Mähring, Bärnau. |
| (Ständisches) Regiment z. F. Schlammersdorf | 3—4 Fähnl. | Auerbach. |

Hiezu dürften noch eine Landkompagnie und 3 Stadt- und Landfahnen zu zählen sein, welch' letztere die Fähnlein Solms'schen Regiments im Grenzschutz unterstützten.

Die Obersten Johann Sigmund von und zu Frenkhing und Johann Gray hatten, wie ersichtlich, bereits

Weisungen zur Ergänzung ihrer schon länger bestehenden Regimenter zu Fuss erhalten.[1])

Bei der Südgruppe der Oberpfalz war zunächst aufgebotenes Landvolk zur Verwahrung der Grenzbefestigungen vom Chamer Regenthalkessel bis zur oberen Pfreimt verteilt:

1 Landkompagnie
$^1/_2$ Stadtfahne        Cham      Cham.
$^1/_2$ Landfahne

2 Landfahnen       { Waldmünchen, Schönsee, Esslarn.

2 Landfahnen
(Nabburg, Neunburg v./W.)    Waidhaus.[2])

Im Innern der südlichen Oberpfalz lagen zum teil noch in der Anwerbung und Bekleidung begriffen:

1 Komp. Regiments z. Pf. Herzog
Friedrich von Sachsen-Weimar
(Johann Otto v. Schaumburg)    Ensdorf,
                                    Rieden.[3])

Teile der Regimenter z. F. Neu-   { Amberg, Neu
Mansfeld, Löwenstein, Carpzow,     markt, Hir-
Frenkhing                          schau, Nab-
(Ständisches) Regiment z. F.      burg, Schnait-
Pöblis                               tenbach.
1 Landkompagnie         Neumarkt.
Die unter dem Oberbefehl des Generalfeldmar-

---

1) Kreis-A. Amberg. Rep. XLVIII. Fasc. LVII. 4502. 306. Pfalzgraf Friedrich an Frenken. Haag, 7. Mai 1621. Gindely IV. 202. schreibt Frenk statt Frenkhing.

2) vgl. Heilmann II. 2. 856.

3) Kreis-A. Amberg. Rep. XLVIII. Fasc. LVII. 4543. 73.

schalls in der nördlichen Oberpfalz Front gegen Osten bereitgestellten Werbetruppen wurden gegen Ende April durch thätige Mitwirkung des oberpfälzischen Staatswesens in das mobile Verhältnis übergeführt

Das Oberstlandzeugmeisteramt hatte
4 Geschütze mit Munition
26 Rüstwagen und entsprechendes Heergeräte
abzugeben.[1])

Die Aufstellung eines eigenen Generalproviantmeisterstabes regelte die Verpflegung im Felde.[2])

In der Absicht, die nähern Vorkehrungen zu dem schon berührten Entsatzversuch von Elbogen zu treffen, verlegte Mansfeld am 29. April den Sitz der Heeresleitung von Neustadt nordöstlich nach dem als Strassenknotenpunkt wichtigen Tirschenreuth.

Um nun aus dem oberen Thalkessel der Naab heraus nach Elbogen in den Rücken des bayerisch-ligistischen Belagerungs-Heeres zu gelangen, bot sich als nächste Anmarschlinie die Egerthalstrasse dar.

Wenn daher Mansfeld Ende April noch einmal einen Druck auf die Stadt Eger ausübt, um sie auf die pfalzgräfliche Seite zu ziehen, so verfolgte er wohl hiebei

---

1) Kreis-A. Amberg. Rep. XLVIII. Fasc. LVII. 4502. Pfalzgraf Friedrich an Mansfeld. Haag, 6. Mai 1621.

Zur Artillerie vgl. Uetterodt 331. (6 Geschütze.) Heilmann II. 1. 97. und 2. 856. (5 Geschütze.)

Kreis-A. Amberg. Rep. XLVIII. Fasc.LVII. 4543. 38. Ebenda 92. (2 mansfeld. Geschütze.)

Allgem. Reichs-A. 30j. Kr. V. 207. Groote an Max. Elbogen, Mai 1621. (6 Geschütze.)

2) Kreis-A. Amberg. Rep. XLVIII. Fasc. LVII. 4543. 97. 98. 116. 128. 129.

vor allem den Zweck, sich durch das Egerthal einen Weg zu bahnen.[1])

Allein, abgesehen von der zurückweisenden Haltung der Stadt erschwerten schon die umfassenden Massnahmen des kursächsischen Generalwachtmeisters von Wresowetz eine Benützung des Egerthalweges.

Behufs Absperrung desselben verlegte Wresowetz 1 Fähnlein (das weisse) in das südliche Vorland von Eger an die Uebergänge der Wondreb und des Muglbaches bei Treunitz und Alt-Kinsberg.

Von hier aus schob er einen Posten noch weiter südlich nach Palitz vor.

Nördlich und nordwestlich der Stadt wurde ein zweites Fähnlein in die Vesten Liebenstein und Seeberg am Höllenbach, sowie Wildstein und Graslitz verteilt.[2])

Zum Schutze von Eger wurde die Oberthor-Vorstadt um ein weiteres Fähnlein (von Gründerode) verstärkt.

Von der kursächsischen Reiterei hielten damals, vermutlich zur Sicherung der Etappenstrasse durch das Elstergebirge, 3 Kompagnien Oelsnitz, Adorf und Plauen besetzt.

Ein Teil des sächsischen Fussvolkes lag, die Belagerung Elbogens deckend, in Neudeck und Schlackenwerth an den Südhängen des Erzgebirges.

Mansfeld wurde daher bei seiner Unternehmung gegen Elbogen zu einer über Königswart gegen die Engwege des Kaiserwaldes südlich ausholende Bewegung abgedrängt.

---

1) Vgl. Gindely IV. 202.
2) Eger, Stadtbuch 1621. 32—35. Wenn auch die Stadt Eger sich ablehnend verhielt, so ist doch anzunehmen, dass Wresowetz obige Anordnungen zur Ausführung brachte.

Das in 3 Teile (vermutlich Linstow, Carpzow, Mansfeld) gegliederte Entsatzheer bestand aus:

10 Kompagnien z. Pf.

22 Fähnlein (19 mansfeld'sche, 3 kurpfälzische)    also im Ganzen mindestens

6 Geschütze (2 mansfeld'sche, 4 kurpfälzische)    5000 Mann.[1]

und langte am 5. Mai über Alt-Albenreuth und Maiersgrün in Königswart an.[2]

Zur Festhaltung der Verbindungen mit der Oberpfalz traten an Stelle der mit den mansfeldischen Truppen nach Böhmen übergetretenen Solms'schen Fähnlein, die bis jetzt schlagfertigen Fähnlein des (ständischen) Regiments z. F. Schlammersdorf in die Grenzlinie ein.[3]

Auf die Kunde von der Uebergabe Elbogens ordnete Mansfeld den Rückmarsch von Königswart in die eben verlassenen Standorte im obern Thalkessel der Naab an und traf für seine Person schon am 7. Mai in Tirschenreuth ein.

Ohne hier längern Aufenthalt zu nehmen, begab sich Mansfeld noch in der ersten Hälfte Mai über Falkenberg wieder nach Neustadt zurück.[4]

Vielleicht besorgte die pfälzische Heeresleitung

---

1) Ueber Stärke und Zusammensetzung dieses Heeres vergl. Frankfurter Messrelationen 1621. Seite 36. Hier ist von 8000 Mann die Rede. Uetterodt 331. Heilmann II. 1. 97.

2) Allgem. Reichs-A. 30j. Kr. Bd. V. 207. Groote an Maximilian. Elbogen? Mai 1621. Apologie 53 environ le 27. avril .. Obernreuth 6. mai bei Uetterodt 333 dürfte für Albenreuth zu lesen sein.

3) Kreis-A. Amberg. Rep. XLVIII. Fasc. LVII. 135.

4) Kreis-A. Amberg. Rep. XLVIII. Fasc. LVII. 4543. 137. 141. Ebenda 4502. 286. Mansfeld an Solms. Falkenberg, 12. Mai 1621. Ebenda 4502. 307. Mansfeld an Solms. Neustädl, 14. Mai 1621.

schon jetzt ein Nachdrängen des Gegners in die nördliche Oberpfalz, weil sie bedacht nahm, den Naab-Uebergang bei Falkenberg südwestlich Tirschenreuth mit Befestigungen zu umgeben.[1]) Doch nahmen beide Teile
eine abwartende Haltung an, um sich für die bevorstehenden Kämpfe zu stärken.

In der Verteilung der pfälzisch-mansfeldischen Wehrkraft trat von der zweiten Hälfte des Mai ab insoferne
eine wesentliche Aenderung ein, als Truppen in kleinern
Staffeln von der nördlichen in die südliche Oberpfalz
verschoben wurden.[2])

Gleichzeitig hielt es die Heeresleitung dort für geboten, den 3 Fähnlein, welche im Verein mit den pfälzischen Landfahnen Nabburg und Neunburg das Sperr-
werk östlich Waidhaus bewachten, Verstärkungen zu-
zuwenden.

Deshalb rückten am 27. Mai von Pleystein und Wald-
thurn aus Teile der Regimenter z. F. Löwenstein und Fren-
king über den Zottbach in die Thalweiterung der Pfreimt
nach Miesbrunn, Spielhof, Pfrentsch, Zengerhof, Burkard-
rieth vor. Auch besetzten diese Fähnlein die Befestigungsanlagen am Ströbel. Die Belegung vorstehender
Ortschaften erfolgte nur deshalb, weil wegen Stroh-

---

1) Uetterodt 334.

2) Allgem. Reichs-A. 30j. Kr. Fasc. XVI. 120. Thumberg an
Max. Stadtamhof, 21. Mai 162 t. Ebenda Bd. VI. 426. Rosenheimer an
Max. Furth, 21 Mai 1621. 300 mansfeldische Reiter in Schönsee.
Ebenda VI. 419. Avisen.

Kreis-A. Amberg. Rep .XVIII. XVII. 4543. 193 und 221. (Die
3 Fähnlein Solms, welche bislang in Rozendorf lagen, waren 26. Mai
in Nabburg. Eine Beschreibung der mitgeführten Fähnlein: Allgem.
Reichs-A. 30jähr. Kr. Fasc. XVI. 120. Gerichtsschreiber in Luhe an
Rosenheimer 21. Mai 1621.

mangels das beabsichtigte Hüttenlager nächst Waidhaus
noch nicht erbaut war.[1])

1) Allgem. Reichs-A. 30jähr. Kr. Fasc. XVI. 120. Hauptmann
Hieronymus Seitz (vom Regiment z. F. Herliberg) an Tilly. Haidt,
27. Mai 1621. 7 Uhr Abends.
Kreis-A. Amberg. Rep. XLVIII. LVII. 4543. 221. Ebenda 4507. 1.
Die „Schantz am Ströbel" ist identisch mit der Befestigung „auf des
Müllers Feld vom oberen Ströbel", welche noch 1702 bei Besichtigung
der churbayerischen Grenzlinien durch Walser von Syrenburg bestand,
vgl. Kleemann Otto, Generalmajor etc. Die Grenzbefestigungen im
Kurfürstenthum Bayern etc. München 1885. Seite 24. (Abdruck aus dem
Archiv für Oberbayern XLII. Band.)

## IV. Die Beobachtungslager bei Rosshaupt und Waidhaus.

Schon Ende Mai war also an der obern Pfreimt die erwünschte Fühlung des bayerisch-ligistischen Heeres mit den in der Oberpfalz angesammelten Wehrkräften hergestellt. Es dürfte daher zu erörtern sein, welche Massregeln der grosse Herzog angesichts der pfälzischen Kriegsrüstungen getroffen hatte.

Seit Anfang des Jahres 1621 drang Maximilian in Ferdinand II. sowohl die Besatzung der bömischen Hauptstadt, als die gegen seinen Willen im nordöstlichen Böhmen verwendeten bayerisch-ligistischen Truppenteile durch kaiserliche ablösen zu lassen.[1]

Die allgemeine Kriegslage erlaubte es Ferdinand vorerst nicht, auf die dringlichen Wünsche des befreundeten Herzogs eingehen zu können.

Die kaiserlichen Waffen, bei denen sich auch 3 Kompagnien des (schwarzen) Regiments z. Pf. Herberstorff befanden, waren im untern Marchgebiet im

---

1) Hierüber geben Aufschluss: Geheim. Staats-A., Kaiserliche Korrespondenz 1621. Kast. schw. 2./17. 73. Max an Ferdinand. München, 3. März 1621. Ebenda 82. Ferdinand an Max. Wien, 15. März 1621. Ebenda 92. Max an Ferdinand. München, 24. März 1621 etc. Allgem. Reichs-A. 3oj. Kr. XIII. 181. Max an Tilly und Haimhausen. München, 9. März 1621 etc. Ebenda XVIII. 24. Max an Ferdinand, München, 13. Januar 1621.

vollsten Masse gegen den Fürsten von Siebenbürgen in Anspruch genommen.[1])

Erst als es nach heftigen Kämpfen gelang, die ungarischen Truppen in der zweiten Hälfte des April über die kleinen Karpathen gegen Tyrnau und die untere Waag zu drücken, scheinen sich Entsendungen nach der Moldau und obern Elbe als Ersatz für die bayerisch-ligistischen Werbetruppen vollzogen zu haben. Wenigstens macht sich schon anfangs Mai nicht das Eintreffen von Teilen der Anholt'schen Gruppen im nordwestlichen Böhmen allein bemerkbar.[2])

Es setzten sich um dieselbe Zeit auch schon die bisherigen Besatzungsfähnlein der königlichen Burg und der Stadtteile Prags nach der obern Mies in Bewegung. Sie machten dem von der untern Eger kommenden Regimente Albrecht Waldstein (Wallenstein) Platz.[3]) 13 Kompagnien z. Pf. (vermutlich Pappenheim 4, Herzelles 6, Crobaten 2, Cronburg 1) hatten sich inzwischen, um zum Bundesheer zu stossen, von Osten her südlich des Egerthales der Strella genähert.[4])

Man darf annehmen, dass etwa Mitte Mai zur Befriedigung Maximilians die gesamten bayerisch-ligistischen Heereskräfte mit Ausnahme der in Oberösterreich,

---

1) Hierüber vgl. Gindely IV. 244—247.

2) Allgem. Reichs-A. 30j. Kr. V. 196. Groote an Maximilian. Ellbogen, 13. Mai 1621. (Hier ruft Groote in bezug auf sein Verhalten vor Elbogen Oberstlieutenant Franz von Florainville als Thatzeugen an. Florainville lag bislang in Königgrätz.)

3) Westenrieder, Lorenz, kurfürstl. Rat, Beiträge zur vaterländischen Geschichte etc. München 1792. IV. Tagebuch des Augustin Fritsch etc. S. 107. .... den 1. Mai seint wür auss Prag marchirt .... (Unter „wür" sind die Regimenter Baur und Schmidt zu verstehen. Gindely IV. 70.

4) Uetterodt, S. 331.

in Ungarn und im Veltlin befindlichen Truppenteile,
Front gegen Westen in einer von der Eger bis zur Bradlawka reichenden Zone vereinigt waren. Ihre Tiefe erstreckte sich bis östlich der Strella. Eine andere Thätigkeit des grossen Herzogs richtete sich auf die Vermehrung
des Bundesheeres. Ermächtigt durch die Beschlüsse des
Augsburger Bundestags trug Maximilian zunächst sorge,
die empfindlichen Lücken in den fortbestehenden Rahmen
auszufüllen. Kaiser Ferdinand gestattete hiezu dem
Herzog bereitwilligst Werbeplätze im ganzen Reiche
aufschlagen zu dürfen.[1])

Auch erteilte Max Aufträge zur Errichtung neuer
Truppenkörper[2]), von welchen das Regiment z. F. Gaisberg Ende Juni schlagfertig zur Verfügung der Heeresleitung stand. Was die Standorte der letztern betrifft,
so verblieb dieselbe nach der Uebergabe Elbogens noch
bis 1. Juni in diesem Egerplatze. In der Zwischenzeit
wurde Freiherr von Tilly zu einem Kriegsrate nach
Straubing berufen. Vom 2. Juni an rückte das Hauptquartier südlich

---

1) Geheim. Staats-A., Kaiserliche Korrespondenz 1621. Kast.
schw. 2./17. 58. Ferdinand an Max, Wien, 22. Febr. 1621.

2) Allgem. Reichs-A. 30jähr. Kr. Bd. XIII. 226. Max an Tilly.
26. März 1621. Ebenda Bd. I. 518. Bestallung für den Obersten und
Hauptmann über die Trabantengarde Friedrich von Gaisberg über
3000 Mann z. F. München, 24. April 1621 or. Ebenda I. 552. Bestallungs-Revers für Hans Jakob Voith von Wendelstein zu Erlen-
stegen als Oberstlieutenant z. F. München, 6. Mai 1621. or. Ebenda I. 522.
Capitulation auf den Obristen Friedrich v. Gaisberg. 24. April 1621. (In
97 Punkten.) Die ersten Musterplätze des Regiments Gaisberg waren
in Geiselhöring und Abensberg.

Weitere Nachrichten über das Regiment z. F. Gaisberg. Ebenda.
Bd. VI. 420 427. 435. VIII. 114. 127. 188. 212. 213. Kreis-A. München.
Hofkammerprotokolle. 1621. 734. 735.

über Schlaggenwald und Tachau langsam nach Haid an der Strasse Waidhaus-Pilsen, wohin es am 20. Juni verlegt wurde.[1])

Aus diesem sichern Verhalten dürfte der Schluss berechtigt sein, dass Freiherr von Tilly über die Vorgänge auf gegnerischer Seite auf's beste unterrichtet war. Mansfeld hatte seit Mitte Mai Neustadt an der Waldnaab nicht verlassen.

Er wartete hier das Eintreffen von grösseren Staffeln der Sachsen-Weimar'schen Werbetruppen ab.

Der Anmarsch derselben vom Thüringer- und Franken-Wald her über den obern Main und den fränkischen Jura nach der Oberpfalz hatte sich nicht ohne Kämpfe vollzogen.[2])

In der ersten Juni-Woche langten indess die ersten Verstärkungen an der Waldnaab an.

Die Absicht Mansfelds, um diese Zeit ein Feldlager zwischen Neustadt und Weiden, etwa bei Görnitz, zu schlagen, dürfte mit dieser Anhäufung von Truppen in dem Gelände an der Wald- und Haidenaab in Zusammenhang stehen.[3]) Wenn bald darauf die pfälzische Heeres-

---

1) Ueber die Verlegungen desselben vgl. Uetterodt 334. 340. 341. d'Elvert XVII. 89.

Allgem. Reichs-A. 30j. Kr. XIII. 334—375.

2) Kreis-A. Amberg. Rep. XLVIII. LVII. 4502. 309. Mansfeld an Regierung. Neustadt, 20. Mai 1621. (4 Kompagnien werden, wie anzunehmen ist, durch würzburgische Truppen versprengt.)

Nach dem Codex germanicus bavaricus Nr. 1937. 396. in der Handschriftensammlung der k. b. Hof- und Staats-Bibliothek wäre das Regiment Weimar aus der Unterpfalz nach der Oberpfalz marschiert.

3) Kreis-A. Amberg. 4543. 274. Proviantmeister an Anhalt (Regierung) Neustadt, 7. Juni 1621.

Ebenda 4543. 261.

leitung eine allgemeine Marschbereitschaft gebietet[1]) und am 11. Juni über Bärnau an der obern Mies einen kurzen Vorstoss gegen Tachau unternimmt, so ist als nächstliegender Zweck wohl der Wunsch nach Aufklärung zu bezeichnen.[2]) Die pfälzisch-mansfeldischen Vortruppen gelangten hiebei bis Hals und Frauenreuth nur 1 Kilometer westlich Tachau, in welcher Gegend ansehnliche Teile der bayerisch-ligistischen Regimenter z. F. Baur und Schmidt lagen.

Es darf als ein Ergebnis dieses Vorgehens betrachtet werden, wenn Mansfeld jetzt die bislang unter ihm in der nördlichen Oberpfalz vereinigten Streitkräfte durch die Querzone nicht pfälzischer Gebietsteile hindurch an die obere Pfreimt führt.[3]) Um den 19. Juni treffen diese Truppenteile bei Moosbach, Altentreswitz und Burgtreswitz ein.[4]) Mansfeld selbst verlegt sein Hauptquartier am 19. Juni über Pleystein nach Waidhaus.

Auch eine noch um den 25. Juni in Auerbach liegende zweite weimarische Staffel, sowie die von der Unterpfalz über die Tauber und die Rednitz nach der Oberpfalz gerichteten 6 Kompagnien dürften über

---

1) Uetterodt 339.

2) Hierüber vgl. Allgem. Reichs-A. 30j. Kr. B. XLI. 84. Khünigl an Schuss. Bericht vom 15. Juni 1621. Ebenda XIII. 355. Tilly an Max. Tachau, 16. Juni 1621.

Kreis-A. Amberg, Rep. XLIII. Fasc. LVII. 4543. 295. 296. (Verständigung der Pfleger von Tirschenreuth und Bärnau.) Uetterodt 339.

3) Allgem. Reichs-A. 30j. Kr. Bd. LXXXIV. 254. Thumbperg an Max. Straubing, 20. Juni 1621.

Frankfurter Messrelationen 1621. 85.

4) Uetterodt 344. Tilly an Wresowetz, Haid, 24. Juni 1621. Ebenda 353

Amberg wohl Ende Juni in der Pfreimter Thalsenkung nächst Waidhaus angelangt sein.[1]) Von dieser Zeit an lassen sich in der Verwenduhg der gesamten, seit Abdankung des Unionsheeres stetig anwachsenden, pfälzisch-mansfeldischen Wehrkraft drei Gruppen erkennen.

Den rechten Flügel ihrer vom Chamer Thalkessel bis zur Wondreb gegen die bayerische und böhmische Grenze gerichteten Stellung bildete die unter dem Befehl des Oberstlieutenants von Peblis stehende Besatzung von Cham im Anschluss an die von der obern Chamb und der Schwarzach bis südlich des Pfrentschweihers angelegten Sperrwerke bei Waldmünchen, Schönsee und Eslarn.

Zur Verwahrung des wichtigen Regenplatzes Cham und Unterstützung der einheimischen Stadt- und Landfahne zogen am 21. Juni von Nabburg noch 3 Fähnlein kurpfälzischen Regiments z. F. Reinhard Solms durch das Bierthor in die Stadt.[2])

Auch für Verteidigung der berührten, in der südöstlichen Oberpfalz an den Westgehängen des Böhmerwaldes gelegenen Grenzbefestigungen waren (ständische und mansfeldische) Werbetruppen mit Landvolk vermischt.

Eine mittlere Gruppe, hinter dem Rehlingsbach zum grössten Teile in einem befestigten Lager östlich Waidhaus vereinigt, bestand aus dem eigentlichen mansfeldischen Heere, bei welchem jedoch das Artillerie- und

---

1) Hierüber Allgem. Reichs-A. 30jähr. Kr. XIII. 367. Uetterodt 343. 350. 351. Opel I, 155.

2) Aus den beiden Fähnlein Lippe zu schliessen vgl. Uetterodt 339. Allgem. Reichs-A. 30j. Kr. VI. 435 und 438. Kundschaftsberichte Rosenheimers an Maximilian vom 19. und 22. Juni 1621.

Zeugwesen, dem auch die Ergänzung des Schiessbedarfs oblag, von dem pfälzischen Staate gestellt wurde. Zur Verfügung des General-Feldmarschalls befanden sich hier vorerst nur[1])

16 Kompagnien der 4 Regimenter z Pf. Alt-Mansfeld, Markgraf Sigmund von Brandenburg, Herzog Friedrich und Herzog Wilhelm von Sachsen-Weimar.

39 Fähnlein vermutlich nur den Regimentern z. F. Mansfeld, Herzog Wilhelm von Weimar, Gray und Carpzow zugehörig.

5 Geschütze.

Am linken Flügel beobachtete Oberstlieutenant von Schlammersdorf mit den 5 Fähnlein eines von ihm selbst errichteten (ständischen) Regiments z. F. und einigen Landfahnen die nordöstlichen Eingangspforten östlich Bärnau am Steinberge, dann bei Mähring, Albenreuth und Waldsassen.[2])

Mit bezug auf die bedeutende Anhäufung nach der Mitte zu ist eine gewisse Schlagfertigkeit das eigenartige Gepräge der eben beschriebenen Aufstellung.

Ihr gegenüber entwickelten sich die feindlichen Streitkräfte im wesentlichen von der Eger bis zum bayerischen Walde:

1. Der Bereich des rechten Flügels, der kursächsischen Gruppe, dehnte sich vom Egerlande wenig über Alt-Albenreuth und Palitz aus.

---

1) Geheim. Staats-A. Kaiserliche Korrespondenz 1621. Kast. schw. 2/17.294. Max an Ferdinand, München, 28. Juni 1621. Allgem. Reichs-A. 30j. Kr. Bd. XIII. 424 und 425, Vernehmungen von Zeugen, 4. Juli 1621. Gesamtstärke Mansfelds auf 28000 Mann angegeben. Frankfurt. Messrelat. 1621 S. 85. Uetterodt S. 340. Tilly an Wresowetz, Haid, 20. Juni 1621.

2) Hierauf bez. Allgem. Reichs-A. 30j. Kr. Bd. XIII. 397.

2. Obwohl die bayerisch-ligistische Heeresleitung über die Bewegung der mansfeldischen Truppen von Norden nach der Pfreimt und dem Rehlingsbach unzweifelhaft verständigt war, so entsprachen doch ihre Anordnungen für die Mitte in taktischer Beziehung der veränderten Sachlage sogar in der ersten Hälfte Juli noch nicht.[1])

Wenigstens standen am Tieflohbach, dem nächsten bedeutenden Abschnitt im Gelände östlich des Rehlingsbaches, nur schwache Vortruppen unter dem Generalwachtmeister von Anholt:

2 Kompagnien Krobatischer Reiterei (den Regimentern z. Pf. Pappenheim und Eynatten einverleibt).

Eine dritte (nicht näher bekannte) Kompagnie.[2])

150 Musketiere Regiments z. F. Schmidt.

} Hässelsdorf

1200 Mann (vermutlich Musketiere verschiedener Regimenter z. F.).     St. Katharina.

Vom Tieflohbach aus verlegte Anholt in westlicher Richtung, nach den Höhen von Rosshaupt, später einen Posten.[3])

---

1) Bearbeitet nach:

Allgem. Reichs-A. 30jähr. Kr. Bd. LXVII. 363—378. Verzaichnus der Frl. Dlt. In Bayern hochlöblichen Armada zu Fuess etc. wie sich dieselbe auf vorgehender Musterung befundten etc. Uetterodt 342. Nach Hubmann, Dr. Chronik der Oberpfalz I. Bd., Chronik der Stadt Bärnau Seite 65 wäre die Befestigung am Steinberg östlich Bärnau schon vor dem 9. Juli 1621 in bayerischen Besitz gewesen.

2) Frankfurter Messrelationen 1621. S. 86 bezeichnen sie als deutsche Kompagnie.

3) Ist anzunehmen nach: Relation Alles dess was sich mit Graf Ernst von Mansfeld, Generalobristen dess Kriegsheers in der obern

In einem weiten von der obern Mies bis zur Radbusa reichenden halbkreisförmigen Bogen war diese
vereinzelt am Tieflohbach stehende Gruppe von der
Masse des Fussvolks umgeben, zu welcher Anfangs Juli
auch das aus Oberösterreich gekommene Regiment z. F.
Anholt stiess.

Regimenter z F.:

| Baur (würzburgisches) | 8 Fähnlein | Tachau |
|---|---|---|
| Schmidt | 8 ,, | ,, |
| Herliberg | 10 ,, | Haid |
| Mortaigne | 5 ,, | Neustadtl |
| Haimhausen | 2 ,, | Bischofteinitz. |
| | (eichstädtische) | |
| Anholt | 10 ,, | |
| Roville | 5 ,, | Standorte nicht |
| Florainville | 5 ,, | näher bekannt. |
| Gaisberg | 7 ,, | |

Aus Haid, dem Sitz der Heeresleitung, schob man
nach Pfraumberg welches, auf der Kammlinie des Böhmerwaldes liegend, weite Fernsicht gegen Westen gewährt,
einen Beobachtungs-Posten von 25 Mann vor.[1])

Was die Reiterei betrifft, in welcher die Ueberlegenheit des Bundesheeres begründet war, so befanden
sich anscheinend nur zwei Regimenter

Bönninghausen 5 Kompagnien
Wartenberg 4 ,,      Bischofteinitz
näher der Grenze.

---

Pfaltz bei Weydthausen. Unnd dann mit Hertzogs inn Bayren Armada
(besonders mit Hanss Jacob Bawren unnd Monssier Thilli) von Anfang
biss auff gegenwerttige Zeit etc. 1621 (Die Zeitangaben sind nach altem
Style).

1) Uetterodt 341.

Bei den übrigen Regimentern

| | | |
|---|---|---|
| Pappenheim | 4 | Kompagnien |
| Herzelles (würzburgisches) | 6 | ,, . |
| Craz | 5 | ,, |
| Eynatten | 4 | ,, |
| Erwitte | 5 | ,, |

ist anzunehmen, dass sie ihre um den 19. Juni innegehabten, hinter dem Tepler-Gebirge östlich der Strella geborgenen Standorte in der Zone Rabenstein, Jechnitz und Welhotten auch anfangs Juli noch nicht verlassen hatten.[1])

Die Artillerie mit den Heerwägen stand teils in Haid, teils in Taus.

3. In letzterer Stadt war das Kriegsgeräte dem Schutze der linken Flügel-Gruppe anvertraut, welche unter Oberst von Lintelo die spärlichen Reste des früheren Einschliessungsgürtels von Pilsen enthielt:

Regiment z. Pf. Lintelo    4 Kompagnien
Regiment z. F. Haimhausen  2 Fähnlein.

Diese schwache Lintelo'sche Gruppe, von der Bradlawka bis zur Chamb reichend, deckte auch wie schon im Vorjahre 1620, die rückwärtigen Verbindungen des Bundesheeres mit Bayern. In dieser Beziehung wurde Oberst von Lintelo auch von einer Anzahl bayerischer, am 7. Juli aufgebotener Landfahnen unterstützt, welche späterhin namentlich die Wagenzüge für Lebensmittel und Schiessbedarf nach den Stapelplätzen Bischofteinitz und Haid begleiteten.

---

1) Allgem. Reichs-A. 30jähr. Kr. Bd. XIII. 397. Tilly an Max. Haid, 26. Juni 1621.

Wenn U e t t e r o d t Seite 342 schreibt, Oberst „Gray" sei auf des Fürsten zu Liechtenstein Wunsch hin im Saazer Kreis verblieben, so dürfte hier statt „Gray" vielleicht „Craz" zu lesen sein.

Soweit die südliche Grenze der Oberpfalz den bayerischen Wald durchzog, lag ihre Beobachtung dem bewährten Hauptmann vor dem obern Walde, Matthias Rosenheimer, ob.

Zu diesem Zwecke erhielt er, wohl ausschliesslich der Further Grenzfahne, noch

2 Fähnlein des Regiments z. F. Gaisberg, sowie

4—6 Landfahnen

unterstellt.[1])

Von Furth und Kötzting aus unterhielt Rosenheimer über Konzell steten Verkehr mit den Burgbesatzungen in Falkenstein und Brennberg, welche hauptsächlich die Strassen nach Straubing schützten.

Aus der Landesfestung Ingolstadt wurden 2 Kompagnien bayerischer Landreiter nördlich nach Dietfurt, Beilngries und Berching in das mittlere Altmühl- und das Schwarzachthal vorgezogen. Diese beiden Landkompagnien bildeten im Verein mit der Dietfurter Landfahne den linken Flügel der südlichen Grenzwacht.[2])

Zwischen dem bayerischen Walde und der Altmühl hatte an der mittleren Naab Oberstlieutenant Johann Walther von Stinglheim, dem

2 Korporalschaften (30 Corbiner) der pfalz-neuburgischen Leibgarde z. Pf.

. 100 Musketiere und Teile von Landfahnen in Schwan-

---

1) Allgem. Reichs-A. 30 jähr. Kr. Bd. V. 446. Maximilian an Gaisberg, 12. Juni 1621. Kriegs-A. B. 30 jähr. Kr. Erlasse etc. W ü r - d i n g e r J., Beiträge zur Geschichte des bayerischen Landesdefensionswesen unter Kurfürst Maximilian I. (Vortrag, gehalten in der Sitzung der historischen Classe der k. b. Akademie der Wissenschaften 1886 S. 52).

2) Näheres über Befestigungen bei Dietfurt siehe Kreis-A. München, Hofkammer-Protokolle 1621. 1194.

dorf und Velburg unterstellt waren, ein wachsames Auge auf alle Vorgänge in der südlichen Oberpfalz.[1])

Schliesslich liess der grosse Herzog im fränkischen Jura an der obern Pegnitz und der Wiesent durch würzburgische Truppen (unter Oberst Georg Peter von Hirschberg und Rittmeister von Fuchs) die Umklammerung der Oberpfalz vervollständigen.[2])

Da die würzburgischen Befehlshaber auf Maximilians Wunsch hin ihre Belegungszone nördlich im Frankenwalde bis zur Rodach und Haslach ausdehnten, so verblieben nur zwei Anmarschrichtungen für die Sammlung der mansfeldischen Werbetruppen noch offen. Die eine führte über Hof-Bayreuth-Creussen in die nördliche, eine zweite aus Westen kommende nach Nürnberg und von hier über Feucht oder Hersbruck in die südliche Oberpfalz.

Die weiteren Vorkehrungen, welche der grosse Herzog in München noch vor seinem Aufbruch nach Straubing in bezug auf den beabsichtigten Angriff gegen die Oberpfalz traf[3]), verdienen hier schon insoferne eine Beachtung, als sie nämlich klarlegen, wie Maximilian persönlich in den Gang der Ereignisse eingreifen wollte. Er verfügte jetzt schon von den in Böhmen unter Tilly stehenden Heereskräften einen Teil abzuzweigen.[4])

---

1) Zu entnehmen: Allgem. Reichs-A. 30jähr. Kr. Fasc. XII. 118. (rote Bezeichnung) Ebenda XII. 113. 21. Stärke der Schwandorfer Besatzung.

2) Heilmann II. 1. 100.

3) Ueber die langwierigen Unterhandlungen Maximilians mit Kaiser Ferdinand bezüglich des Angriffs auf die Oberpfalz sieh die wertvollen Ausführungen bei Gindely IV. 174—205.

4) Allgem. Reichs-A. 30jähr. Kr. Bd. XIII. 385. Max an Tilly München, 1. Juli 1621. 5. Wassgestalt man 2 Corpori wolle richten. Ebenda LXVII. 361. Max an Muggenthal etc. München, 3. Juli. Wass-

Unter Führung des Obersten von Herliberg sollte
die kleinere Heeresgruppe aus den altbayerischen Regimentern wie Bönninghausen, Lintelo, Haimhausen be-
stehen. Diese eigenartige Zusammenstellung schien geboten,
weil auch vom ausgewählten bayerischen Landvolk,
welches unter der Pflege Maximilians einen grossen
Aufschwung genommen hatte, ansehnliche Teile, etwa
4 Landkompagnien (1000 Pferde)
11 Landfahnen     (3500 Mann)
hinzutreten sollten.[1])

Ueber den aus bayerischen Werbetruppen und
Landvolk gemischten, im ganzen 11 bis 12000 Mann
starken Heereskörper wollte ohne Zweifel Maximilian
selbst den Oberbefehl übernehmen.

Der grosse Herzog hätte sodann wohl versucht von ·
der Donau, dem weissen Regen und der Chamb her den
schon am Ende des Vorjahres 1620 geplanten Einfall
in die südliche Oberpfalz nunmehr mit förmlicher Billigung
des Kaisers auszuführen. Tilly mit der Hauptgruppe
war angewiesen, Mansfeld einstweilen zu beobachten und
zu beschäftigen.[2])

gestalt man die Armada in 2 Teil separieren soll. Ebenda Fasc. IV. 50.
Bayerische Kriegsrechnung etc. (Rapular) 81. Artollorey Staat Anno 21
als im Juni, Juli und Augusti der Artollorey-Staat bei der khlienern
Armada gerichtet. Ebenda Bd. LXXXI. 523. Wegen dess zur clainern
Armada gemainten Arcoleystaats.·

1) Hiezu siehe: Allgem. Reichs-A. 30j. Kr. LXVII. 397. Verzaichnus Wass Praesupponiert wirdt etc.

Kriegs-A. B. 30jähr. Kr. Erlasse und Berichte. Aufmahnungs-
schreiben für das ausgewählte Landvolk.

Haupt-Conservatorium der Armee, Handschriften-Sammlung. M o r a -
w i t z k y, Materialien Serie I. Bd. III. 19. H e i l m a n n II. 2. 823.

2) Allgem. Reichs-A. 30jähr. Kr. Bd. XIII. 385. Max an Tilly.

Doch nahm Maximilian diese Anordnungen noch vor seiner Abreise nach Straubing zurück und beauftragte seinen Generaloberstlieutenant gegen Mansfeld jetzt angriffsweise vorzugehen.[1])

Es ist nun zu erörtern, wie der rührige Gegner dem am Rehlingsbach drohenden Einfall zuvorkam.

Nach seiner Ankunft in Waidhaus war die nächste Thätigkeit des General-Feldmarschalls, bei dessen Kriegsführung überhaupt der Spaten eine beachtenswerte Rolle spielte, auf den Ausbau jener Erdwerke gerichtet, welche man pfälzischerseits schon im November des Vorjahres am Rehlingsbach begonnen hatte.[2])

Wenn nun die pfälzisch-mansfeldische Heeresleitung gegen Ende Juni Miene macht, von der am Rehlingsbach vorbereiteten Stellung aus unter Benützung der Strasse Amberg-Pilsen in Böhmen wieder festen Fuss zu fassen, so kommt als nächster Abschnitt im Gelände der vom Tieflohbach gebildete in betracht.

Bis in die Gegend von Dianaberg in südlicher Richtung fliessend, durchschneidet dieser Wasserlauf, der Ursprung der Pfreimt, 2 Kilometer östlich Rosshaupt die berührte Strasse Waidhaus-Pilsen.

Sein Bett wird hier als morastig bezeichnet. Während am rechten, westlichen Ufer des Tieflohbaches

---

München, 1. Juli 1621. 1. Soll den Manssfeldt mit vernünfftiger und Kriegsmännischer Sicherheit vervolgn (verfolgen dürfte hier im Sinne von beobachten, im Auge behalten, beschäftigen gemeint sein). Heilmann II. 1. 101.

1) Allg. Reichs-A 30j. Kr. XIII. 455. Max an Tilly. München, 12. Juli 1621. Soll den Mannssfeld nunmehr angreifen. Abtheilung der Armada wird derzeit abgestellt.

2) Ebenda. Bd. XIII. 397. Tilly an Max. Haid, 26. Juni 1621. Gindely IV. 204.

sich keine Ansiedelungen befinden, liegen am östlichen
die vermutlich erst Ende Juni von bayerisch-ligistischen
Vortruppen besetzten Dörfer Hässelsdorf und St. Katharina.[1])

Auf den westlichen Thalrändern des Baches und
sogar anfänglich in Hässelsdorf selbst werden nun wiederholt mansfeldische Kompagnien und Fähnlein beobachtet.[2]) Ihr Auftreten fällt, wie das Unternehmen
Mansfelds im Januar, mit Versuchen schlesisch-jägern-
dorf'scher Truppen zusammen, welche westlich vor-
drängend, gegen Ende Juni bei Castallowitz den Abschnitt der wilden Adler erreichen.[3])

Bei diesen gemeinsamen, wenn auch im Keime er-
stickten Bestrebungen erhält die hartnäckige Ausdauer
der Moldau-Luschenitz-Gruppe im Innern von Böhmen
erst ihre besondere strategische Bedeutung.

Die weitern Massnahmen des Grafen zu Mansfeld
waren neben der Herstellung eines befestigten Lagers
auf die Verbindungen desselben mit Amberg gerichtet.

Nach der oberpfälzischen Hauptstadt, aus welcher
alle Nachschübe an Geschützen, Schiessbedarf, Schanzzeug und sonstigem Heergeräte zu erfolgen hatten, führten
von Waidhaus über die Thalspalte der Naab hinweg
zwei benützbare Strassen.[4])

---

1) Hiezu vgl. Allgem. Reichs-A. 30j. Kr. XIII. 420. Estratto
d'una lettera del Capitan della Croce. D'al Quartier (Hässelsdorf ?) il
primo di Luglio 1621.

2) Gindely IV. 203. Anm. 204. Uetterodt 341. 344. 349.

3) d'Elvert XXII. 98.

4) Frankfurter Messrelationen 1621. Die hier aufgenommene Karte:
Palatinatus Bavariae oder die obere Pfalz hat nur eine Heerstrasse die
über Wernberg verzeichnet.

Die um 1630 in Amsterdam bei Nikolaus Visscher erschienene
Karte: Bavariae Palatinatus vulgo die Ober-Pfalz hat westlich Wern-

Eine, nördlich der Pfreimt, zog über Witschau und Wernberg nach der Uferwechselstelle Schütthütte und von hier über Hirschau nach Amberg.

Die zweite zog südlich der Pfreimt über Tännesberg, Perschen, Nabburg nach Triesching. Von der ersten, der eigentlichen Heerstrasse zweigte wohl schon damals eine wenigstens für Reiterei und Fussvolk gangbare Verbindung Witschau-Pfreimt-Perschen ab.

Nach der nördlichen Oberpfalz bestand von Waidhaus nur ein über Vohenstrauss-Waldau-Weiden ziehender Verkehrsweg.

Mansfeld liess deshalb nördlich Leuchtenberg über die Luhe hinweg durch den Ilmer Forst längs des Leerauer Baches eine zweite Anmarschlinie festlegen.[1])

Es war doch nur ein einfaches Gebot der Notwendigkeit, wenn sich die pfälzisch-mansfeldische Heeresleitung der wichtigern, an diesen Verbindungswegen befindlichen Punkte versicherte.

Zunächst wurde die beherrschend an der Luhe sich erhebende Veste Leuchtenberg durch einen Ueberfall eingenommen.[2])

Den Naab-Uebergang bei Wernberg räumte der Landgraf zu Leuchtenberg, wie es scheint, freiwillig ein[3]),

---

berg am Naabufer einen Ort „Schiethut", welcher mit „Sinchütten" in den Frankfurter Messrelationen 1621 Seite 108, 1621 Seite 7 und „Schütt- $\overline{22}$ hütte" bei Soden II. 74. identisch sein dürfte.

1) Brunner G., Geschichte von Leuchtenberg, Weiden 1860, Seite 100.

2) Allgem. Reichs-A. 30jähr. Kr. Fasc. IV. 54. Soden II. 69. Bericht des Rittmeisters von Pape.

3) vgl. Schreiber. Seite 242.

Villermont, comte de, Ernest de Mansfeld, Bruxelles 1866. Tome Premier P. 296 behauptet, Mansfeld sei schon im Juli von seinen

Pfreimt dagegen hatte auf Grund des Lehensrechtes
schon früher eine oberpfälzische Landfahne als Besatzung
erhalten.[1])

Auch in Nabburg dürfte an Stelle der von hier
nach Cham gezogenen Fähnlein Solms'schen Regiments
z. F. eine pfälzische Landfahne getreten sein.

Auf diese Art im Rücken gesichert, säumte nun
Mansfeld nicht länger, die für ihn noch günstige Lage
am Tieflohbach auszunützen und die schwache bayerisch-
ligistische Stellung dortselbst zu überfallen.

Angeblich unter persönlicher Führung des General-
Feldmarschalls überschritten am 14. Juli etwa 6 Kompagnien z. Pf., 10 Fähnlein (Regiments z. F. Alt-Mansfeld),
die Rosshaupt-Zirker Höhen — Knobloch- und Hohen-
birkenberg — dabei nördlich umgehend, unbemerkt den
Tieflohbach nächst Hässelsdorf.

Durch überraschenden Anlauf wird die vor dem
Dorfe aufgestellte Besatzung (3 Kompagnien z. Pf.
und 1 Fähnlein) gegen den nächsten Abschnitt bei Münchs-
feld südwärts abgedrängt.[2]) Von hier ist sie durch seit-
liches Vorgehen dreier mansfeldischer Kompagnien z. Pf.
gezwungen, auf den inzwischen nördlich St. Katharina
aufgestellten Hauptteil der Anholt'schen Vorpostengruppe
zurückzugehen.[3])

---

Verbindungen abgeschnitten gewesen ( . . . coupé de toutes ses commu-
nications . . . ). Dieser Irrtum ist hier zu berichtigen.

1) Allgem. Reichs-A. 30j. Kr. Bd. XIX. 205. Landgraf Wilhelm
zu Leuchtenberg an Max. Pfreimt, 23. August 1621.

2) Die Frankfurter Messrelationen 1621 Seite 86 sagen, dass die
bayerisch-ligistischen Truppenteile „sich vor das Dorff heraus presentiert.',
Auf welcher Seite, ob nördlich oder nordwestlich, ist nicht zu entnehmen,
doch ist die nördliche die wahrscheinlichere.

3) Ob das Gros an der Strasse Waidhaus-Haid oder südlich des

Derselbe empfing zwar den vorrückenden Gegner mit kräftigem Feuer, gab aber seine natürlich starke Stellung schonbeim ersten Angriff des von Reiterei unterstützten (englisch-niederländischen) Regiments z. F. Alt-Mansfeld auf und zog sich unter Verlust von Fahnen und Gefangenen östlich gegen eine bewaldete Höhe zurück.

Auch hier hielt die Musketier-Abteilung am Waldsaume nicht lange stand, sondern richtete ihren etwas übereilten Rückmarsch gegen die schon früher vorbereitete Aufnahmestellung bei dem hochgelegenen Schlosse Pfraumberg.[1]

Es war also gelungen die bayerisch - ligistische Stellung am Tieflohbach durch Ueberflügelung aufzurollen.

Der grosse Herzog schiebt diese Niederlage vom 14. Juli der unzweckmässigen Verteilung der Truppengattungen zu.[2]

Doch war der taktische Erfolg Mansfelds, durch welchen er dem Gegner einen namhaften Verlust beibrachte[3], von keinem dauernden Vorteil begleitet.

---

bei „Katharina-Häuseln" in den Tieflohbach einmündenden Wasserlaufes stand, ist nicht bekannt (vgl. Heilmann II. 1. 101. Uetterodt 350).

1) Frankfurter Messrelationen 1621. 81. Das Englisch und Holländisch Regiment rückten über das freie Feld . . .

Uetterodt 373. Anm. 64 (Zusammensetzung des alten Regiments z. F. Mansfeld aus Holländer und Engländer bestehend.) Unter der waldigen Höhe dürfte der östlich von Katharinahäuseln liegende Wenzelberg gemeint sein.

2) Allgem. Reichs-A. 30j. Kr. XIII. 476. Max an Tilly. Straubing, 17. Juli 1621. Ueber obiges Gefecht überhaupt siehe: Heilmann II. 1. 101. Uetterodt 356.

3) Das Fähnlein Schmidt verlor in Hässelsdorf allein 3 Tote (Allgem. Reichs-A. 30jähr. Kr. LXVII. 471.)

Seine am 14. Juli verwendeten Truppenteile gingen noch an diesem Tage wieder hinter den Rehlingsbach zurück. Schon hiebei macht sich ein Nachdrängen des Gegners bemerkbar.

Die über Rosshaupt rückkehrenden Fähnlein stossen hier auf bayerische Kompagnien z. Pf., welche jedoch durch einen Rückhalt mansfeldischer Reiter in Schach gehalten werden.[1])

Man kann annehmen, dass am 15. Juli mit Ausnahme mehrerer Reiterregimenter die bislang unter Tilly gestandene Hauptgruppe des bayerisch-ligistischen Heeres auf den Höhen bei Rosshaupt-Zirk an der Strasse Pilsen-Amberg vereinigt war.

Unter Abrechnung der üblichen Städtebesatzungen dürften hier im ganzen

| 12 Kompagnien z. Pf. | demnach höchstens |
| 50 Fähnlein | 13000 Streitbare |
| 6 Geschütze | |

zur Verfügung der Heeresleitung bereit gewesen sein. Der Sitz der letztern wurde am 15. Juli von Haid nach Hässelsdorf an den Tieflohbach vorgerückt.[2])

Den Befehlen seines Kriegsherrn nachkommend, schreitet Tilly schon am 16. Juli zu einem gewaltsamen Angriff des befestigten Lagers am Rehlingsbach.

Anlage und Durchführung dieses Unternehmens im einzelnen wiederzugeben, dafür fliessen die Quellen

---

1) Relation Alles dess etc.

2) Zu entnehmen: Allg. Reichs-A. 30jähr. Kr. XIII. 465.

Die Stärkeberechnung ist nach den Musterungs-Akten vom Juni vgl. Ebenda 30jähr. Kr. Bd. LXVII. 369—378 vgl. auch Heilmann II. I. 98. Soden II. 70. Nach Papes Bericht war die Stärke der Bayern 24 Kompagnien 14000 Mann z. F.

zu spärlich. Die amtlichen Berichte der Heeresleitung sind wie gewöhnlich zu unbedeutend, als dass man sie sachlich verwerten könnte.

Nur eine Betrachtung der Befestigungen und ihres näheren Vorlandes, im Zusammenhalt mit dürftigen Zeitungs-Nachrichten, bringt einiges Licht in den allgemeinen Gang des über 11 Stunden am Rehlingsbach hin und herwogenden Kampfes.

Das Beobachtungslager bei Waidhaus, für welches das im Vorjahr 1620 bei Ihringen östlich Altbreisach angelegte als Vorbild dienen kann, breitete sich zwischen dem Strassenzug Amberg-Pilsen, dem Rehlingsbach und dem Pfrentschweiher aus, der sich damals noch bis an den Rothlohbach heran erstreckt haben mag.

Westlich schloss den Lagerungsraum der von Schönsee und Eslarn kommende Verbindungsweg ab.[1])

Der Beschaffenheit des Geländes nach zu schliessen, war in bezug auf den Grundriss vom Kreuzberge bis

---

1) Für ein Bild des Lagers sind massgebend:

a. Allgem. Reichs-A. 30jähr. Kr. V. 228. Groote an Maximilian. 26. Juli 1621. (Augenscheinsbericht des Generalzeugmeisters.)

b. Kreis-A. Amberg. Rep. XLVIII. Fasc. LVII. 4502. 237. Mansfeld an Regierung 30. Juni 1621.

c. Frankfurter Messrelationen 1620 Karte: Palatinatus Bavariae etc.

d. Relation Alles dess was sich mit Graf Ernst von Mansfeld etc.

e. Westenrieder IV. 107. Tagebuch des A. Fritsch etc. f. Acta Mansfeldica Seite 101.

g. Manuale Architecturae Militaris 1645. Seite 155. Castra sustentoria, den Feindt vor dem Einfall in's Land abzuhalten, wird ein fliegendt Lager genannt.

h. Heilmann, Kriegswesen der Kaiserlichen und Schweden 130 und 131.

Zum Gelände vgl. Blatt Pfraumberg der Karte des k. k. österr. militärgeographischen Instituts. Massstab 1 : 75000.

zum Kagerer Holze in Gestalt eines Kronwerkes eine eigentliche Angriffsfront nach Nordosten gerichtet.

Ihr rechter Flügel kehrte sich gegen die beherrschende Südkuppe des Mittlerberges, welcher den Rehlingsbach zu einer südwestlichen Abbiegung zwingt. Dieser grenzscheidende Wasserlauf bildet hier ein natürliches Annäherungshindernis, welches durch Verhaue noch verstärkt wurde.

Vom linken Flügel der Hauptfront aus war wohl eine Bestreichung der von Pilsen kommenden Heerstrasse ermöglicht.

Allein ihre Brücke über den Rehlingsbach lag nicht mehr im taktischen Bereiche des Kreuzberges.

An die eben beschriebenen, gegen die Angriffsseite gewendeten Werke waren noch Nebenfronten angefügt.

Die nördliche, wie es scheint, nur aus einem Hornwerk bestehend, erstreckte sich bis zur Oertlichkeit Waidhaus, welche sich demnach in der Nordwestecke des ganzen Lagerplatzes befand.

Eine weitere gegen Süden gerichtete Anschlussfront, vermutlich im Grundriss eines Kronwerkes dehnte sich vom Kagerer Holz bis zur Einsenkung nördlich des Todtenkopfs aus.

Von hier nach Waidhaus war die redanartig gebrochene Kehllinie erbaut, welche noch einen innern Verteidigungs-Abschnitt enthielt.

Im ganzen dürften, ähnlich wie bei dem erwähnten Ihringer Muster, 5 an den Haupt-Punkten im Gelände errichtete Bollwerke bestanden haben, welche durch lange Kurtinen miteinander verbunden waren.

Von diesen Erdwerken, welche bald als Haupt-Schanzen, bald als Redouten bezeichnet werden, besassen wenigstens die bedeutenderen Einrichtungen zur Geschütz-Verteidigung. Die Kurtinen dagegen mit niederem Auf-

8

zuge und schwächerem Querschnitte deckten nur die
dahinter verwendeten Musketiere.

Es ist wahrscheinlich, dass bestimmte Anordnungen
der Unternehmung vom 16. Juli zu grunde lagen.[1])

Was den Angriff des Fussvolkes anbelangt, so liess
Tilly den Hauptstoss gegen das Kreuzberg-Werk zwischen
der Heerstrasse und Ströbel ausführen, während im
Südosten und Osten des Lagers sich die bayerischen
Truppen nur beobachtend verhielten.

Für diese Anschauung spricht schon der Umstand,
dass bei einem Vorgehen von Nordosten der als Annäherungshindernis vorbereitete Rehlingsbach nicht im
wirksamen Feuer der Angriffswerke zu überschreiten war.

In bezug auf eine Gliederung des Fussvolkes und
der beigegebenen Reiterei im Angriffsgelände liegen
zwar keine besondern Befehle vor.

1) Quellen und Bearbeitungen für den Angriff:
  a. Allgem. Reichs-A. 30 jähr. Kr. XIII. 482. Ebenda XIII. 532—546.
  b. Kreis-A. Amberg XLVIII. LVII. 4502. 437. (Nachschrift.)
Hauptkonservatorium der Armee, Handschriften-Sammlung, Morawitzky,
Materialien II. Serie 1. Bd. 122.
  c. Frankfurter Messrelationen 1621, 87.
  d. Relation Alles dess, was sich etc.
  e. Westenrieder IV. 107. 108.
  f. Villermont comte de, Ernest de Mansfeld, Tome Premier 296.
(In bezug auf Zeitangaben von den nachfolgenden Werken wesentlich
abweichend. Das abfällige Urteil über die bayerische Artillerie bezieht
sich allem Vermuten nach auf den 16. Juli.
  g. Heilmann II. 1. 101. 102. (Nach dem Theatrum Europäum
dargestellt.)
  h. Uetterodt 357. 358. (Nimmt Front und Flankenangriff an.)
  i. Schreiber 240 weiss von Flankenangriff nichts zu berichten.
Der Angriff hätte sich nach Schreiber überhaupt nur aus einem un-
zeitigen eigenmächtigen Vorgehen des Obersten von Baur, als Führer
des Vorzugs, entsponnen.
  k. Opel, J. O., der niedersächsich dänische-Krieg I. 161.

Allein aus der bisherigen Verwendungsart der bayerisch-ligistischen Truppen und andern Vorkommnissen lässt sich wohl die alt hergebrachte Dreiteilung bei denselben annehmen:

I. Rechter Flügel. (Vorzug der Marschordnung) Generalwachtmeister Frhr. v Anholt.

2 (Krobaten) Kompagnien, den Regimentern Pappenheim und Eynatten zugehörig.

Regiment z. Pf. Bönninghausen 5 Kompagnien
„ „ „ Herberstorff 1 Kompagnie.
„ z. F. Anholt ⎱ zusammen höch-
„ „ „ Florainville ⎰ stens
„ „ „ Roville ⎰ 19 Fähnlein.

II. Mitte. (Mittelzug.) Oberst v. Baur-Eiseneck.

Regiment z. F. Schmidt ⎱ etwa 15 Fähnlein.
„ „ „ Baur ⎰
(würzburgisches)

III. Linker Flügel. (Nachzug.) Oberst von Mortaigne.

Regiment z. F. Herliberg ⎱ bayer. Regimenter
„ „ „ Mortaigne ⎰ mit annähernd
„ „ „ Haimhausen⎰ 16 Fähnlein.

In dieser Zusammensetzung mochten sich die Truppen vorerst am Dürrnschlag, einer zum Ostufer des Rehlingsbaches abfallenden Vorstufe der Rosshaupt-Zirker Höhen bereit gestellt haben.

Die hier beginnenden Angriffs-Bewegungen wurden durch Artilleriefeuer eingeleitet.

Der Standort der Geschütze dürfte östlich Ströbel auf der Südkuppe des Mittlerberges gewesen sein. Von hier aus waren wenigstens die nördlichen Werke auch von der Seite zu beschiessen. Uebrigens erhielt der bayerische Generalzeugmeister schon bei Auswahl einer geeigneten Stellung einen Musketenschuss ins Knie.

Unterdessen rückten die Truppen zum Angriff weiter
vor. Der rechte Flügel dürfte sich nördlich der Strasse
Pilsen-Amberg, die Mitte südlich derselben den Hängen
des Kressberges entlang gegen die Kreuzberg-Bastion
gerichtet haben, während der linke Flügel als Rückhalt den Mittler-Berg bei Ströbel besetzte.
Sowohl der rechte Flügel als die Mitte überschritten
hiebei den Rehlingsbach.

Die Verteidigung erwies sich als vollständig vorbereitet; sie beschränkte sich jedoch nicht auf ein einfaches
Festhalten ihrer Werke, sondern führte, wie anzunehmen
ist, in dem offenen Gelände nördlich der Heerstrasse
an den Hängen des Zwergel-Steines kräftige Gegen-
stösse aus.

Hiezu rückten die mansfeldischen Kompagnien (z. Pf.)
auch in der Weise vor, dass sich in ihren Zwischen-
räumen Musketiere befanden, welche sich angeblich
nach Abschwenken der Reiter zum Feuergefecht in
eine Linie überraschend entwickelten.

Es ist sonach möglich, dass hier Dragoner, eine
neue Art von Reiterei eingriffen, deren Ausbildung
sich Mansfeld besonders widmete.[1])

Diese Ausfälle des Verteidigers trafen obiger Annahme nach zunächst den rechten Flügel (Anholt),
der hiedurch teils nach der Mitte zu gedrückt wurde,
teils aber nördlich gegen die bewaldeten Hänge des
Zwergelsteines zurückbog, woselbst sich auch die taktischen Verbände lösten. Vermischungen mit den gegnerischen Truppen waren die Folge. Zu einem Anlauf
kamen bei dieser ungünstigen Wendung die Fähnlein
unter Freiherrn von Anholt wohl kaum.

---

1) Hierüber vgl. Uetterodt 103. Heilmann, Kriegswesen der
Kaiserlichen und Schweden. Seite 39.

Bei der Mitte wurde Oberst von Baur, welcher im wirksamsten Geschützfeuer entgegen dem allgemeinen Gebrauch eine Auskundschaftung des Angriffswerkes zu Pferde vornahm, tötlich verwundet. Nach öftern vergeblichen Stürmen, bei welchen Hauptmann Johann Ludwig von Berlichingen Regiments z. F. Baur fiel und Hauptmann Legrand Regiments Schmidt verwundet wurde, nahm Tilly die Mitte etwa um 7 Uhr wieder über den Rehlingsbach zurück. Hinter diesen Grenzbach mochte auch der rechte Flügel um diese Zeit schon seinen Rückzug ausgeführt haben.

Ein weiteres Vorkommnis wirkte für den Ausgang des Gefechts nicht förderlich.

Die bayerisch-ligistischen Fusstruppen waren nämlich mit Musketen von verschiedener Bohrungsweite ausgerüstet. Bei der Ergänzung des Schiessbedarfes kamen nun am 16. Juli Verwechslungen in der Abgabe vor.

Ein aussergewöhnlicher Verbrauch an Gewehr-Patronen (94000) erklärt sich wohl daraus, dass die Musketiere sich der unbrauchbaren Geschosse entledigten.[1]

Nach den amtlichen Verlustanzeigen der beteiligten Regimenter verlor der Angreifer an Toten, Verwundeten und Vermissten im ganzen 370 Mann.[2]

Zur näheren Beurteilung Tillys darf hier eingeflochten werden, dass derselbe stets dem grossen Herzog

---

1) Hiezu Allgem. Reichs-A. 30jähr. Kr. Bd. V. 221. 234. 237. Ebenda XIII. 482. XIII 532. Heilmann II. 1. 103. Anm.

Regiment Baur und Anholt hatten Musketen kleineren Kalibers.

2) Allgem. Reichs-A. 30jähr. Kr. XIII. 536. Nota. Wass bei der jüngsten Scharmützel zu Rosshaubten under dato dem 16. July dess 1621 Jars von der Frstl. Dchlt. in Bayern Armada für Obrist Haubtleuth, beuelchshaber und anndere gemeine Soldaten todts verblieben, verwundet und gefangen worden wie hernach volgt.

Heilmann ll. 1. 102. Anm.

gegenüber die eigenen Verluste anfänglich möglichst herabzudrücken suchte. Erst wenn Maximilian auf Umwegen über den wahren Sachverhalt aufgeklärt wurde, gesteht auch Tilly grössere Abgänge zögernd zu. Ebenso trieb letzterer in der Regel den Verlust des Gegners ungebührlich in die Höhe. Im gegebenen Falle hat der Verteidiger, der doch zum grösseren Teil hinter Deckungen focht, sicher nicht viel mehr als der Angreifer verloren.[1]) Der Eindruck, welchen die beiden Niederlagen vom 14. und 16. Juli auf Maximilian ausübten, lässt sich schon daraus entnehmen, dass er jetzt sogar bei dem Kaiser um Unterstützung an, Truppen zur Fortsetzung des Kampfes warb. Von der kursächsischen Gruppe an der Eger wünschte der Herzog eine Ablösung der Bayerischen Städtebesatzungen im nordwestlichen Böhmen.[2])

Um ein weiteres Zuströmen von Werbetruppen nach der Oberpfalz zu stauen, empfahl der umsichtige Herzog dem Erzherzoge Albrecht in Brüssel, jetzt mit dem am mittleren Rheine bereit stehenden spanisch-niederländischen Heere den Angriff gegen die Unterpfalz zu beginnen.[3])

---

1) Hiezu Allgem. Reichs-A. 30jähr. Kr. Bd. XIII. 542. An Tilly 25. Juli 1621. Darin wirdt meerer Bericht erfordert wie viel der Vnsrigen in dem jüngsten Scharmützel geblieben.

Ebenda LXXXVI. 26. Maximilian an Tilly, München 22. Mai 1622 . . . . dass die Niederlag Meines Volkhs in beeden Treffen (Wiesloch—Mingolsheim und Wimpfen) viel grösser als Ich bericht gewesen sein muss. . . . .

In einem sächsischen Bericht wird Mansfelds Verlust am 16. Juli auf 300 Todte und Verwundete angegeben (Uetterodt 358), Tilly dagegen teilt dem Herzog mit, dass Mansfeld 1000 Mann verloren habe.

Cesius H. S. 7 hat für den 16. Juli keinen besondern Vortrag.

2) Allgem. Reichs-A. 30jähr. Kr. Bd. LXVII. 402. Gindely IV. 207.

3) Geheim. Staats-A. 30jähr. Kr. Kast. schw. $\frac{425}{6}$. 177. Max an Erzherzog Albrecht, Straubing 18. Juli 1621.

Auch die pfälzisch-mansfeldische Heeresleitung
machte trotz der für sie günstigen Ergebnisse Anstreng-
ungen sich weiter zu stärken. Bei dem noch fühlbaren
Mangel an Reiterei ersuchte Graf Mansfeld seinen
Kriegsherrn, den Pfalzgrafen Friedrich V., die unter
Herzog Christian von Braunschweig in den Niederlanden
und im niedersächsischen Kreise in der Bildung begriffenen Kompagnien z. Pf. nach der Oberpfalz zu
richten.

Die gleichzeitig für Mansfeld in diesen entlegenen
Werbezonen errichteten drei Reiterkompagnien (der
Rittmeister Gyffen, Nell und Kynet) sollten ebenfalls
in Bälde zu ihm stossen.[1])

An den pfälzischen Kriegsrat hatte sich Mansfeld
schon vorher um Ueberlassung von ständischen, seinem
Wirkungskreise bislang entzogenen Werbetruppen ge-
wendet.[2]) Es wurden auch in der That nicht nur Teile
der Regimenter z. F. Solms und Peblis, sondern auch
pfälzische Landfahnen dem Generalfeldmarschall unterstellt.

Wenn er nun in der zweiten Hälfte Juli Anträge

---

Der gleichzeitige Stand der kurpfälzischen Truppen in der Unterpfalz ist im VII. Abschnitt vorstehender Druckschrift: „Die Wiederaufnahme der Feindseligkeiten in der Unterpfalz" näher erläutert.
Oberntraut ist nicht in die Oberpfalz gekommen wie Uetterodt
Seite 336 annimmt.

1) Allgem. Reichs-A. 30jähr. Kr. Fasc. XV. 133. Mansfeld au
Frédéric roy de Bohéme. Camp de Weydhausen, 23. juillet 1621.
3 Kompagnien Braunschweiger Reiter treffen 2. Hälfte August in Kemnath ein: Ebenda Fasc. XIII. 129. Wresowic an Tilly, Eger 18. August
1621. Soden II. 70. Ueber den Stand der braunschweigischen Rüstungen Juli 1621 vgl. Opel, der dänisch-niedersächsische Krieg Bd. I
S. 234. 290—297.

2) Kreis-A. Amberg XLVIII. LVII. 4506. 39. 45.

zu einem Waffenstillstande macht, so mochten dieselben der bayerisch-ligistischen Heeresleitung nur willkommen sein.

Sie konnte sich nämlich der Ueberzeugung nicht länger verschliessen, dass der starken gegnerischen Stellung am Rehlingsbach nur durch belagerungs-mässigen Angriff beizukommen sei.

Auf Erhöhung der Schlagfertigkeit des bayerischen Artillerie- und Ingenieurparks zielten daher die nächsten Bemühungen des Herzogs.[1]

Hiezu war vor allem die Absendung eines bewährten Ingenieurs (Schanzmeisters) Mathias Auer von Ingolstadt nach Rosshaupt (Rozvadov) geboten.[2] Namentlich dürfte seiner Leitung das 3 Kilometer südwestlich von diesem Standorte Tillys entstehende Beobachtungslager zuzuschreiben sein.

Es dehnte sich östlich des Rehlingsbachs auf den drei Kuppen des Mittlerbergs und dem Schlachthau aus und wurde wie das gegenüber liegende pfälzisch-mansfeldische wohl noch nach der älteren Art in zusammenhängenden Linien erbaut.

Die schon anfangs Juli durch 2 Trabanten der Leibgarde z. F. im Innlande, in Rain, Aichach und Schrobenhausen, dann in Salzburg unternommenen Anwerbungen brauchbarer Handlanger und Schanzgräber

---

1) Hiezu vgl. Allgem. Reichs-A. 30 jähr. Kr. V. 253. Groote an Max 6. Aug. 1621.

Ebenda XIII. 431. 150.

Ebenda XIII. 436. Patent für Oberzeuglieutenant Moritz Wiener v. Wienau, Hauptmann Regiments z. F. Herliberg.

2) Allgem. Reichs-A. 30 jähr. Kr. XIII. 482. Ebenda XIII. 494. Kreis-A. München Hofkammer-Protokolle 1621. 444.

für den Artilleriepark dürfte inzwischen stattgehabt
haben.[1]

Ausserdem waren für letztern noch 382 Pferde und
30 bis 40 Rüstwägen zu beschaffen. Wenn auch die bayerischen Geschütze seit dem
16. Juli zum Schutze der Lagerarbeiten in ihrer Stellung
verblieben, so kamen, wie man annehmen darf, die Vorbereitungen zum Eröffnen des eigentlichen Artillerie-
Angriffs doch erst Mitte August zum Abschluss.

Die bis dahin verfliessende Zeit hatte auch die Verteidigung nicht unbenützt vorüber gehen lassen.

Sie nahm nach einer kurzen Waffenruhe die Beschiessung des feindlichen Lagers am 25. Juli abends
wieder auf.[2]

Vielleicht wollte sie damit die Aufmerksamkeit des
Gegners ablenken, da fast gleichzeitig eine Verschiebung von

6 Kompagnien z. Pf. und

12 Fähnlein

von Waidhaus gegen Süden an die Ascha und die obere
Schwarzach stattfand, durch welche die Verbindungen
Tillys mit Furth und Kötzting bedroht wurden.[3]

Zur Verstärkung der südlich der Radbusa befindlichen Gruppe Lintelo ging deshalb das Regiment z. Pf.
Eynatten nach Hostau ab. Auch 5 Fähnlein des Re-

---

1) Allgem. Reichs-A. 30jähr. Kr. Bd. LXV. 227. 9. Juli 1621.
Werbe-Patent für 2 Trabanten der Leibgarde z. F. für 150 Handlanger
und Schanzgräber.

2) vgl. Allgem. Reichs-A. 30jähr. Kr. Bd. XIII. 515. Tilly an
Max 25. Juli 1621. Heilmann II. 1. 104.

3) Hierüber Allgem. Reichs-A. 30jähr. Kr. Bd. IV. 91. Yettinger
an Max, Furth, 26. Juli 1621. Ebenda VI. 448. Rosenheimer an Max,
Kötzting, 25. Juli 1621. Ebenda XIII. 509.
Ebenda XIII. 545. 546. Ebenda XIII. 528. Anweisungen für
Oberst Lintelo in bezug auf Waldmünchen.

giments z. F. Herliberg verliessen zum gleichen Zwecke die Hauptstellung am Rehlingsbach.

Nördlich der Waidhauser Stellung streiften von der obern Waldnaab her über den Tillenberg pfälzisch-mansfeldische Truppenteile in das waldreiche Gelände bis zu den sächsischen Verbindungen im Wanschathale. Wenigstens ersuchte Wresovic den Generallieutenant Freiherrn von Tilly um Abhilfe und sperrte die im Böhmerwald nach der Wanscha führenden Wege durch Verhaue ab.[1]

Doch konnte Wresowic, welcher 3 Kompagnien z. Pf. über Dresden und Görlitz nach Schweidnitz abgegeben hatte,[2] nicht verhindern, dass eine für Rosshaupt bestimmte Zufuhr von Lebensmitteln und Schiessbedarf nächst Königswart pfälzischer Seits aufgehoben wurde. Tilly hielt es deshalb für ratsam, den Generalwachtmeister Freiherrn von Anholt, der alle nördlich der bezogenen Hauptstellung nach Böhmen führenden Gebirgswege beobachtete, mit Besitznahme des Bärnau-Tachauer Passes zu beauftragen.[3]

Unter Anholts Befehl waren, soweit bestimmbar,
2 Kompagnien krobatischer Reiter
Regiment z. Pf. Herzelles (würzburgisches)

---

1) Allgem. Reichs-A. 30jähr. Kr. Fasc. XIII. 128. (rot bez.) Wresowic an Tilly. Eger 24. Juli 1621. Ebenda Wresowic an Tilly. Eger 13. August 1621.

2) Schuster und Franke. Geschichte der sächsischen Armee. Leipzig 1885. I. 19.

3) Allgem. Reichs-A. 30jähr. Kr. XIII. 34. Tilly an Max. 30. Juli 1621. Hier mit Königswarter Pass bezeichnet.

Nach Hubmann Dr. Chronik der Stadt Bärnau Seite 65 wäre die Schanze am Steinberge schon vor 9. Juli 1621 erobert worden.

Nach Stadtarchiv Eger, Egerer Stadtbuch 1621 lagen in Albenreuth zur Verwahrung der Grenze nur kursächsische Truppen.

Regiment z. Pf. Herberstorff (2 Komp.)
Regiment z. F. Schmidt (8 Fähnlein)
vereinigt.

Die am Rehlingsbach während der ersten Hälfte
August stattfindenden Kämpfe standen selbstredend im
engsten Zusammenhang mit dem Fortschreiten der Annäherungsarbeiten im Angriffsfelde.

Anlage und Zweck der pfälzisch - mansfeldischen
Unternehmung vom 1. August sind zwar nicht näher
bekannt.

Doch stellt sie sich als ein zu Beginn des XVII. Jahrhunderts öfter vorkommender Versuch dar, die beiden
Gegensätze des damaligen Heerwesens, Kriegs- und
Landvolk, in einem taktischen Körper untermischt zu
verwenden.[1])

Mansfeld bildete im ganzen sieben derartig zusammen-
gesetzte Trupps. Er liess dieselben von nachmittags
2 Uhr an nach und nach gegen die Stellungen der
bayerischen Regimenter z. F. Mortaigne und Haimhausen (v. Blaarer) vorgehen.

Wenn auch anfänglich keine Stockung eintrat, so
war doch im Verlaufe des vierstündigen Gefechts sogar
Mansfelds persönliches Eingreifen nicht mehr im stande,
einem Zurückweichen dieser Trupps Einhalt zu thun.

Die beigezogenen Reiterkompagnien in der Stärke

---

1) Geheim. Staats-A. 30jähr. Kr. Berichte, Kast. schw. $\frac{425}{6}$ N. 234.
Auss dem Veldtlager zu Rosshaubt, den 2. August 1621. Ebenda
Kaiserl. Korrespondenz 93. Max an Ferdinand, Straubing, 7. Aug. 1621.
Allgem. Reichs-A. 30jähr. Kr. Fasc. XIII. 128.
Nach Uetterodt 364 wäre das Gefecht vom 1. August siegreich
für Mansfeld gewesen.
Soden II. 70. hat einen kurzen Bericht v. Papes vom 8. August
1621. Hiernach war Pape, der zum Regiment z. Pf. Markgraf Sigmund
gehört haben dürfte, beteiligt.

von 800 Pferden wurden durch das Feuer der bayerischen Batterien zu öfterem Stellungswechsel und schliesslich zur Räumung des Feldes gezwungen.

Auf mansfeldischer Seite sollen am 1. August

 1 Hauptmann
 2 Fähnriche
 2 Lieutenants
 mehrere Korporale und andere niedere Befehlshaber
 60 gemeine Soldaten

geblieben sein.

28 Mann fielen in Kriegsgefangenschaft.

Vom bayerischen Regiment z. F. Mortaigne wurde
Oberstlieutenant Werner von Äscher leicht, dagegen der
reformierte Lieutenant (frühern Regiments z. F. Sulz)
Andreas von Beyren (Beyern?) schwer verwundet.

Der bayerisch-ligistische Gesammtverlust hat angeblich 12 Tote nicht überstiegen. Auch am 8. August
dürfte Mansfeld der angreifende Teil gewesen sein.
Einen besondern Erfolg erzielte er auch an diesem Tage
kaum.[1])

Seine öftern Ausfälle im Vorlande des Beobachtungslagers konnten nicht verhindern, dass die Angriffsarbeiten
einen stetigen Fortgang nahmen.

Was im besondern den Artillerie-Angriff betrifft,
so hatte die bayerisch-ligistische Heeresleitung in Er-
kenntnis der Ueberlegenheit des gegnerischen Feuers
schon am 6. August auf eine Erhöhung der eigenen
Geschützzahl bedacht genommen.[2])

---

1) Relation Alles dess was sich etc. (der 29. Juli ist alten Styls.)
G i n d e l y. IV. 207.

2) Ueber den Artillerie- und Ingenieurangriff im allgemeinen vgl.
Allgem. Reichs-A. 30 jähr. Kr. Bd. V. 253. Groote an Max. Ross-
haupten 6. August 1621. Ebenda V. 255. Groote an Max 23. August

Sie liess nämlich nicht allein die vier in Taus verbliebenen Apostel (halbe Karthaunen) sondern auch zwei
in Straubing stehende Viertelsschlangen nach Rosshaupt
verbringen.

Der Geschützpark dürfte somit im höchsten Falle
12 Geschütze verschiedener Kaliber umfasst haben, von
denen jedoch nur 10 als ausgerüstete Kampfgeschütze
zu zählen sind.

Vor einer kurzen Schilderung des Mitte August
beginnenden Artillerie-Angriffs dürfte einzuschalten sein,
in welcher Weise um diese Zeit das Waidhauser Lager
mit Fussvolk besetzt war.[1)]

An das wahrscheinlich im innern Verteidigungs-

---

1621. Ebenda XIII. 455. Ebenda XXXII. 482. Wiener an Max,
Schlaggenwald, 5. Juni 1621. Ebenda Bd. XLVI. 152. 163—170.
Ebenda XLVII. 270. Schriftverkehr Lintelos. Ebenda LXXXI. 512.
Formierter Artillerie Staat. Ebenda LXXXI. 486 Ebenda Bd. LXVIII.
25. Tilly an Max, Rosshaupt, 6. August 1621. Ebenda Fasc. IV. 129.
(Verschiedene italienische Briefe.) Bernardino Rotta a Bartolo della
Nove mercante di Venetia. Dalli quartieri del Mansfeldt il 21. Agosto
1621. Kreis-A. Amberg Rep. XLVIII. Fasc. LVII. 4506. 286. Ebenda
4506. 346. Morawitzky II. Serie 1. Bd. 123.

Ferner Relation Alles dess wass sich mit Graf Ernst von Mansfeld etc. Heilmann II. 2. 952. (ohne nähere Quellenangabe). Die im
30jährigen Krieg gebräuchlichen Geschützgattungen hat Heilmann, Das
Kriegswesen der Kaiserlichen etc. Leipzig und Meissen 1850. Seite 50.

1) Allgem. Reichs-A. 30jähr. Kr. Fasc. XII. 118. (rot bez.)
Avisen des Oberstlieutenants v. Stinglheim aus Schwandorf 18. 19.
und 20. August 1621. Kreis.-A. Amberg XLVIII. LVII. 4506. 153.
In Bezug auf Bekleidung, Bewaffnung und Ausrüstung der mansfeldischen Truppen ist verwendbar: Hauptkonservatorium der Armee. Handschriftensammlung. Morawitzky, Materialien etc. Serie I. 3. Bd. Abbildungen. Für das Pfälzer Landvolk: Heilmann II. 2. 843. 844. Aus
der Gleichartigkeit der Uniformen ist zu schliessen, dass die mansfeldischen Regimenter aus oberpfälzischen Monturvorräten bekleidet
wurden.

Abschnitt gelegene Gezelt des Generalfeldmarschalls reihte sich zunächst an:

(I. Rechter Flügel der Lagerstellung.)

(Doppel) Regiment z. F.
Mansfeld     15 Fähnl.

{ 1. Garde: Oberst Wilhelm von Goltstein[1])
2. Rotes Regmt.: Oberstlieutenant Thomas Ferentz.

Es folgten sodann:

(II. Mitte der Lagerstellung unter Oberst Gray.)

Regiment z. F. Carpzow    10 Fähnl.    Oberst Joachim v. Carpzow.

„    „    „   Gray[2])
(engl.-niederländ.)    10    „

{ Oberst Johann Graf Gray Oberstlieutenant Ramsay.

(III. Linker Flügel der Lagerstellung unter Generalquartiermeister De Roye.)

Regiment z. F. Herzog Wilhelm z. Sachsen Weimar[3])   11 Fähnl.    Oberstlieutenant Georg v. Uslar.

---

1) Allgem. Reichs-A. 30jähr. Kr. Bd. LXXXV. 78. Verzeichnuss etc. (Dezember 1621) Kreis-A. Amberg 4507. 243. Ebenda 315. Memorial etc. Villermont I. 295. (Goltstein war auch Amtmann zu Crailsheim und Feuchtwangen.)

2) Ein Urteil über dieses Regiment: Allgem. Reichs-A. 30jähr. Kr. Bd. XIII. 425. Tilly an Maximilian. Haidt 4. Juli 1621 . . . . . Schottisch und Niederländisch ist schön und guet.

3) Musterung vom 9—13. Juli 1621. (Kreis-A. Amberg Rep. XLVIII. Fasc. LVII. 4506. 8. 4507. 39.) von Uslar ergibt sich aus

Regiment Solms (kurpfälz-
   isches)           4 Fähnl.
Regiment Peblis (stånd-
   isches)           4—5  ,,
     Im ganzen etwa    55 Fähnl.

Die hier nicht aufgeführten Regimenter z. F.

Löwenstein         5 Fähnl.    { Oberst Casimir Graf v. Löwenstein, Oberstlieutenant Ernst de Roye (Generalquartiermeister)

Frenkhing          5  ,,    { Oberst Johann Sigmund v. u. zu Frenkhing, Oberstlieutenant Melchior Frhr. von Wurmbrandt (?)

waren demnach wohl an den pfälzischen Sperrwerken
südlich und nördlich des Pfrentschweihers verteilt.

Das ständische Regiment z. F. Schlammersdorf zu
4 Fähnlein verteidigte gegen 5 Fähnlein Herliberg'schen
Regiments z. F. und andern Truppen, welche unter
Oberst v. Lintelo standen, den Waldmünchner Pass.[1]

Ebenso war auch die Reiterei zum teil in der Nähe

Kreis-A. Amberg 4506. 121. im Zusammenhalt mit Gcheim. Staats-A.

30 jähr. Kr. Kast. schw. $\frac{543}{13}$ Tractation etc.

   1) Allgem. Reichs-A. Bd. XLVII. 285. Max an Lintelo, Straubing,
24. August 1621. (Bei Schlammersdorf befand sich auch Hauptmann Veit
Ulrich von Rotenhan.)

des Beobachtungslagers, zum teil aber auch an der Grenze verwendet.[1]

| | | | |
|---|---|---|---|
| Regiment z. Pf. (Alt) Mans-feld | etwa | 8 Komp. | Garde: Oberst Heinrich Graf z. Orttenburg[2]) Oberstlieutenant Claus v. Linstow-Bellin. |
| Regiment (Neu) Mansfeld | 5 | ,, | Oberstlieutenant Freiherr von Spaltorff[3]) |
| ,, Braunschweiger Reiter | 3 | ,, | Oberstlieutenant Rupprecht v. Gyffen. |

1) Zur Sammlung und Musterung der mansfeldischen Reiterei in der Oberpfalz: Allgem. Reichs-A. 30 jähr. Kr. Bd. XXIV. 99. Johann Schweikard an Max. Aschaffenburg 5. August 1621. (Avisen über Spaltorff). Ebenda Fasc. XII. 118. Nachrichten des Oberstlieutenants von Stinglheim 12. August 1621. Ebenda. Nachrichten des Herrn von Wolkenstein an Maximilian aus Heidelberg, Juli und August 1621. Kreis-A. Amberg XLVIII. LVII. 4502. 357. 359. Ebenda 4506. 6. 8. 28. 36. 121. 134—137. Ebenda 4507. 339. 353. 360. Utterodt 350. 351. 364 a. a. O. Soden II. 68—71. Günstiges Urteil über die mansfeldische Reiterei Heilmann II. 1. 113. (Ohne nähere Quellenangabe.)

2) Dass Orttenburg Truppen befehligte bestätigt Schreiber 239. Nach Allgem. Reichs-A. B. LXXXV. 78. führte Orttenburg die „Quardi zu Ross" noch Ende 1621 oder anfangs 1622.

3) Geheim. Staats-A. 30. jähr. Kr. Berichte Kast. schw. $\frac{425}{6}$ 237.

Instruction etc. Mansfeld: Cinque cents chevaulx qui doit méner Spaltorf. v. Spaltorff war 1619 Rittmeister der Königs-Kompagnie z. Pf. (Verhandlungen des histor. Ver. d. Oberpfalz etc. Bd. XXIV. 79.) 1620. 8. Nov. mit der Königskompagnie z. F. kriegsgefangen. Näheres bei Krebs Dr. die Schlacht am weissen Berge Seite. 201. 204.

| | | |
|---|---|---|
| Regiment z. Pf. Wilhelm<br>v. Sachsen-Weimar | 6 Komp. | ⎰ Oberstlieutenant<br>⎱ v. Haiden (?)<br>Rittmeister Joh.<br>Wilhelm von<br>Rotenhan[1]) |
| (Halb) Regiment z. Pf.<br>Friedrich (der Aeltere)<br>v. Sachsen-Weimar | 6 „ | ⎰ Oberstlieutenant<br>⎱ Friedrich Wil-<br>helm v. Vitz-<br>thum z. Eck-<br>städt[2]) |

In einem dieser letztern Reiter-Regimenter führte angeblich Herzog Bernhard von Sachsen-Weimar als Rittmeister eine Kompagnie.

| | | |
|---|---|---|
| Regiment z. Pf. Markgraf<br>Sigmund zu Branden-<br>burg (I.)[3]) | 6 Komp. | Oberstlieutenant<br>Johann Georg<br>v. Lichtenstein |

---

1) v. Rotenhan war ebenso wie v. Uslar Generalbevollmächtigter für Herzog Wilhelm (Kreis-A. Amberg 4506. 134—137 Auszahlungen). Ueber die Stellungnahme des fränkischen Adels zum Pfalzgrafen Friedrich, siehe: Designatio quorundam ex nobilibus immediatis Franconiae qui cum Mansfeldio contra Caesarem conspiraverunt etc. impressum anno 1631. lit. B. 2. Fasc. 2 Col. 2. der Herzogl. Braunschweigischen Bibliothek zu Wolfenbüttel. Ferner: Löwenthal Frhr. v., Geschichte v. Neumarkt. München 1805 Seite 170.

2) Allgem. Reichs-A. 30 jähr. Kr. Fasc. XI. 110 u. a. O. S o d e n II. 67. 68. 70.

3) Lichtenstein (1615 Kommandant von Koburg) war Oberstlieutenant im Regiment z. Pf. Crafft zu Hohenlohe. Im gleichen Regiment hatte auch Markgraf Johann Georg eine Kompagnie (vergl. Geheim. Staats-Archiv Kast. schw. Kriegsberichte $\frac{425}{6}$ Contobuch des Unionsheeres 1621.)

Kreis-A. Amberg 4506. 36. Solms an Regierung 19. Juli 1621 etc. (Musterung der Komp. Pape) U e t t e r o d t 350. S o d e n II. 67. 69.

| Regiment z. Pf. Markgraf Sigmund zu Branden- burg (II.) | 4 Komp. | Rittmeister Heinrich von Minden ge- nannt v. Pape. |

Der ursprüngliche Stand der Reiterei hatte sich also bis Mitte August etwa verdreifacht.

Zur Armierung der Lager-Befestigungen waren pfälzischerseits mindestens zehn Geschütze verwendet.

Für ihre Bekämpfung hatte die bayerische Heeresleitung hinter den erbauten Batterien eine grössere Verbrauchsstelle an Schiessbedarf eingerichtet. Ausserdem befanden sich zu Haid und in Taus Stapelplätze für Pulvervorräte und Lunten [1]).

Zwei neue Geschützstellungen waren bis 16. August abends soweit fertiggestellt, dass in der Nacht zum 17. August ihre Bewaffnung und Ausrüstung mit vier Geschützen vorgenommen werden konnte.

Nach der Feuereröffnung am 17. August morgens zeigte sich jedoch nochmals, dass ungeachtet des überhöhenden Angriffsgeländes die pfälzisch-mansfeldische Artillerie überlegen blieb.

Tilly lässt daher am 18. August eine weitere durch Gehölz verdeckte Batterie zu zwei Geschützen erbauen, welche zugleich zur Flankierung, wie es scheint, südlich in der Thalsohle vorgeschoben war.

Das Feuer wird nun vier Tage lang vom 19. bis 22. August aus' allen Batterien derartig gesteigert, dass einige Geschütze die höchste damalige Feuergeschwindigkeit von 20 Schuss des Tages erreichten.[2])

---

1) Allgem. Reichs-A. 30 jähr. Kr. V. 227. Ebenda V. 291b.

2) Der Verbrauch bis 8. Sept. war 641 Geschosse, hiezu der Rest-Vorrat am 8. Sept. 900 Geschosse (Allgem. Reichs-A. 30 jähr. Kr. V. 291b) ergibt eine durchschnittliche Ausrüstung von 150 Geschossen für jedes Kampfgeschütz.

Vom 21. August an ist bei der gegnerischen Artillerie eine Ermattung zu bemerken.

Die pfälzische Heeresleitung hatte inzwischen Vorsorge zu einer Vermehrung ihrer Geschützzahl getroffen, da bereits am 23. August 6 — 8 Geschütze (2 — 3 halbe Karthaunen, 4—5 Falkoneis) 14 Rüstwagen, auf dem Marsche nach Waidhaus begriffen, bei Unter-Köblitz westlich Wernberg die Naab überschreiten.[1])

Hiedurch war es ermöglicht den Artilleriekampf von neuem mit einigem Erfolg aufzunehmen.

Was den Gesundheitszustand der lagernden Truppen auf beiden Seiten in diesem Zeitraum betrifft, so war deren Anhäufung von nachteiligem Einfluss auf denselben.

Eine verhältnismässig bedeutende Sterblichkeit war weniger durch die Schwierigkeiten der Naturalverpflegung, als in dem Mangel an sanitären Massregeln begründet.[2])

Wie Ende Juli gegen Süden so unternahm jetzt, Ende August 1621, Mansfeld im Norden seiner Hauptstellung den Versuch, die Kette der bayerischen Grenzbefestigungen zu durchbrechen.

Möglicherweise stehen die Entsendungen während der zweiten Hälfte August schon in einem näheren Zusammenhang mit diesem Unternehmen.[3])

· Es war im besondern die Wiedereroberung des

---

1) Allgem. Reichs-A. 30 jähr. Kr. Bd. XIX. 209. Landgraf Wilhelm von Leuchtenberg an Maximilian. Pfreimt 23. Aug. 1621. Kreis-A. Amberg 4506. 293. Amberg 22. Aug.

2) Cesius H. S. 7. In beyden Feldlägern zu Rosshaupt und Waydhausen: Bayern geblieben 179, gestorben 400. Pfalzgräflich geblieben 163, gestorben 156.

3) Allgem. Reichs-A. 30 jähr. Kr. LXVIII. 92. Tilly an Max 20. August 1621.

Sperrwerks östlich Bärnau beabsichtigt.[1]) Allein abgesehen davon, dass Anholt vorbereitet war, wurde die
Annäherung durch das vorzeitige Losgehen einer Mus-
kete verraten.

Zur Nährung der artilleristischen Verteidigung trafen
am 31. August nochmals schwere Geschütze mit entsprechenden Schiessbedarfs-Vorräten in Waidhaus ein.[2])
Dieser rege ungehinderte Verkehr mit Amberg
lenkte die Augen der bayerisch-ligistischen Heeresleitung selbstredend auf die Uferwechselstellen an der
Thalspalte der Naab und auf jene an der untern Pfreimt:
Schütthütte bei Wernberg und Pfreimt.

Letztere war von einer bislang dort befindlichen
oberpfälzischen Landfahne geräumt worden.

Auf diesen Umstand wurde der grosse Herzog insbesondere durch eine Kundgebung des Landgrafen
Wilhelm zu Leuchtenberg aufmerksam, der um Ueberlassung einer (neutralen) Besatzung aus bayerischen Kreistruppen, etwa pfalz-neuburgischen, für Pfreimt ersuchte.[3])
Wenn nun die Heeresleitung statt Kreistruppen
zwei verstärkte bayerisch-ligistische Fähnlein des Re-

---

1) In bezug auf diesen Angriff vgl. Frankfurter Messrelationen
1621. 6. Weiterer Verlauff etc.
Gindely IV. 207.
Nach Schreiber 241 waren die mansfeldischen Truppen angewiesen über Eger nach Königswart vorzudringen, was ausgeschlossen sein
dürfte. Uetterodt 362 nimmt die Befestigungen zwischen Bärnau-
Tachau an.
Nach Heilmann II. 1. 104 hätte der Angriffs-Versuch auf das
bayerische Lager am Rehlingsbach stattgefunden. Das Zutreffende dürfte
hier nach Uetterodt auch örtlich in der Mitte liegen.
2) Relation Alles dess was sich etc. etc. Ueber pfälzische Geschütze, welche im Waidhauser Lager verwendet waren, siehe Allgem.
Reichs-A. 30jähr. Kr. Bd. XC. post 284 Designation etc.
3) Allgem. Reichs-A. 30jähr. XIX 205. Landgraf zu Leuchtenberg an Max. Pfreimt 23. Aug. 1621.

giments z. F. Roville aus Böhmen nach der Thalspalte
der Naab in den Rücken der pfälzisch-mansfeldischen
Stellung entsendet, so kann man doch wohl nicht annehmen, dass sie damit nur einen Kaplan, den Landgrafen zu Leuchtenberg, beschützen wollte. Der strategische Zweck dieses gewagten Unternehmens war die
Verlegung der gegnerischen Rückzugslinien in Schütthütte-Wernberg und Pfreimt.

Vielleicht rechnete Maximilian hiebei auch auf eine
Mitwirkung Pfalz-Neuburgs. In der südlichen Oberpfalz war sogar das Gerücht verbreitet, Herzog Wolf-
gang Wilhelm selbst sei mit Truppen im Anzuge.[1]

Um eine Wiederbesetzung Pfreimts durch den
Gegner zu verhindern, beschleunigten die beiden Fähnlein Regiments z. F. Roville (Nikolaus Peck von Letzen-
burg und Johann von Plettenberg) ihren Marsch derartig, dass sie den vom Rehlingsbach über Klenc,
Furth, dann quer durch den bayerischen Wald nach
Straubing an die Donau und von da naab-abwärts nach
Pfreimt führenden Weg, wie es scheint, auch unter Anwendung von Wägen, in 4—5 Tagen zurücklegten. Die
Entfernung Rosshaupt-Pfreimt beträgt auf dem Umwege
zur Donau über 200 Kilometer.[2]

In bezug auf den Angriffsplan des grossen Herzogs
gegen die südliche Oberpfalz waren diese vereinzelt an
die Thalspalte der Naab vorgeschobenen Fähnleins als
eine Art Vorzug zu betrachten.[3]

---

1) Allgem. Reichs-A. 30jähr. Kr. Fasc. XII. 118 (rot bez.)
Akt 16. Avisen aus Schwandorf.

2) Zu dieser ausserordentlichen Marschleistung vgl. Allgem. Reichs-
A. Bd. XLV. 355. Ebenda XVI. 166. Am 9. September 3 Uhr Nachmittags Donaustauff, 10. Schwandorf, 11. Pfreimt Kreis-A. Amberg 4503.
3. 10. 33. Heilmann II. 1. 103.

3) Es ist hier zu bemerken, dass Maximilians Zeitgenossen seine

Die gegnerische Heeresleitung, von dem Anrücken der Roville'schen Fähnleins rechtzeitig verständigt, hielt sie auch sicher als die Vortruppen eines grösseren bayerischen Heerteiles. Sie traf deshalb die thatkräftigsten abwehrenden Massnahmen sich in den Besitz der wichtigen Naab- und Pfreimt-Uebergänge zu erhalten. Schon am 10. September trifft vom linken Flügel der Lagerstellung eine kleine, aus Reiterei und Fussvolk bestehende, 400 Mann starke Abteilung mit zwei Geschützen von Waidhaus über Witschau an der Naab ein. Die Veste Wernberg, welche den dortigen Uebergang bei Schütthütte beherrscht, wird ohne erheblichen Widerstand des leuchtenberg'schen Hauptmanns besetzt.[1])

wahre Absicht bei dem Unternehmen gegen Wernberg und Pfreimt vollkommen durchschaut haben. Die Frankfurter Messrelationen 1621, Seite 108 bringen unter dem Zeitungsartikel: „Gross Chasma am Himmel sich sehen lassen" folgende Nachricht: Seithero soll der Manssfelder umb Sinchütten (Schütthütte) vnnd Pfreimbd den Bayrischen den Pass, in die Ober-Pfaltz der Enden einzufallen, abgeschnitten haben.

1) Zur Beurteilung des pfälzisch-mansfeldischen Unternehmens behufs Sicherung der Naab- und Pfreimt-Uebergänge Schütthütte-Wernberg und Pfreimt siehe:

Allgem. Reichs-A. 30 jähr. Kr. XIX. 211. Landgraf Wilhelm von Leuchtenberg an Max. Pfreimt 11. Sept. 1621. Ebenda XLV. 360. Avisen aus Schwandorf 14. Sept. 1621. Ebenda 361. Max an Stinglheim. Katzberg 17. Sept. 1621 (ex speciali mandato) Ebenda LXVIII. 177. Dann 226. Tilly an Max. Rosshaupt 11. Sept. 1621. Ebenda Fasc. XII. 113. 14. 19. 23. 25. 26. Ebenda Bd. XXI. 175. 177. 178. Berichte aus Stadtamhof. Ebenda Bd. XLV. 365. Stinglheim an Max. Schwandorf. 18. Sept. 1621.

Kreis-A. Amberg 4503. 90. Salmuth an Anhalt. Nabburg 13. Sept. 1621. Ebenda 4503. 33. Peck an Tilly. Pfreimt 13. Sept. 1621. Ebenda 4503. 44. Anhalt an Pfalzgraf Friedrich. Amberg 16. Sept. 1621. Ebenda 48. 51. Berichte Salmuths an Anhalt. Universitätsbibliothek München: Unpartheyisches Bedenken Ob den Hochlöblichen Fränkischen Crayss-

Südwärts entsendete Reiter holen noch am 11. September zwischen Schwarzenfeld und Schwandorf einen rückkehrenden Wagenzug ein, welcher mit Gepäck und Schiessbedarf den bayerisch-ligistischen Fähnlein bis Pfreimt gefolgt war. Wernberg, den andern Bestimmungsort, konnte Peck nicht mehr erreichen. Hier war ihm der schlagfertige Gegner schon zuvorgekommen. Er begnügte sich mit der Besetzung von Pfreimt, wodurch wenigstens die Strasse Witschau-Perschen gesperrt wurde. Kaum hatte Peck die nötigsten Verteidigungsmassregeln getroffen, als am 12. September 6 Kompagnien z. Pf. vermutlich unter Oberstlieutenant von Linstow ebenfalls auf der Strasse Waidhaus-Witschau vor Pfreimt erschienen. Sie leiteten die Einschliessung nicht ohne Kämpfe im Vorlande ein.

Die unter dem Generalquartiermeister Oberstlieutenant Ernest De Roye am 13. September nachfolgende Heeresgruppe war anfänglich nur aus 7 (geworbenen) Fähnlein Regiments z. F. Weimar und einigen pfälzischen Landfahnen gemischt. In den nächsten Tagen langten noch weitere Truppenteile an der untern Pfreimt an, so dass

<hr />

ständen annehmblich und heilsamb seye sich auff des Hertzogen von Bayern gethanes Schriftliches etc. Seite 3. Frankfurter Messrelationen 1621. 7. Die Stärke Pecks (700 Mann) ist hier etwas übertrieben. Auch diejenige De Royes dürfte zu hoch gegriffen sein. Fernere Erzehlung und Unpartheyischer Bericht alles dessen, was sich zwischen Graffen von Manssfeldt und dem bayerischen Lager, Nachdem sie aus Böhmen in die Oberpfaltz gezogen, begeben hat (1622?) Seite 69.

Villermont I. 297.

Heilmann II. 1. 105 und Schreiber 242—243 bringen das strategische Verhältnis zwischen Angreifer und Verteidiger nicht zum Ausdruck und schieben die Persönlichkeit des Landgrafen Wilhelm unverdient in den Vordergrund.

die Gesamtstärke De Royes auf etwa 10 Kompagnien
12 Fähnlein, also im ganzen auf 3000 Mann anwuchs.
Nachdem Mansfeld selbst vorerst vergeblich versucht hatte, den Abzug der bayerisch-ligistischen Fähnlein auf gütlichem Wege zu bewirken, eröffnete De Roye
aus den mitgeführten vier Geschützen am 15. September
vermutlich von Osten her das Feuer gegen Pfreimt und
seine Burg, den Aufenthaltsort des Landgrafen Wilhelm.
Letzterer wurde schon nach Abgabe einiger Schüsse
nochmals, jedoch erfolglos aufgefordert Pfreimt räumen
zu lassen. Die Beschiessung begann deshalb von neuem,
um jedoch nach 24 Schüssen zum zweiten Male unterbrochen zu werden. Hauptmann von Peck hatte nämlich, wohl auf Einwirkung des Landgrafen hin, jetzt
persönlich Unterhandlungen angeknüpft.

Die vom Angreifer gestellten Bedingungen waren
für Peck vorerst nicht annehmbar, weshalb das Feuer
wieder aufgenommen wurde. Schon nach 12 Schüssen
liess sich schliesslich der Verteidiger doch herbei, einen
wenig günstigen Uebergabsvertrag zu vereinbaren.

Was die nun folgenden Ausschreitungen anbelangt,
so dürfte bei den beteiligten mansfeldischen Truppen
die rücksichtslose, nicht zu billigende Art der Kriegsführung des Gegners in Oberösterreich und in Böhmen,
insbesondere bei Wodnian, Piseck, Tachau und Elbogen
seine Nachwirkung nicht verfehlt haben.[1]

Ein Beraubungsversuch gegen die am 15. September
abends 8 Uhr wehrlos abziehende Besatzung bewog

---

[1] Hierüber vgl. G i n d e l y III. 99. 309—311. Ferner Apologie
pour Ernest comte de Mansfeld etc. . . . Seite 53 . . . . . avoyent
traicté les nostres à Tahaw de mesme en firent ils ici (Elbogen). Pröls,
Geschichte von Elbogen 174.

Reuss 82. Anm. 2 beleuchtet insbesondere die Kehrseiten der
Kriegsführung im XVI. und XVII. Jahrhundert.

Peck, sich nicht zum Waidhauser Lager, sondern nach
Süden gegen Schwandorf geleiten zu lassen.

Nach dem Vorbilde kaiserlich-ligistischer Truppenteile vor Piseck (29. September 1620) öffneten noch am
15. mansfeldische Reiter, um sich das übliche Kriegs-
recht einer eintägigen Plünderung eigenmächtig zu verschaffen, gewaltsam die Umfassungsmauer der Pfreimter
Freiung. Oberstlieutenant De Roye, den Landgraf
Wilhelm mit andern höhern mansfeldischen Offizieren
zur Tafel gezogen hatte, war unvermögend, dem zügel-
losen Treiben seiner auf die Stadt und das Schloss ein-
dringenden Untergebenen Einhalt zu thun. Es liegt
deshalb nahe, dass De Roye sich der Person des Landgrafen Wilhelm sowie seines Sohnes Max Adam nur
in der Absicht bemächtigte, dieselben den Unbilden der
plündernden Truppen zu entziehen.

Unter sicherm Geleite wurden diese letzten Sprossen
des leuchtenbergischen Geschlechtes vom Pfreimter
Schloss zunächst nach Amberg verbracht.[1])

Dass der Generalfeldmarschall selbst, der seinen
Standort aus Gesundheitsrücksichten vom Waidhauser
Lager ins nahe Mühlbachthal nach Oedkührieth verlegt
hatte, durch die eben geschilderten Vorgänge bei der

---

1) Ueber die Persönlichkeit des Landgrafen Wilhelm und seine
weiteren Schicksale vgl. Abhandlungen der historischen Klasse der
k. b. Akademie der Wissenschaften VI. Band München 1852. Wittmann Dr. Geschichte der Landgrafen von Leuchtenberg (III. Abth.)
Seite 509—523. Wittmann bezweifelt eine Gefangennahme' des Landgrafen. Letzterer begab sich von Amberg nach Hohenburg und wird in
Kelheim, wohin er sich von Hohenburg aus verfügt hatte, durch Maximilian I. 1621 in Verhaft genommen.

Der Brief, den Brunner G. Geschichte v. Leuchtenberg Weiden
1863 Seite 100 zur Beurteilung der pfälzisch-mansfeldischen Truppen
benützt, stammt von dem 14 jährigen Landgrafen Maximilian Adam.

De Roy'schen Gruppe aufs peinlichste berührt war, sei nur im Vorübergehen bemerkt.[1])

Um die Einschliessung Pfreimts zu sichern, nahm der Generalquartiermeister De Roye zugleich eine weitgehende Aufklärung gegen Süden vor.[2]) Die hiezu verwendeten Sachsen-Weimarischen Reiter-kompagnien, gefolgt von einigen Fähnlein, überschritten der Naab entlang vorgehend, zunächst den südlichen Thalkessel dieses Flusses.

Hiebei dürfte der Hauptteil (3 Kompagnien, 1 Fähnlein) über Bruck nach Nittenau östlich des Regenknies ausgebogen sein, während ein rechter Seitentrupp die Strasse über Teublitz-Leonberg ins Regenthal hinab verfolgte. Dieser letztere gelangte schon am 14. September bis Sallern und, den östlichen Thalrand des Regen hinaufsteigend, bis Wuzelhofen.

Von den in Nittenau über den Regen gegangenen Kompagnien bewegten sich zwei mit dem Fähnlein (als Mitte) im bayerischen Wald bis Michaels-Neukirchen vor, eine dritte Kompagnie als linker Seitentrupp klärte

---

1) Kreis-A. Amberg 4503. 51. Salmuth an Anhalt Nabburg 16. September 1621. Allgem. Reichs-A. LXVIII. 288. Kundschafter-Bericht. „Il (Mansfeld) traina le Landgrave dans son camp" sagt Villermont I. 297. Warum nicht gleich „autour de son camp" wie es Hectorn vor Troja durch Achilles geschah.

2) Die Aufklärung De Royes betreffend: Allgem. Reichs-A. 30ʲähr. Kr. Bd. XVI. 175. 177. 178. Berichte aus Stadtamhof. Ebenda XXIII. 57. 74. Schriftverkehr Maximilians mit seinen in Straubing belassenen Räten. Ebenda Bd. XLV. 365. Stinglheim an Max. Schwandorf 18. Sept. 1621. Ebenda Fasc. XII. 113. 14. Nachrichten aus Schwandorf. Kreis-A. Amberg XLVIII. LVII. 4502. 93. 119. Ebenda 4503. 93. Berichte an die Regierung. Schreiber 243. Von einem Ueberfall Schwandorfs berichtet Stinglheim nichts. Auch Pesserl, Chronik von Schwandorf (Verhandlungen des histor. Vereins der Oberpfalz XXIV. Band. Seite 351 sagt, dass die Truppen nur vor die Thore kamen.

dagegen am 15. September regenaufwärts bis zum Pfahl hinauf.

Zwischen Michaels-Neukirchen und dem untern Regen waren Reiter nach Frauenzell und Süssenbach vorgegangen. Die ganze aus der Gegend des Regenknies fächerartig sich ausdehnende Aufklärung umfasste also den bayerischen Wald vom untern Regenthalkessel bis zum Pfahl.

Als im Regenthalwege sich eine Kompagnie von Roding aus am 16. September morgens zur Auskundschaftung ncchmals nach Thierlstein am Pfahl vorbewegte, zeigten sich rings um den Chamer Thalkessel bedeutende bayerisch-ligistische Streitkräfte in Bewegung.

Der vom Gegner zweimal vereitelte Einfall in die südliche Oberpfalz war jetzt erfolgt.

Schon die Tragweite eines derartigen Unternehmens rechtfertigt genügend den Versuch, einige allgemeine Schlaglichter auf die Verfassung des erprobten Heeres fallen zu lassen, welches hiebei verwendet war.

# V. Rückblicke auf das bayerische Heerwesen.

Rechte des
Kriegsherrn und
Bundesobersten.
Was vor allem die Rechte Maximilians als obersten
Kriegsherrn betrifft, so waren dieselben namentlich in
bezug auf die Besetzung höherer Befehlshaberstellen
durch veraltete Gebräuche des deutschen Landsknechts-
wesens noch vielfach beschränkt. Schon Oberst von Herliberg berücksichtigte 1619
den Wunsch Maximilians nicht, den Oberhauptmann
Schöttl von Falkenberg zum Oberstlieutenant des bayerischen Kreisregiments (Herliberg) zu wählen.
Bei Erledigung der Oberstenstelle des (würzburgischen) Regiments z. F. Baur gelang es dem Herzog
nicht, seinen Günstling, den (katholischen) Obersten
Johann Georg Grafen zu Hohenzollern-Sigmaringen für
den bei Waidhaus 16. Juli 1621 gefallenen Obersten
von Baur-Eiseneck einzuschieben.
Sämtliche Hauptleute und niedere Befehlshaber
lehnten einmütig die beabsichtigte Vorstellung des miss-
liebigen Hohenzollern ab und erbaten sich den bisherigen
Oberstlieutenant Wolf Dietrich Truchsess von Wetz-
hausen, der als Oberst selbstredend schon seines aka-
tholischen Bekenntnisses halber dem Herzog nicht ge-
nehm war, allein schliesslich doch bestätigt wurde.[1]

---

1) Hiezu sind massgebend: Allgem. Reichs-A. 30jähr. Kr.
Bd. XXXVI. 9. Max an Herliberg 22. Mai 1619. Ebenda Bd. XXIV.
89—116 (insbesondere 107 und 109. Eingaben der Hauptleute, Lieu-

Ueber die Geldverpflegung von Soldtruppen jener Mächte, welche für das Heerwesen des XVII. Jahrhunderts noch massgebend waren, nämlich des Königreichs Spanien und der Generalstaaten der Niederlande, liess sich der grosse Herzog schon November 1618, vor der allmälichen, ein ganzes Jahr dauernden Aufstellung des Bundesheeres eingehend Bericht erstatten.[1])

In bezug auf Soldquellen der bayerisch-ligistischen Werbetruppen dürfte im wesentlichen zwischen den gewöhnlichen und den aussergewöhnlichen zu unterscheiden sein. Ihre Verwaltung lag 1621 dem mobilen Feldzahlamt und einer in Linz befindlichen Zahlstelle ob.[2])

Beim Münchener Hofzahlamt wurden nur die bestellten bayerischen Offiziere besoldet.[3])

Die gewöhnlichen Quellen, worunter zunächst die verfügbaren Bestände der Bundes- und Kreiskasse begriffen waren, reichten schon zu Anfang des 30jährigen Krieges nicht immer zur Befriedigung der Soldtruppen aus.

Es mussten deshalb ausserordentliche Quellen erschlossen werden, wozu in erster Linie die Hilfsgelder

Geldverpfleg-
ung.

---

tenants, Fähnrichs und Feldwebels würzburgischen Regiments z. F. or.)
Ebenda Bd. LXVIII 99. 134. 233.

1) Allgem. Reichs-A. Bd. I. Bl. 715. Spanisch und holländisch Bestallung zue Ross und zue Fues. Graf Heinrich zu der Bergh an den Churfürsten Ferdinand. Roermundt 9. Nov. 1618

2) Zur Geldverpflegung sind benützbar: a. Allgem. Reichs-A. 30jähr. Kr. Fasc. VI. 77. Kriegsrechnung des Ligabundes. b. Ebenda Fasc. IV. ad 13 (Nr. 349. 350. 351) 3 Kontobücher 1620—32. c. Ebenda Fasc. IV. 50. Bayerische Kriegsrechnung v. 8. Okt. anno 1619 biss 28. Nov. 1622. d. Kriegsarchiv B. 30jähr. Kr. Linzer Hauptkriegs-Rechnung (2 in Leder gebundene Bücher). e. Ueber Lohnabzüge für Bewehrung: Allgem. Reichs-A. 30jähr. Kr. Bd. V. 295 und 645.

3) Kreis-A. München Hofzahlamtsrechnungen 1621. 543. Titel: Bestellte Obristen und beuelchsleuth.

fremder Mächte gehören.[1]) In bezug auf freiwillige
Darlehen unterhielt Maximilian mit Bankhäusern in
Frankfurt am Main, Köln und Augsburg stete Wechsel-
Verbindungen.[2])

In feindlichen Gebieten traten die gewaltsamen
Geldbeitreibungen und die Vermögenseinziehungen zu
den aussergewöhnlichen Soldquellen.[3])

Die trüben Erfahrungen, welche dem grossen Herzog
über den Eigennutz einiger Obersten in Böhmen 1620
nicht erspart blieben, veranlassten ihn 1621 bei allen
Regimentern die sogenannte Bankbezahlung einzuführen.
Ihr eigentliches Wesen ist zwar nicht näher bekannt,
allein man darf schon aus dem Widerstande, welchen
diese Neuerung fand, schliessen, dass sie eine Beschränk-
ung der bisherigen Verwaltungs-Selbständigkeit in sich
begriff.[4])

Seelsorge.

So lange Maximilian im Vorjahre 1620 persönlich
den Oberbefehl im Felde führte, wirkte schon sein
eigenes würdiges Beispiel belebend auf die Bedürfnisse
einer geregelten Seelsorge.

Nach der Abreise des Herzogs aus Prag rissen

---

1) vgl. Kriegsarchiv B. 30jähr. Kr. 1620. 19. Aug. Vorschuss des
Königs v. Spanien.

Heilmann II. 1. 42. Anm.

2) Allgem. Reichs-A. 30jähr. Kr. Bd. XXII. 68. Ebenda XXV.
135. 143. Unter dem Collegium angelicanum in Köln, mit welchem
Maximilian in Geldbeziehungen trat, ist wohl eine Gemeinschaft von
Mitgliedern der Gesellschaft Jesu zu verstehen?

Uetterodt 328. Anm. 10. Darlehen von Ulm.

3) Auf die in Böhmen 1620 erhobenen Kontributionen bezieht
sich Gindely IV. 189. Anordnung von Kontributionen in der untern
Pfalz: Allgem. Reichs-A. 30jähr. Kr. XXIII. 281.

4) Allgem. Reichs-A. 30jähr. Kr. XLVII. 86. Ebenda XIII. 207.
209. 213—277. Ebenda XIII. 234. Ebenda XIII. 242. (Schriftverkehr
Maximilians mit den Kriegsräten.)

jedoch im weiteren Verlaufe des Feldzuges auch bei diesem Zweige der Heeresverwaltung Missbräuche ein. Es wurden wohl eigene Gebührnisse für Feldprediger und Kapläne wie vorher verrechnet. Allein die Obersten und Rittmeister zogen die Besoldungen für sich ein, ohne die Stellen zu besetzen. Erst auf bezügliche Vermahnungen des Herzogs wurden Kapläne bei den Regimentern und Kompagnien eingestellt.[1]

Bei den höheren Befehlshabern des bayerisch-ligistischen Heeres lassen sich drei Gruppen unterscheiden: Offiziere.

I. Der 1606 errichtete Stamm bayerischer bestellter Obersten und Befehlshaber wurde vom Herzog auch während des dreissigjährigen Krieges ergänzt.

Aus ihnen ragt Johann von Tzerklaes, Freiherr von Tilly mit dem Range eines General-Oberstlieutenant rühmlichst hervor.

In dem vorwürfigen Zeitabschnitt sind hier noch die Reiterobersten von Bönninghausen und von Lintelo, die Obersten z. F. von Haimhausen, von Herliberg, von Mortaigne zu nennen.[2]

II. Eine besondere Klasse bildeten die eigentlich ligistischen, nicht in bayerische Bestallung übergetretenen Offiziere. Zu diesen gehören der Generalwachtmeister Freiherr von Anholt, die Reiterobersten von Pappenheim, von Herzelles, von Eynatten, die Obersten z. F. Schmidt von Wellenstein, Oberstlieutenant von Truchsess.

Der Unterschied zwischen bayerischen und ligistischen Obersten übte einen wesentlichen Einfluss auf

---

1) Allgem. Reichs-A. 30jähr. Kr. Bd. LXXII. 7. Max an die in Böhmen anwesenden Räte. München 9. Juli 1621. Ebenda LXVII. 513.

2) Hierüber gibt Aufschluss: Kreisarchiv München. Hofzahlamtsrechnungen 1621. 534.

die Verwendungsart der ihnen unterstellten Regimenter aus. Bei Entsendungen blieben unter Tilly in der Regel ligistische Regimenter.

III. Unter den intertenierten Befehlshabern aller Grade sind schliesslich solche zu verstehen, welche, vorübergehend nicht im Truppendienste befindlich, zur Verfügung Maximilians standen. In seinem Stabe hielten sich als solche 1621 Oberst von Landsberg, Oberstlieutenant Johann von Aldringer auf. Es ist möglich, dass die Bezeichnung „Intertenierte" aus den gleichzeitigen spanischen Entretenidos hervorvorging.[1]

Schriftverkehr der Offiziere.

Der Gewohnheit höherer Befehlshaber, wie Tilly, Anholt, Groote, Lintelo den amtlichen Schriftverkehr mit dem Herzog in italienischer oder französischer Sprache zu führen, trat derselbe zur Wahrung deutschen Wesens im Bundesheere kräftigst entgegen.[2]

Leibgarden.

Sowohl zum persönlichen Schutze des Herzogs als zur Vermittlung des dienstlichen und diplomatischen Verkehrs rückten Teile der Archibusier- und Corbiner-Garde sowie der Trabantengarde ins Feld.[3]

Ausserdem wurde noch auf Feldzugsdauer eine ausgewählte Kompagnie zur Leibgarde mit höhern Soldbezügen erhoben.[4]

Reiterei.

Unter den einzelnen Truppengattungen des bayerisch-ligistischen Heeres nimmt die Reiterei dem Range nach die erste Stelle ein.

1) Hierüber Reichs-A. 30jähr. Kr. Kontobuch 350 Blatt 720, dann Krebs Seite 131.
2) Allgem. Reichs-A. V. 56. Max an Groote München 22. Januar 1621. Ebenda LXVII. 25.
3) Näheres siehe Seite 17 dieser Druckschrift.
4) Allgem. Reichs-A. 30jähr. Kr. Bd. XLVII. 8. Ebenda LXVII. 496.

Sowohl in bezug auf das obwaltende Stärkeverhältnis zwischen Kürassieren und Archibusieren, als auf die Einrichtung der Freikompagnien wich Maximilian von dem Muster des spanisch-niederländischen Heeres wesentlich ab.

Während sich im letztern bei 500 Pferden in der Regel 2 Kürassier- und 3 Archibusier-Kompagnien befanden, war in der bayerisch-ligistischen Reiterei dieses Verhältnis nahezu umgekehrt: die Zahl der Kürassiere blieb stets überwiegend.[1])

Freikompagnien z. Pf., welche ausserhalb eines Regimentsverbandes standen, duldete Maximilian in der Bundes-Reiterei nicht.

Sogar die bei ihrer taktischen Verwendung gewöhnlich gesondert auftretenden Kompagnien krobatischer (polnischer) Reiterei war Regimentern einverleibt.[2])

Dagegen befanden sich unter dem Fussvolk 1620 die beiden Schweizer Freifähnlein und 1621 zwei von von Salzburg und ein drittes von Obristlieutenant Voith von Wendelstein errichtetes Freifähnlein Nur den Schweizern vergönnte Maximilian ihren heimischen

Fussvolk.

---

1) Hierüber giebt Aufschluss: Collection des Mémoires relatifs à l'histoire de Belgique en XVII. siècle: Histoire générale des Guerres etc. 1616—1627. Par le'seigneur Du Cornet 1628. Avec une introduction etc. par A. S. Roubaulx de Soumoy, Bruxelles 1868 Tome II. pag. 79—123. Münich, Geschichte des K. B. 1. Chev.-Regim. etc. München 1868 Seite 185 hat 1620 5064 Kürassiere 1435 Archibusiere. Krebs S. 32 zählt 1620 3400 Kürassiere 2100 Archibusiere.

2) Nach Du Cornet II. 79 bis 123 waren 1620 im spanisch-niederländischen Heere 23 Compagnies libres de cavalerie. Die polnische Reiterei irrtümlich auch als Cosäggen, Kasaken bezeichnet, errichtete 1606 Joseph Alexander Lisowsky. Doch dienten auch ächte Kasaken aus Kleinrussland, Saporoger vom untern Dniepr kommend, im kaiserlichen Heere (S. Krebs S. 46).

**Marschtempo.** Trommelstreich, was schliessen lässt, dass schon 1620 der spanisch-niederländische in Gebrauch stand.[1])

**Bewaffnung.** Die Bewaffnung des bayerischen Fussvolks hatte sich am Anfange des dreissigjährigen Kriegs wenigstens in bezug auf die Schutzwaffen vereinfacht. Die Rundtartschen, Armschilde aus Stahl mit vorspringender Spitze und Lederpolsterung an der Innenseite, welche im (2.) Regiment z. F. Haslang (1610) noch zur Bewehrung gehörten, waren im Wegfall gekommen.[2])

Das bisherige Verhältnis der Nähe- und Fernewaffen (1:1) im Fähnleinsverbande hatte sich nicht geändert. Es wurde schon berührt, dass man in massgebenden Kreisen einer Vermehrung der Langspiesse zu geneigt war.

Dass Luntenschloss-Musketen verschiedener Bohrungsweite in gebrauch standen, hat schon Erwähnung gefunden. Diese Ungleichheit gründete sich auf die Art der Zusammensetzung des bayerisch·ligistischen Heeres überhaupt, teils auf den Umstand, dass bei der Anwerbung und Musterung ausnahmsweise auch bewehrte Mannschaften übernommen wurden.

---

1) Allgem. Reichs-A. 30jähr. Kr. Bd. I. 505a 1620. 6. Mai Bestallung für Dietrich von Salis und Ulrich Rosin . . . Der Schweizerisch Thrumenstreich soll Inen vergunnt sein . . . .

2) Zur Bewaffnung überhaupt vergl. Allgem. Reichs-A. 30jähr. Kr. Bd. LXXII. 33.

Nach der Bestallung für Oberst von Haslang (Allgem. Reichs-A. 30jähr. Kr. Bd. I. 204. waren 50 Rundtartschiere im Regiment).

Das k. b. Nationalmuseum zu München bewahrt in den Sälen V und VII (I. Stockwerk) zwei gut erhaltene Rundtartschen XVII. Jahrhunderts.

Uetterodt Seite 85 nimmt an, dass die spanischen Rundtartschen im Verlaufe des dreissigjährigen Kriegs bei Fussknechten und Reitern wieder eingeführt wurden.

Schon zu Beginn des dreissigjährigen Krieges gibt sich bei den Bekleidungsstücken des bayerischen Fussvolkes in bezug auf Schnitt und Farbe eine gewisse Gleichmässigkeit kund.[1]) Das unterscheidende Kennzeichen für Fähnlein und Kompagnien dürfte jetzt nicht mehr auf Farbe und Wappen der Fahnen oder Trompetengehänge allein beruht haben.

Dieser Umschwung entwickelte sich wohl zunächst aus der mehr und mehr von der Heeresverwaltung selbst angeordneten Massenbeschaffung und Abgabe der gebräuchlichen Stücke.
′ Als solche wurden für die gemeinen Befehlshaber und Mannschaften z. F. geliefert:
Mäntel, Röcke, Koller aus Hirschleder, Hosen, Hemden, Strümpfe, Schuhe, Handschuhe und Hüte.

Bei den aus Tuch gefertigten Bekleidungsgegenständen (Mäntel, Röcke und Hosen) waren silber- oder aschgrau, dann blau und rot die Hauptfarben.

Im besonderen scheinen die Beinkleider der gemeinen Befehlshaber aus besserem roten Tuch bestanden zu haben.

---

1) Zum Bekleidungswesen vgl.:
1. Allgem. Reichs-A. 30jähr. Kr. Bd. IX. 17. Meldung des Oberstlieutenants von Erwitte (Regiments z. F. Herliberg) über 100 zu kurtze Letzen. Kösching 19. Juli 1619.
2. Ebenda XXVIII. 179. Tuchlieferung.
3. Ebenda LXVII. 562—566 Bedarfsanzeigen.
4. Hauptkonservatorium der Armee. Handschriftensammlung, Morawitzky Materialien etc. Serie I, Band 3, Abbildung 9. Leibschützen des Obersten-Fähnlein Regiments z. F. Haimhausen (blaue Leibröcke).
5. Sammelblatt des histor. Vereins von und für Ingolstadt XI. Heft Ingolstadt 1886 S. 154. Bekleidung des Oberstlieutenants-Fähnlein (Pfisterer) vom Regiment z. F. Haimhausen (rote Leibröcke).
6. Zwiedineck-Südenhorst H. v. Kriegsbilder aus der Zeit der Landsknechte Stuttgart 1883 S. 94—97. (Von allgemeiner Bedeutung.)

Artillerie.

Unter der bayerischen Artillerie hat man, was Befehlshaber und Mannschaften betrifft, in dem vorwürfigen Zeitabschnitt die auf Kriegsdauer mobilisierte ältere Einrichtung der Zeughaus-Personen zu verstehen.[1]) Die Gestellung der für ausgerüstete Geschütze und Heerwägen nötigen Zugpferde erfolgte grösstenteils noch auf dem herkömmlichen Wege des Frohndienstes.[2]) Schon im Vorjahre 1620 hatte Maximilian, wie erwähnt, in St. Nikola bei Passau einen grösseren Geschütz- und Wagenpark als eine Art „Artilleriereserve"

Ingenieure.

bereitstellen lassen. Für das Ingenieur- und Festungsbauwesen wurden seit 1606 bei der neuen Klasse der bestellten Obristen und Befehlshaber eigene Hauptleute, fast nur Ausländer, geführt.

Im Kriegsfalle traten diese Ingenieur-Offiziere in den mobilen Artillerie-Stab über, welcher für den beabsichtigten Angriff gegen die Oberpfalz 1621, der Gliederung der Streitkräfte entsprechend, in zwei Teile geschieden wurde.

---

1) Ueber die Zeughaus-Personen vgl. Kreisarchiv München Hofzahlamtsrechnungen von 1551 anfangend. Hiernach war also seit der Mitte XVI. Jahrhunderts ein bleibender Stamm von Büchsenmeistern vorhanden.

2) Hiezu siehe: Allgem. Reichs-A. Bd. II. 3. 11. 224. 342. 392. Ebenda post II 197. 338. Ebenda ante III 2, 3, 572. Ebenda VI. 34. Kreisarchiv München. Hofkammerprotokolle 1621. Bl. 13. 350 u. a. m. Muffat, Handschriftlicher Nachlass. Regesten d. 30jähr. Kr. Erlass Januar 1622.

# VI. Der Einfall in die südliche Oberpfalz.

Wie bei allen seinen Unternehmungen im Felde ging Herzog Maximilian auch 1621 mit grösster den Gegner nie unterschätzender Vorsicht zu werke.[1]

[1] An Quellen und Bearbeitungen über Angriff und Verteidigung von Cham siehe:

Geh. Staats-A. 30jähr. Kr. 1621. Kast. schw. $\frac{425}{6}$. 203. Mändl an Räte in Straubing. Feldlager vor Cham 18. Sept. 1621 (nur in bezug auf Fürstenberg's Verwendung von Wert). Mit „Hofmarsalkh" ist Fürstenberg gemeint.

Allgem. Reichs-A. 30jähr. Kr. Bd. VI. 435—453. Berichte Rosenheimers aus Furth.

Ebenda XXIII. 46—173 Schriftverkehr Maximilians mit den in Straubing belassenen Räten.

Ebenda XXVIII. 83. 88. ⎫  
     „ XLV. 361.    ⎬ Kriegsrüstungen gegen Oberpfalz.  
     „ XLVII. 7—33. Anholts Vorbereitungen.  
     „ XLVII. 296—323 Schriftverkehr Lintelos. LXVIII. 177.  
     „ LXXXV. 12. Anholt an Max. Furth 12. Sept. 1621.  
     „ Fasc. XI. 110. Schriftverkehr Peblis mit Mansfeld (zumeist in altfranzösischer Sprache).  
     „ Fasc. XII. 113. Berichte aus Furth und Kötzting (bis März 1621 zurückreichend).  
     „ Fasc. XIII. 126. Max an Tilly. Straubing. 7. Sept. 1621.

Kreis-A. Amberg XLVIII. LVII. 4502. 51. 53. 93. 112. 162.

Ebenda 4503. 51—93. Berichte an die Regierung in Amberg.

Kriegs-A. B. 30jähr. Krieg. Geworbenes Volkh 1619 bis 1621. Reittei und Khnecht zur heraussern Armada. (Wertvolles Verzeichnis der Truppen.)

Schon einige Tage vor Eintreffen jener Eröffnung Ferdinand II. vom 30. August 1621, welche dem Herzog den Einfall in die Oberpfalz empfahl, war derselbe in Straubing beschäftigt, die seit Mitte Juli verschobene Bildung einer besondern, zum Angriff bestimmten Heeresgruppe wieder aufzunehmen.

Mit den näheren Anordnungen beauftragte Maximilian den Generalwachtmeister Freiherr von Anholt. Es ist kaum zufällig, dass derselbe zu diesem Zwecke gerade am 8. September von Haid aufbricht, dem Tage, an welchem der Herzog eine feierliche Kundgabe über die Berechtigung seines Vorhabens an die Oberpfalz erlässt.[1)]

Anholt begibt sich über Neustadt und Taus nach dem Grenzorte Furth am Walde, wo er am 10. September eintrifft. Hier beschied er sogleich den ortskundigen Hauptmann vor dem obern Walde Rosenheimer zu sich, um sich mit seiner Beihilfe zunächst über die Verhältnisse im Chamb- und Regenthale Klarheit zu verschaffen. Aller Wahrscheinlichkeit nach be-

---

Frankfurter Messrelationen 1621. 7.

Fernere Erzählung und Unpartheyischer Bericht alles dess etc. 1622 für „Chur“ ist „Cham“ zu lesen. S. 69 nur in bezug auf Besatzung verwertbar.

Cesius, H. S. 7 Verlustangaben.

Gindely IV 184. 208.

Heilmann II. 1. 107—109.

Schreiber 245—246. Maximilian war wohl über die Befestigungen vor Cham aufs beste unterrichtet.

Lukas Geschichte der Stadt und Pfarrei Cham, Landshut 1862 Seite 146 und 385.

1) Gindely IV. 208. Londorpii acta publica 1628. II. 503. Auch die besondern militärischen Massnahmen gegen Donauwörth begannen an einem der bayerischen Schutzpatronin geweihten Tage (8. Dezember 1607).

fand sich auch Anholt bei jener Gruppe bayerisch-
ligistischer Befehlshaber, welche am 10. September er-
kundend bis an den Galgenberg, dem Thalrande des
Regen nordöstlich Cham, vorritten.

Bis zum 10. September abends dürften sowohl die
aus Böhmen gezogenen Truppenteile, als einige aus
Straubing eintreffende Neubildungen in den Sammel-
plätzen zwischen der Chamb und dem (weissen) Regen
bereit gewesen sein.

Wenigstens entwickeln sich zu beiden Seiten der
Strasse Furth-Cham schon am 11. und 12. September
die zum Angriff gegen letztern Platz vereinigten Heereskräfte in breiter von Gleissenberg am Wiegenbach
(nördlich der Chamb) bis zum Kugelhof am Kugelbächl
(südlich derselben) reichenden Fronte.

Westlich des Pfahles erreichten die auf der Straubinger Strasse gegen die altpfälzische Grenze anmar-
schierenden Truppen und Landfahnen am 12. September
etwa die Linie Stallwang-Konzell.

Zwischen diesen beiden Hauptrichtungen setzten
sich auch südlich des Hohen Bogens von Kötzting aus
zwischen dem Regenfluss und dem Haidstein Heerteile gegen Cham bis an den Riedingerbach hin in Bewegung.

Diese allgemeine Stellung hatten die Angriffstruppen
inne, als sich der grosse Herzog zur Befehlsübernahme
am 12. September nachmittags über Konzell, Viechtach
nach Furth am Walde begibt.

Kaum war Maximilian in Furth angelangt, als ihn
dort am 14. September beunruhigende Nachrichten über
die vorgeschilderte, durch De Roye und Linstow von
Pfreimt her angeordnete Aufklärung des bayerischen
Waldes erreichten.

Die ersten Massnahmen des Herzogs waren daher auf Sicherung seiner bedrohten rückwärtigen Verbindungen gerichtet. Er vereinigt nämlich in dem kleinen Etappenort Konzell unter Lintelos Befehl nach und nach:

1 Kompagnie aus dem Regiment dieses Obersten,
1 „ Vögeli (bisher schon in Konzell gelegen),
$^1/_2$ „ Thurzo,
3 Fähnlein Regiment z. F. Fürstenberg, hiebei Voith von Wendelstein.

Späterhin traten auch Teile der frühern Pfreimter Besatzung unter Hauptmann von Plettenberg, sowie neuerrichtete Fähnlein der Regimenter Anholt, Herliberg und Haimhausen hinzu.

Für seine Rückzugslinie nach Straubing nicht weiter besorgt lässt Maximilian den begonnenen umfassenden Anmarsch gegen den Chamer Thalkessel fortsetzen.

Es dürfte deshalb vorerst geboten sein zu untersuchen, in welcher Bereitschaft sich Cham Mitte September 1621 befand.

Cham, dieser wichtige Schlüsselpunkt zur alten südlichen Oberpfalz, ist auf einer felsigen Vorstufe des Katzberges gelegen, durch welche der Regen, ähnlich wie die Eger bei Elbogen zu einer südlichen Ausbiegung gezwungen wird. Der Platz ist auf diese Art von drei Seiten umspült.

Während die südlichen Thalränder des Regen, einen Kessel bildend, mehr als einen Kilometer vom Ufer zurückweichen, überhöhen die nördlichen im Katzberge beherrschend die Stadt. Ihre Befestigung war, wie diejenige der im Frühlinge 1621 belagerten Egervesten Falkenau und Elbogen veraltet. Die im flachen ausspringenden Winkel gebrochene 400 m lange Nordfront von Cham bestand aus der eigentlichen ungefähr

15 m hohen Umfassungs- oder Mantelmauer, vor welcher
mit einem Abstande von ungefähr 12 m sich noch eine
zweite, etwas niedriger erbaute erhob. Der letztern lag
dann der 10 m breite Hauptgraben vor. Das auf der
linken Face eingefügte Sandthor ermöglichte zunächst
eine Verbindung der Besatzung mit dem nördlich vorliegenden Höhenzuge. An die beiden durch Türme
bestreichbaren Facen der Nordfront stossen nahezu
rechtwinklig die Ost- und Westfront als Flanken an.
Bei letztgenannter 370 m langen Front ist der Zwinger,
insbesondere gegen den Birkenstein zu erweitert.

Das 50 m von der Nordwestspitze Chams entfernte
und von zwei Rundtürmen verteidigte Bierthor[1]) führt
zu dem vom überbrückten Regenflusse und einem Alt-
wasser, dem kleinen Regen, gebildeten Wörth. Die
Westfront kennzeichnet sich dem vorliegenden Annäherungshindernis nach als Wasserfront, denn an die
Stelle des Hauptgrabens tritt hier der Regen.

Auf der von der Nordostspitze bis zur äusseren
Schmidgasse sich erstreckenden 270 m langen Ost-
front war der Zwingerhof beim Spital- oder Böhmer-
thor spironartig erweitert. Vor demselben befand sich
ein breiter Graben, vielleicht zur Bewässerung durch
den Regen eingerichtet. Die vorbeschriebenen als
Flanken gedachten Seitenfronten Chams sind von der
Letz bis zum Birkenstein durch eine vierte gegen Süden
gerichtete Wasserfront verbunden, deren Mantelmauer,
schon 1621 durch Anbauten verdeckt, sich zur Verteidigung nicht mehr geeignet erwies.

Von dem ungefähr in der Mitte der Südfront befindlichen Fleischthor führt eine Brücke über den Regenfluss in die südliche Umgebung des Platzes.

---

1) Bierthor verdorben aus Burgthor.

Um seine Verteidigungsfähigkeit zu erhöhen, wurden schon Mitte Februar 1621, nach dem zweiten Uebertritt Mansfelds in die Oberpfalz, wenigstens die nötigsten Ausbesserungen an den Mauern, den Wehrgängen und dem Graben vorgenommen. Auf die dringlichen Gesuche des Rittmeisters von Fuchs zu Winklarn entsandte der pfälzische Kriegsrat in der zweiten Hälfte des Februar 1621 einen Ingenieur nach Cham. Unter ihm begann 500 m nördlich dieses Regenplatzes auf den Schanzäckern und dem Schanzsteige, der Bau eines Aussenwerkes (Retranchements), welches die Breschierung der Nordfront verhindern sollte.[1]) Der Fortgang der bezüglichen Armierungsarbeiten war jedoch ein langsamer. Erst gegen Ende Juni schritt man zur Freimachung des Schussfeldes auf dem Katzberge.

Noch am 1. September trafen von Amberg her 200 Mann pfälzischer Landfahnen zu den Arbeiten der Verteidigungs-Instandsetzung in Cham ein. Dieselben gelangten jedoch nicht zu einem völligen Abschluss. Insbesondere konnte das freistehende Mauerwerk der Nordwestecke Chams durch Anlage eines besonderen Aussenwerkes (Retranchements) nicht mehr gedeckt werden. Dasselbe hätte sich vom Calvarienberg über den Taubenbühl zum Regen erstreckt.

Die Besatzungs-Verhältnisse Chams erfuhren vom Februar 1621 an manche Wandlungen. Anfänglich wurden zur Verwahrung des Platzes neben einer Landkompagnie z. Pf. nur noch einige Korporalschaften der heimischen Stadt- und Landfahne aufgeboten. Von Mitte Juni an setzte sich die Kriegsbesatzung Chams aus ständischen Werbetruppen und Landvolk zusammen:

---

1) Retranchement seynd newe Werke, dardurch man die Breche abzuschneiden pflegt (Man. Arch. et Militar. Seite 19).

Oberstlieutenant Johann Georg Peblis (Pöbliss)[1])
6 (geworbene und ständische) Fähnlein, hievon 3 des
Regiments z. F. Solms

1 Landkompagnie z. Pf. (v. Hundt)
1 Stadtfahne ⎫
1 Landfahne ⎬ Cham
1 „ Bruck (oder Roding?)
1 „ Wetterfeld.

Nach dem geschilderten abgeschlagenen Angriff
auf das Waidhauser Lager vom 16. Juli wurden mindestens 3 (geworbene) Fähnlein zur Mansfelder Hauptgruppe gezogen.

Diese Verwendung scheint zu einer Meuterei Anlass gegeben zu haben. Anfangs September erhöhte
sich dann die Besatzung Chams wieder um 4 (geworbene) Fähnlein.

Was den Sicherheitsdienst im weitern Vorlande
betrifft, so hatte Peblis zur Beobachtung der Strassen-
züge von Furth und Kötzting her sowohl nach der
göttling'schen Burg Arnschwang an der Chamb als der
notthaftischen Veste Runding am Riedinger Bach Besatzungen verlegt, deren anfängliche Stärke aus 180 Mann
eines (ständischen) Fähnlein (Andreas Schertel) bestand.

Als gemeinschaftlicher Rückhalt lag der Rest
dieses Fähnleins in Chammünster. Späterhin wurde
dieses (geworbene) Fähnlein durch eine nicht näher bekannte Landfahne abgelöst. Auf die Einnahme dieser

---

1) Peblis ein Schotte, war 1600 – 1620 als kurpfälzischer Oberstlieutenant Musterungsoffizier des pfälzischen Landvolks. 1620 (8. Nov.)
Oberstlieutenant des Regiments z. F. Anhalt (Sohn). Krebs Dr. Die
Schlacht am weissen Berg 201. 1621 7. Febr. wurde Peblis zum Kriegsrat
ernannt und anfänglich in der nördlichen, von Mitte Juni ab in der
südlichen Oberpfalz verwendet. Heilmann II. 2. 845.

beiden Vorburgen Chams richtete sich die nächste
Thätigkeit Maximilians.

Arnschwang wurde beim Vormarsche des bayerisch-
ligistischen Heeres freiwillig geräumt. Auch Runding,
auf einen Widerstand verzichtend, ergab sich nach
kurzen Verhandlungen an einen Reitertrupp.

Für eine Gliederung, in welcher die Angriffstruppen
unter dem Oberbefehl des Herzogs von Bayern von
Osten und Süden her vorrückten, liegen zwar bestimmte
Weisungen nicht vor. Allein man wird sich kaum
täuschen, wenn man wenigstens bei der Hauptgruppe
Anholt die altdeutsche Dreiteilung zu grunde legt:

I. **Rechter Flügel** (nördlich der Chamb ursprünglich
Vorzug der Marschordnung) Oberst Hannibal von
Herliberg.

Regiment Bönninghausen      5 Kompagnien
    ,,   z. F. Herliberg     7 Fähnlein  ⎫
    ,,  ,, ,, Haimhausen  5  ,, (ältere) ⎬ (12)

II. **Mitte** (Mittelzug, die Further Strasse benützend).
General-Wachtmeister d. Inf. Freiherr von Anholt
   ,,    Quartiermeister Stephan Albert
   ,,    Adjutant Christoph v. Boonem-Maldeghem[1])
Krobatische Reiterei         2 Komp.
Regiment z. Pf. Herzelles     6 ,,
   ,,   ,, F. Anholt      10 Fähnl.
   ,,   ,, ,, Florainville    4 ,, (?)
   ,,   ,, ,, Roville      2 ,,
8—9 Geschütze (?)

---

1) 1620 Fourier-Major im span.-niederländ. Regiment z. Pf.
Gaucher (Du Cornet I. 236).

III. Linker Flügel (südlich der Chamb als Nachzug gedacht) Oberst Levin von Mortaigne.

Regiment z. Pf. Cratz     5 Kompagnien

„     „ F. Mortaigne     5 Fähnlein.

Eine besondere aus neuen Werbetruppen und Landvolk gemischte Gruppe war unter Oberst Graf Egon Fürstenberg, teils von Kötzting her, teils auf der Straubinger Strasse gegen das südliche Vorland Chams gerichtet:

Regiment Haimhausen     3 Fähnlein (neue)

„    Fürstenberg[1])     7 „

Salzburger Freifähnlein (von

    Teuffel und Trinkalin) 2 „

Landreiter     2 Kompagnien

Landvolk z. F.     3 Fahnen

4—5 Geschütze (?)

Kriegsbrücke.

Der Etappen-Gruppe Lintelo in Konzell wurde schon Erwähnung gethan.

Im Besitze von Arnschwang und Runding richtet nun der Herzog an die Stadt Cham eine erste Aufforderung zur Uebergabe. Da die erteilte Antwort nur auf Zeitgewinn zu zielen schien, so schreitet die Heerführung am 16. September morgens sogleich zur engern Einschliessung Chams.

Dieses Unternehmen wurde durch Reiterei in der Weise eingeleitet, dass zwei Kompagnien des Vorzugs den Platz nördlich umritten.

Unterhalb Cham den Regen übersetzend hatten sie

---

1) 1621. Juli—September in Pfatter u. Sünching errichtet. (Näheres Allgem. Reichs-A. 30 jähr. Kr. Bd. XXVIII. Bl. 88. 2. August 1621. Verzeichnuss desjenigen Kriegsvolkhs z. F. welches de novo geworben wurde etc. Ebenda XXXI. 11. An Egon Fürstenberg 18. Juli 1621.

wohl die Absicht in Altenmarkt Fühlung mit der Gruppe Fürstenberg herzustellen.

Drei Kompagnien bogen am Galgenberg von der Further Strasse südlich ab, überschritten bei Altenstadt die Regenarme und bemächtigten sich Chammünsters. Beim nördlichen Einschliessungsgürtel dürfte sich die Stellung vom Taubenbühl über Katzberg, Nunsting, zum G'rohrach erstreckt haben.[1]) Der Einteilung für den Vormarsch entsprechend besetzten, der Angriffsseite Chams gegenüber, als rechter Flügel die Regimenter z. F. Herliberg und Haimhausen (ältere Fähnlein) den Taubenbühl, während die Regimenter z. F. Anholt und Roville[2]) südlich Katzberg die Mitte bildeten. Den Raum von Katzberg über Nunsting zum Regen füllte dann als linken Flügel das Halb-Regiment Mortaigne aus.

Der Abstand von dem Aussenwerk auf dem Kalvarienberge dürfte 5—700 m kaum überschritten haben. Gegen die südliche Wasserfront war die Gruppe Fürstenberg verwendet, während Lintelo im allgemeinen die Rückendeckung übernahm.

Zur Verbindung der beiden Regenufer dürfte östlich Loibling eine Kriegsbrücke geschlagen worden sein.[3])

Der Standort Maximilians befand sich vom 16. September ab hinter der Mitte des nördlichen Einschliessungsgürtels im morolding'schen Schlosse zu Katzberg. Für eine ernstliche Störung der Einschliessung war die

---

1) Heilmann II. 1. 108 liest irrtümlich statt Unterberg (in bezug auf den Katzberg) Veterberg.

2) Von diesem Regiment ist die vorherige Pfreimter Besatzung in Abgang zu bringen.

3) J'attends que l'ennemi appreste de Nauires, donc je peux fort bien coniectuyer ce qu'il veut faire, c'est à dire, qu'il veut faire couler les Nauires à bas la rivière etc. etc. (Peblis au comte de Mansfeld 15. Sept. 1621. Allgem. Reichs-A. 30 jähr. Kr. Fasc. XI. 110.)

höchstens 2400 Mann starke Kriegsbesatzung Chams
nicht ausreichend.

Nur die im nordöstlichen Vorlande Chams beob-
achtende Kompagnie pfälzischer Landreiter wurde am
16. September morgens in ein kurzes Gefecht verwickelt.
Als Rittmeister von Hundt einen bei Nunsting auf-
klärenden bayerischen Reitertrupp bemerkte, setzte er
seine Kompagnie gegen denselben in Bewegung. Die
feindlichen Reiter gingen jedoch, gefolgt von der auftauchenden Kompagnie selbst zum Angriff über, welchem
die Landkompagnie gegen die schützenden Aussenwerke
zu auswich. Ihre Verfolgung verhinderte das Gewehr-
feuer der dortigen Besatzung.

Dass schon am 17. September die Thätigkeit der
Belagerungs-Artillerie begann, lässt schliessen, dass man
mit dem Bau der Batterien und Annäherungsarbeiten
noch am Einschliessungstage selbst vorgegangen war.

Der bayerische Artillerie-Angriff gegen Cham gründete sich auf den schon berührten Nachteil, dass eine
südwestliche, zwischen der Waldmünchener Strasse und
dem Regen befindliche Abstufung des Kalvarienberges,
der Taubenbühl,[1]) vom Verteidiger nicht mehr befestigt
werden konnte.

Vom überhöhenden Taubenbühl aus war es zunächst
ermöglicht, die Nordfront Chams der Länge nach zu
beschiessen und die Verbindung der Stadt mit dem
Aussenwerke auf dem Kalvarienberge von der Seite
zu beunruhigen.

Ferner gewährte dieser freie Vorlandsabschnitt auch
den Hauptgraben an der Nordwestecke bis zum Fuss
der Eskarpe einzusehen.

---

1) Heilmann II. I. 108. liest irrtümlich Denkenbühl statt
Taubenbühl.

Die erste auf dem Taubenbühl anfänglich für zwei, späterhin für vier Geschütze errichtete Angriffsbatterie hatte den besondern Zweck, die Streichwehren des in der Nordfronte befindlichen Sandthores zu zerstören. Doch blieb dieses Feuer, obwohl es zugleich die Nordfront flankierte, ohne besondere Wirkung.

In den nächstfolgenden Tagen nahmen auch die Arbeiten des Ingenieur-Angriffs gegen das Aussenwerk am Kalvarienberg einen stetig rüstigen Fortgang.

Trotz einer äusserst thätigen Verteidigung gelang es dem Angreifer ohne Zweifel, unterstützt durch das Feuer einiger Falkonen, in etwa 5 Tagen den äussern Grabenrand zu erreichen.

Den Hauptgraben durchschreitend, war man schon im Begriffe durch Anlage von Minen die Eskarpe und den Wallkörper zu zerstören. Doch entsprach die Ausrüstung des Artillerie- und Ingenieurparks, der aller Wahrscheinlichkeit nach unter Leitung des Oberstzeuglieutenants Moriz Wiener von Wienau stand,[1]) einem so nachhaltigen unerwarteten Widerstand der Chamer Besatzung nicht. Wenigstens hatte die bayerisch-ligistische Heeresleitung schon am 18. September einen schleunigen Nachschub von Schanzzeug und Schiessbedarf aus Straubing angeordnet.

Auch eine zweite am 21. September 1621 an Oberstlieutenant Peblis gerichtete Aufforderung zur Ergebung versuchte derselbe, baldigen Entsatz erwartend, nur auf Zeitgewinn auszunützen. Während nun die Heeresleitung sich im Norden Chams, dem grossen Aussenwerk am Kalvarienberg gegenüber, beschäftigend verhält, geht der Artillerieangriff auf dem Taubenbühl jetzt

---

1) v. Wiener war auch Hauptmann im Regiment z. F. Herliberg.

zur entscheidenden Massregel, einer Breschierung der Hauptumfassung über.

Eine mehr an den Regen vorgeschobene Batterie zu vier halben Karthaunen (Aposteln)[1]) wurde zur Beschiessung eines an der Nordwestecke zwischen zwei Türmen befindlichen Abschnitts der Hauptumfassung errichtet.[2]) Sie bezweckte hier die Erzeugung einer Bresche durch Geschütz.

Diese Batterie hatte eine derartige Wirkung, dass am 24. September nicht nur die Mantel- und Vormauer des zu zerstörenden Nordfront-Abschnitts, sondern auch die beiden ihn flankierenden Rundtürme durchschossen waren. Die als Eskarpe dienende Vormauer erwies sich hiebei bis an die Grabensohle getroffen.

Nach einem solchen Ergebnis zögerte der Verteidigungsrat am 25. September 1621 um so weniger mit der Uebergabe, als an einen Entsatz nicht mehr zu denken war. Bei der Verteidigung fielen angeblich 111 Mann, 17 sind an den erhaltenen Wunden gestorben oder den Kriegsstrapazen erlegen. Der Angreifer hatte einen Verlust von 76 Toten erlitten. Beim Abzuge der (ständischen) Besatzungstruppen wiederholten sich an den Strassen trotz der Anwesenheit des Herzogs die Plünderungsauftritte von Bedburg an der Erfft (1584, 9. März), Wodnian an der Blanitz (1620, 26. September), Elbogen (1621, 6. Mai) als betrübende Anzeichen einer schon zu Beginn des Krieges mehr und mehr sinkenden Mannszucht.

Gleichzeitig mit dem Vorgehen gegen Cham war die Heeresleitung bestrebt, die noch vorhandenen Lücken

---

. 1) Ueber die Apostel vgl. Heilmann II. 2. 959.

2) Wenn Peblis hier von einem Bräuhaus spricht, so ist zu erwähnen, dass nach Lukas Geschichte Chams 182 ein solches in der Nähe des Burgthores schon 1418 vorkömmt.

in der schon beschriebenen Umklammerung der Oberpfalz am untern und obern Thalkessel der Naab möglichst zu schliessen.[1])
Nicht nur an der Wondreb und der obern Mies,
sondern auch durch die verlassenen Eingangspforten
zwischen der Pfreimt und der Chamb (Eslarn, Waldmünchen) drängten bayerisch - ligistische Truppenteile
nach Westen vor.

Südlich des Regens schob sich Oberst von Lintelo
aus Konzell und Zandt über Stallwang und den Perl-
bach gegen die stark befestigten Klöster Reichenbach
und Walderbach vor.

Ein weiteres Vorrücken regenabwärts, nach Nittenau,
bewog die dortigen mansfeldischen Reiter zum schleunigen Abzug hinter die Naab.

Auch an die beiden Kompagnien bayerischer Landreiter an der Altmühl schlossen sich für ein Vorrücken
gegen die Linie Freystadt-Sulzbürg jetzt schon Truppenteile an.

Das Herankommen erwarteter Verstärkungen des
pfälzisch-mansfeldischen Heeres wurde hiebei unwahr-
scheinlicher. Die zweite Hälfte Regiments z. Pf. Friedrich von Weimar (Oberstlieutenant Leo v. Freitag) und

---

1) Hiezu vgl.:

Geheim. Staats-A Kast. schw. Kriegsberichte $\frac{425}{6}$. 204.

Allgem. Reichs-A. 30jähr. Kr. Bd. XVI. 175. Ebenda XXIII.
124. Bericht aus Hauzdorf 14. Sept 1621. Ebenda Fasc. XII. 113. 15. 19.
Kreis-A. Amberg XLVIII. LVII. 4503, 82. 205. Anhalt (Regierung)
an Mansfeld. 14. Sept. 1621. Ebenda 4502. 155. Nachrichten aus Hardeck 18. Sept. 1621. (Unter Focken ist wohl Fockenfeld zu verstehen).
Ebenda 4502. 112. Nachrichten an die Regierung. Ebenda 4507. 38:
Vorgehen gegen Neunburg v./W. Ebenda 4507. 127. Frankfurter Messrelationen 1621. 7. Villermont I. 303. Reichenbach et Walderbach
transformés en forteresses.

das noch unbewehrte Regiment z. F. Knyphausen waren Mitte September erst an die obere Werra gelangt.[1])

Bei dieser bedrängten Lage fand sich die Landesregierung schon Mitte September bewogen, die Spitzen des Kriegsrates und der Heeresleitung nach Nabburg einzuberufen.

Die am 17. September vormittags 9 Uhr im Nabburger Schlosse stattgehabten Besprechungen bilden wohl den Ausgangspunkt der nächsten vom Generalfeldmarschall zum Vorteil des Pfalzgrafen noch getroffenen Massnahmen.[2])

In erster Linie handelte es sich um die Bergung der pfälzisch-mansfeldischen Heeresgruppe bei Waidhaus, dann des wertvollen, bislang in den Befestigungen verwendeten, pfälzischen Artillerie- und Heergerätes hinter die vorbereitete Stellung an der Thalspalte des Naabflusses: Nabburg-Pfreimt-Wernberg.

Das Verfahren, zu welchem der umgarnte Mansfeld hiebei gedrängt wurde, ging aus Unterhandlungen hervor, welche schon seit Juni über seinen Rücktritt in königlich spanische Kriegsdienste und seine eigene Abrüstung schwebten.

Herzog Maximilian von Bayern, dem jetzt hiefür bestimmte Anträge zukamen, war seit 7. August 1621 in die Vorgänge zwischen Mansfeld und den habsburgischen Mächten eingeweiht worden.

Nicht ohne Bedenken hatte Maximilian damals in

---

1) Allgem. Reichs-A. XIX. 137. 141.
2) Auf die Nabburger-Versammlung beziehen sich:
Allgem. Reichs-A. 30jähr. Kr. B. XLV. 364. Stinglheim an Max.
Schwandorf 18. Sept. 1621.
Kreis-A. Amberg XLVII. LVII. 4503. 46. Anhalt an Nabburg.
15. Sept. 1621.

Straubing die bezügliche, sein Vorhaben durchkreuzende, Mitteilung entgegengenommen.[1])

Als nächstes Ergebnis des zwischen Mansfeld und dem Herzog angeknüpften Verkehrs ist die nach Einstellung der Feindseligkeiten an der Ostgrenze am 20. September 1621 erfolgte Desarmierung und Uebergabe der zwei Monate lang verteidigten Befestigungen bei Waidhaus zu betrachten. Als Vermittler dienten pfälzisch-mansfeldischer Seits die Obersten von Carpzow und Graf zu Orttenburg, während sich bayerischerseits der Reiteroberst Cratz von Scharffenstein bei Mansfelds Stabe in Oedkührieth einfand.

Oberst von Cratz hatte sich übrigens schon in der zweiten Hälfte des August 1621 anheischig gemacht, zur Schwächung des gefürchteten Gegners einige pfälzisch-mansfeldische Truppenteile (die Regimenter Carpzow, Frenkhing) durch entsprechende Lohnentschädigung zum Abfall zu bringen.

---

1) Zur Aufklärung der Verhandlungen zwischen Maximilian und Mansfeld:

Geheim. Staats-A. Kast. schw. Kaiserl. Korrespondenz 1621. 93b. Max an Ferdinand. Straubing 7. Aug. 1621. Ebenda 217. Max an seinen Vater. Cham 29. Sept. 1621. Ebenda 243. Max an Ferdinand. Neumarkt 15. Okt. 1621.

Allgem. Reichs-A. 30jähr. Kr. Bd. XIII. 560—568 Schriftverkehr Tilly's mit Cratz und Maximilian. Ebenda Bd. XXIII. 164. Geldüberschlag etc. Ebenda XLV. 12. 17. 43. 365. Schriftverkehr des Obersten Cratz und Mansfelds. Ebenda LXXXII. 9. Cratz an Max. Oedkürieth 20. Sept. Ebenda Fasc. XI. 110. Anhalt an die Stadt Auerbach 28. Sept. 1621. dann ad 19. Artikul etc. Ebenda XII. 113. Instruktion etc. Ebenda Fasc. XIII. 128. Schreiben des Obersten Cratz an Tilly. Ebenda Fasc. XVI. 120. Instruktion für den Maestro di Campo Mons. de Chalon etc.

Kreis-A. Amberg 4507. 188. Schreiben der Stadt Nabburg. 219. Artikul etc.

Collectio Camerariana Vol. XLVIII. 17. Mansfeld an Mr. Ferentz. August 1621.

Es gewinnt überhaupt den Anschein, als ob die erst später in den Vordergrund tretende Frage einer Entlöhnung der pfälzisch-mansfeldischen Werbetruppen zuerst auf bayerischer Seite erwogen wurde, da Maximilian Cratzens zweideutige Anerbietungen nicht zurückwies.[1])

Was den Rückmarsch des pfälzisch-mansfeldischen Heeres vom Waidhauser Beobachtungslager hinter die Naab betrifft, so wurde derselbe ebenfalls am 20. und 21. September auf allen nach ihren Uebergängen führenden Strassen vollzogen.[2]) Die schweren Geschütze dürften hiebei über Wernberg-Schütthütte-Hirschau nach

---

Frankfurter Messrelationen 1621. 8.

Gindely IV, 209—214.

Klopp Onno, Tilly im dreissigjährigen Kriege. Stuttgart 186. 1. Seite 121 und 122. In der Verurteilung Mansfelds und des pfälzisch-mansfeldischen Heeres ist Verfasser etwas ausschreitend.

Uetterodt 370—374.

Villermont I. 304—315.

Heilmann II. 1. 109—110. Anm.

Zwiedenick-Südenhorst G. v. Die Politik der Republik Venedig während des dreissigjährigen Krieges. Stuttgart 1882. S. 190. 262. 263. Einfluss Digbys auf die pfälzisch-mansfeldischen Unterführer. Soden II. 75. 77. 79. 82.

1) Allgem. Reichs-A. 30jähr. Kr. Bd. LXVIII. 143. Tilly an Max. Rosshaupt 26. August 1621. Ebenda LXVIII. 164. Max an Tilly. Straubing 29. August 1621. (Einwirkung auf das Regiment z. F. Gray.)

2) Zu den nächsten Massnahmen der pfälzisch-mansfeldischen Heeresleitung vgl.:

Allgem. Reichs-A. 30jähr. Kr. Bd. XIX. 63. Ebenda Fasc. XII. 113. 20. 21. Nachrichten des Oberstlieutenants von Stinglheim aus Schwandorf. 21./22. Sept. 1621. B. XIX. 176. Nürnberg an Markgraf Christian. 29. Sept. 1621.

Kreis-A. Amberg XLVIII. LVII. 4503. 37. 48. 51. 205. 226. 233. Schriftverkehr Pfälzer Behörden. Ebenda 4507. 14. 17. 55. 64. 84. 100. 108. 126. 132. 155. 163. 187. Schriftverkehr etc.

Heilmann II. 1. 110. Soden II. 74—81.

Amberg geführt worden sein, während die leichtern (Falkonen, Falkonets) zur Armierung der wichtigen Naablinie zunächst noch an derselben verblieben. Südwestlich Nabburg wurde auf dem roten Bühl zur Bestreichung der Anmarschlinie von Schwandorf her eine Batterie für etwa drei Geschütze errichtet. In Pfreimt liess De Roye an Stelle der niedergelegten Freiung eine Befestigung zur Beherrschung der Uferwechselstelle über die Pfreimt erbauen.[1]

Wohl in der Besorgnis, dass von der Altmühl und der Sulz her eine Verlegung der Rückzugswege zur Rednitz beabsichtigt war, entsendete Mansfeld um den 23. September etwa 5 Kompagnien mit einigen Fähnlein als Vorzug gegen die Lauterach, um zunächst diesen bedeutenden Abschnitt in Besitz zu nehmen. Einzelne Reitertrupps gelangten hiebei bis an die untere Pegnitz.[2] An dem Tage, 25. September, an welchem Maximilian das eroberte Cham betrat, überschritten 4 (mansfeldische) Kompagnien z. Pf. bei Hammer östlich Kastel, und 1 Kompagnie, 1 Fähnlein, (150 Musketiere) bei Schmidtmühlen die Lauterach.

Auf diesen Uebergangspunkten folgte bis anfangs Oktober der Grossteil des pfälzisch-mansfeldischen Heeres nach, um sich in dem Gelände zwischen der Lauterach und der Schwarzach auszubreiten. Dabei mochte sich die Heeresleitung auch des Engweges westlich Pölling zwischen den bewaldeten Jurahöhen des Gitz- und Grünberges versichern.[3]

---

1) Die Bezeichnung: „Realschantz" hängt allem Vermuten nach mit der Anordnung des Grundrisses Royal zusammen (vgl. Man. Arch. Mil. Seite 81.)

2) S o d e n II. 75.

3) Sogar O p e l I. 173 und selbstredend S c h r e i b e r 247 nehmen an, dass Mansfeld von Waidhaus einen übereilten fluchtähnlichen Rück-

Was nun die Verteilung der pfälzisch-mansfeldischen Heereskräfte in der südlichen Oberpfalz auf der Hochfläche des Nordgaues betrifft, so waren dieselben im allgemeinen, den Abschnitten im Gelände entsprechend, in etwa vier besondere Gruppen zergliedert.[1])

I. Vorzug der Marschordnung zwischen der Lauterach und den Jurahöhen (in bezug auf das Fussvolk vorher rechter Flügel der Lagerstellung).

| Generalfeldmarschall Graf v. Mansfeld | Neumarkt | |
|---|---|---|
| Regiment z. Pf. Mansfeld I mit Leibgarde | 9 Komp. (?) | Neumarkt Woffenbach |
| Regiment z. Pf. Herzog Wilhelm v. Weimar | 6 „ | |
| Regiment z. F. Mansfeld (Garde und rotes Reg.) | 15 Fähnlein | Neumarkt Pölling. |
| Regiment z. F. Frenkhing | 4 „ | |

II Mitte, an den Lauterach-Uebergängen Lauterhofen-Kastel-Schmidtmühlen (vorher Mitte der Lagerstellung).

| Oberst Johann Gray | Kastel | |
|---|---|---|
| Regiment z. Pf. Markgraf Sigmund zu Brandenburg (I u. II.) | 10 Komp. | Sindelbach Lauterhofen Kastel Schmidtmühlen. |
| Regiment z. F. Carpzow | 10 Fähnl. | |
| „ „ „ Gray | 10 „ | |

zug genommen habe. Es ist zu bemerken, dass Mansfeld nach dem 19. Sept. (als Tag der Marschbereitschaft) noch drei Wochen in der südlichen Oberpfalz verweilt hat.

1) Die nachfolgende Verteilung, nach Akten des Kreis-A. Amberg und Soden II. 81. bearbeitet, ist lediglich als Entwurf zu betrachten.

Von letzterm Regiment hatte das Leibfähnlein das am linken Lauterachufer gelegene und die Amberger-strasse beherrschende Kloster Kastel zur Verteidigung eingerichtet.

Ein Regiment z. Pf. (Mansfeld II zu 5 Komp.) war Ende September auf der Ambergerstrasse nach Ursen-sollen und Oberhof vorgeschoben.

III. Nachzug (an der Thalspalte der Naab, dem Ehen-und Mühlbach verblieben, ursprünglich linker Flügel der Lagerstellung bei Waidhaus).

| | | |
|---|---|---|
| Generalquartiermeister Oberst-lieutenant Ernst De Roye | Nabburg | |
| Regiment z. Pf. Herzog Fried-rich v. Weimar | 4 Komp. | Hirschau Gebenbach Hahnbach |
| Regiment z. F. Herzog Wil-helm v. Weimar | 11 Fähnl. | Nabburg |
| Regiment z. F. Löwenstein | 4 „ | Pfreimt |
| „ „ „ Solms (pfäl-zisches) | 3 „ | Wernberg |

IV. Zwischen der Nachhut und der Mitte hielt als Binde-glied eine aus (ständischen) Werbetruppen und Landvolk gemischte Besatzung die pfälzische Haupt-stadt Amberg an der Vils besetzt:

| | |
|---|---|
| Regiment z. F. Schlammersdorf | 4 Fähnl. |
| Pfälzische Stadt- und Land-fahnen | 5 „ |

Vom obern Maine her waren etwa sechs aus dem niedersächsischen Kreise ankommende Kompagnien unter Oberstlieutenant Leo von Freitag über Thurndorf an-fangs Oktober bis Schlicht an die obere Vils gelangt.[1]

---

[1] Kreis-A. Amberg Rep. XLVIII F.LVII. 4507. 176. Kanzler

Im Besitze der Rückzugslinie zur Rednitz und durch die Naab wenigstens gegen ein Nachdrängen von Osten gedeckt, spannte nun Mansfeld, durch frisch angekommene Truppen verstärkt, seine Forderungen etwas höher. Er ging dabei noch über die Grundlage zur Abrüstung der Union im Frühling 1621 hinaus, indem er jetzt, abgesehen von dem Einstellen der beiderseitigen Bewegungen auch eine Entlöhnung der Werbetruppen vorschlug. Erstere Bedingung, wenn sie auch dem Obersten von Cratz für annehmbar dünkte, wurde jedoch von Maximilian selbst nicht näher gewürdigt. Es zeigte sich jetzt deutlich, dass nicht die angekündigte Bekämpfung Mansfelds, sondern nur die Unterwerfung der Oberpfalz das Endziel des Herzogs war.[1]) In dieser Absicht bricht er, in Cham den Oberst von Herliberg zur Befehlführung zurücklassend,[2]) am 4. Oktober vom Regenthale über Stammsried gegen die

---

an Räte in Heidelberg, Amberg 6. Okt. 1621. Weitere Nachrichten über Vermehrung der Reiterei seit Aug. 1621. Ebenda 4306. 342. Memorial etc. Musterung der Kompagnien Farwich und v. d. Heydte in Kemnath. Uetterodt 364. Eintreffen eines Grafen von Lobenstein mit einigen Kompagnien. Es dürften damit die Stammkompagnien des Regiments z. Pf. Casimir Löwenstein gemeint sein. (Vgl. Heilmann II. 1. 723. Stand des pfälzisch-mansfeldischen Heeres 1621/22.)

1) Ueber die Proklamation vom 8. Sept. vgl. Gindely IV. 208. Die Anschuldigungen gegen Mansfelds Verhalten sind gesucht und kleinlich. Bei einem Unternehmen von so weittragender Bedeutung wie die Besitzergreifung der Oberpfalz, können doch nicht Ausschreitungen einzelner pfälzisch-mansfeldischer Soldaten gegen Nürnberger Kaufleute ausschlaggebend sein.

2) Oberstlieutenant v. Wager vom Regt. z. F. Gaisberg wird erst Ende Oktober Kommandant in Cham (vgl. Allgem. Reichs-A. 30jähr. Kr. LXIX. 1. Max an Räte in Neumarkt 28. Okt. 1621) als Berichtigung in bezug auf Heilmann II. 1. 109. Es ist wahrscheinlich, dass Herliberg bei Cham verwundet wurde. (Allgem. Reichs-A. 30jähr. Kr. XX. 172.)

(oberpfälzische) Schwarzach auf, um hier zunächst die Vereinigung mit der Tillyschen Gruppe zu bewerkstelligen. Letztere bestand, einschliesslich einiger in das Innere der Oberpfalz eingedrungener Reiterabteilungen, aus 4 Regimenter z. Pf. und 3 z. F.

| Regiment z. Pf. | | | Pappenheim | 4 | |
|---|---|---|---|---|---|
| ,. | ,, | ,. | Fürstenberg | 3 | 17 Komp. |
| ., | ,. | ,, | Eynatten | 5 | |
| ,, | ,, | ,, | Erwitte | 5 | |
| ,, | ,, | F. | Truchsess | 9 | |
| ., | ,. | ,, | Schmidt | 10 | 29 Fähnl. |
| ,. | ,, | ,; | Gaisberg | 10 | |

mit etwa 10 Geschützen.

Zur Ergänzung der an den Herzog abgegebenen Werbetruppen waren am 8. September 7 Fähnlein bayerischen Landvolks in Rosshaupt angelangt.[1]

Tilly selbst hatte sich nach Besitznahme des Waidhauser Lagers (21. September) und der ausbedungenen dreitägigen Frist in der südlichen Oberpfalz mit der Masse kaum über den Zottbach hinaus westlich ausgebreitet. Erst am 5. Oktober setzt er sich über Viechtach nach Neunburg vor dem Walde, also vorerst in südlicher Richtung, ebenfalls gegen die mittlere Schwarzach in Bewegung.[2]

Neunburg, welches Rosenheimer mit einer Reiterkompagnie schon am 25. September vergeblich zur Uebergabe aufgefordert hatte, beugte sich am 6. Oktober vor den aus Norden und Süden zugleich an der Schwarzach eintreffenden Heeresteilen.

---

1) Allgem. Reichs-A. 30jähr. Kr. LXVIII. 242. Tilly an Max. Rosshaupt 11. Sept. 1621.

2) Allgem. Reichs-A. XIII. 578 .... Tilly an Max 4. Okt. 1621, .... Den Erchtag, welcher ist der 5., will ich in aller frue aufbrechen und umb voichten derselben revier etc.

Die Unternehmungen des Herzogs nach der Besetzung Neunburgs waren zunächst auf die Einnahme
der pfälzischen Hauptstadt gerichtet.[1])

1) Für die Unternehmungen Maximilians nach der Eroberung
Chams:

Allgem. Reichs-A. Bd. XIII. 573. Tilly an Max. Rosshaupt
3. Okt. 1621 3 Uhr Nachm.

Ebenda Bd. XIX. 80—83. Protokolle über Ausschreitungen etc.

„ „ XIX. 199—204. Beschwerden des Pfalzgrafen Johann
Friedrich v. Hilpoltstein.

„ „ „ 180—199. Beschwerden etc. des Pfalzgrafen
August von Sulzbach.

„ „ XXIII. 755. Max an Räte. Cham. 8. Okt. (?) 1621.

„ „ XLVII. 323—329. Schriftverkehr Lintelos.

„ „ LXVIII. 331. Max an Tilly. 3. Okt. 1621.

„ Fasc. XI. 110. Schriftverkehr zwischen Amberg und
Heidelberg.

„ „ XIV. 129. Lintelo à son Excell. le baron de Tilly.
Dietfurt 10. Okt. 1621.

„ „ „ Lintelo au baron de Tilly. Erasbaeh 13. Okt.
1621.

Kreis-A. Amberg. XLVIII. LVII. 4507. Schriftverkehr pfälzischer
Behörden. 127. 163. 187. 272. 277.

Hof- und Staatsbibliothek, Handschriftensammlung. Codex germ.
bav. 1937. 276. Motive und Ursachen warumb der Manssfelder in der
Obern-Pfaltz mit seinem Kriegsvolkh nit aussgelassen, nit pactiert,
sondern vielmehr verfolgt etc. (die Zeitangabe Neumarkt 9. Okt. ist
wohl irrtümlich erst später eingesetzt worden.) Von Heilmann II. 1.
111. Anm. entsprechend gewürdigt.

Verhandlungen des hist. Ver. f. Oberpf. und Regensb. Bd. X. 71.
Maximilian an Joh. Christoph, Bischof v. Eichstätt. Cham 3. Okt. 1621.
Gindely IV. 209. Heilmann II. 1. 111. Schreiber 247. sagt: Tilly
. . . . zog in Eilmärschen über Schwandorf, Neumarkt nach Fürth, wo
er am 17. Okt. anlangte. Um irrige Anschauungen über die Marsch-
fertigkeit der bayerisch-ligistischen Truppen zu berichtigen, ist hier zu
bemerken, dass die etwa 170 Kilometer betragende Wegstrecke Waidhaus—Schwandorf—Amberg—Neumarkt—Nürnberg—Fürth mit geringer
Beschleunigung in 6—7 Tagen hätte zurückgelegt werden können; da
der Marsch Tillys über 13 Tage (5.—17. Okt.) beanspruchte, so kann

Noch bevor sich das vereinigte Heer, zu welchem
2500 Mann bayerischen Landvolks gehörten, über
Schwarzenfeld an der Naab (7. Okt.) gegen den Engweg des Freihölser Forstes in Bewegung setzte, waren
auf den Strassen nach Nabburg und Amberg schon
Truppenteile voraufgezogen. Unter Oberstwachtmeister Paul Sigm. von Mabon
(Herliberg'schen Regiments z. F.) näherten sich (am
6. Okt.) von Schwarzenfeld her

4 Kompagnien z. Pf.
4 Fähnlein (Regts. z. F. Herliberg)

dem noch von De Roye besetzten Nabburg.

Es war jedoch nicht mehr nötig einen sanften
Druck auf die rechte Flanke der seit dem Falle Chams
unhaltbaren Stellung De Royes an der Thalspalte der
Naab auszuüben.

Die als Nachzug zwischen dem Schwärzer- und
Ehenbach verbliebenen Truppen hielten sich nämlich
schon vor dem 5. Oktober marschbereit. An diesem
Tage werden in Hirschau Lebensmittel für ihren Rückzug vom Kriegsrat aufgehäuft.

Doch mochten die noch am 6. Oktober in Nabburg
weilenden 3 Fähnlein ihren Abmarsch bei dem Anrücken
Mabons beschleunigt haben. Die allmählige, etwa eine
Woche beanspruchende Räumung der kurpfälzischen
Gebietsteile seitens des mansfeldischen Heeres hatte
somit begonnen.[1])

---

von einer bedeutenden Marschleistung, wie sie Eilmärsche erfordern, nicht
im entferntesten die Rede sein.

1) Es darf hiebei bemerkt werden, dass diese Räumung bisweilen
legendenartig entstellt wird. So lässt z. B. Villermont I. 316 Mansfeld „unter dem Schutze eines nächtlichen Gewitters" eiligst von Neumarkt abziehen.

Auf der Heerstrasse gegen Amberg waren dem Herzog vorauf unter Oberst von Mortaigne

das Regiment z. Pf. Herzelles (würzburgisches) 6 Komp.

„ „ F. Mortaigne 5 Fähnl.

nach der Hauptstadt, dem bisherigen Mittelpunkt des Widerstandes gezogen.[1])

Um ihre Verbindungen mit dem pfälzisch - mansfeldischen Heere hinter der Lauterach abzuschneiden, schoben sich schon anfangs Oktober von der obern Vils her unter dem Rittmeister Adrian von Cortenbach die von Oberösterreich erst nach dem nordwestlichen Böhmen gezogenen 3 Kompagnien Regiments z. Pf. Egon Fürstenberg in einer von Ober-Ammerthal bis Ursensollen zur Amberg - Kastelerstrasse reichenden Zone ein.[2])

Auf diese Art abgesondert, verstand sich das entmutigte und schwankende Amberg ohne Widerstand zur Aufnahme von 3 Fähnlein des über den Steininglbach angerückten Halb-Regiments z. F. Mortaigne, zu denen noch andern Tags die beiden übrigen stiessen.[3])

1) Herzelles dürfte mit seinem Regimente nach Amberg gekommen sein (vgl. Heilmann II. 1. 111.)

2) Allgem. Reichs-A. 30jähr. Kr. XIX. 189. Beschwerden des Pfalzgrafen August.

Belegt waren auch Bürschlag, Viehberg, Götzendorf, Ritzenfeld.

3) Die andere Hälfte des Regiments z. F. Mortaigne stand unter Oberstlieutenant Schöttl in Oberösterreich. — In den Zeitangaben herrscht Widerspruch. Während Tilly den 5. Okt. als Erchtag (Dienstag) bezeichnet, ist in dem Berichte des Kanzlers in Amberg an den Pfalzgrafen Johannes II. in Heidelberg der darauffolgende Freitag erst als 6. Okt. bezeichnet (vgl. Kreis-A. Amberg 4507. 277). Die Verantwortung der Amberger Räte enthält Allgem. Reichs-A. 30jähr. Kr. Fasc. XV. 133.

Villermont I. 303 setzt die Besetzung Ambergs auf den 10. Okt. 1621. Nach Schreiber 248 hat Amberg am 22. Okt. die Thore geöffnet.

Die bisherigen Besatzungsfähnlein (4 des ständischen
Regiments z. F. Schlammersdorf) schlossen sich dem
bis zum Ehenbach reichenden Nachzug des pfälzisch-
mansfeldischen Heeres an.[1])
Der Herzog selbst betrat die Stadt vorerst nicht,
sondern verblieb am 8. Oktober im Försterhause zu
Moos, einem östlich Amberg am Steiningl-Bach gelegenen Dorfe.

Inzwischen war auch der Grossteil des bayerisch-
ligistischen Heeres und zwar vermutlich in der Dreigliederung Anholt-Fürstenberg-Tilly zur mittlern Vils
gelangt, um sich nach ihrer Ueberschreitung sogleich
zur Lauterach zu wenden.

Wenigstens begab sich Maximilian schon am 9. Oktober von Moos nach Kastel, auf dessen Behauptung
Mansfeld, einem Zusammenstoss ausweichend, verzichtete.
Vorher hatte der Herzog das in der beiläufigen Stärke
von 3 Kompagnien und 10 Fahnen mitgezogene bayerische Landvolk nach Stadtamhof zur Rückkehr in die
Heimat entlassen.[2])

Was die weitern Verhältnisse bei dem hinter die
Lauterach abgedrückten Gegner anbelangt, so bereitete
sich in Neumarkt eine entscheidende Wendung vor.

Massgebend war hiebei nicht allein die Einwirkung
des dort angelangten englischen Gesandten Lord Digby
auf den Führer und die Befehlshaber des mansfeldischen
Heeres. Neben Cordova's Fortschritten in der Unterpfalz
ist auch das Verhalten der bayerisch-ligistischen Heeresleitung als ausschlaggebend wohl zu berücksichtigen.

---

1) Dieses pfälzische Regiment befindet sich 2000 Mann stark
Ende 1621 in der Unterpfalz vergl. Allgem. Reichs-A. Bd. LXXXV. 78.
Verzaichnuss etc.

2) Allgem. Reichs-A. 30jähr. Kr. XXIII. 178. Max an Räte in
Straubing. Vor Amberg 9. Okt. 1621. Ebenda LXXII. 570. XIX. 73.

Während nämlich Maximilian selbst, Front gegen Südwesten, abwartend an der Lauterach stand, bedrohte die bis auf 10 Kompagnien und mehrere Fähnlein (unter Oberstlieutenant von Rehlingen) vermehrte Lintelo'sche Gruppe von der Altmühl her Mansfelds Rückzugsstrasse zur Rednitz.

Bei diesem Vorgehen entschloss sich Mansfeld zu einer Vereinigung seines zersplitterten Heeres hinter den Abschnitt der Rednitz. Mit dem Hauptteile desselben brach er in bester Ordnung am 10. Oktober von Neumarkt über die Jurahöhen zunächst nach Ferrieden auf. Von dem bevorstehenden Marsch durch das ansbachische Gebiet wurde Markgraf Joachim Ernst, ein früherer Gönner Mansfelds, durch letzteren vorher verständigt.

Gleichzeitig nächtigten auch am 10. und 11. Oktober um Amberg pfälzisch-mansfeldische Heeresteile. Sie enthielten wohl den von Maximilian abgedrängten Nachzug unter De Roye, welcher zur Fortsetzung seines Rückmarsches die Nürnberger Strasse über Hersbruck benützte und vorher die Freytag'schen Kompagnien noch an sich gezogen hatte.

Sowohl vor der Front, der Lauterach entlang, als im Rücken des bayerisch-ligistischen Heeres vollzog sich also die vertragsgemässe und Maximilian hocherwünschte Einräumung des oberpfälzichen Gebietes. Ebensowenig wie man bei Mansfelds Abzug von einem übereilten Entweichen sprechen kann, darf man bei seinem befriedigten Gegner eine Ueberraschung oder ein Erstaunen annehmen.

Wenn auch in den letzten Wochen noch kompagnie- und truppweise Verstärkungen bei dem pfälzisch-mansfeldischen Heere eintrafen, so war dasselbe bei der am 11. und 12. Oktober hinter der Rednitz stattfindenden

Sammlung kaum 40 Kompagnien, 60 Fähnlein, sowie
18 Rohrgeschütze und Mörser stark.[1])
Der Marsch Mansfelds vom Jura nach dem untern
Neckar zur Vereinigung mit den pfälzisch-englischen
Truppen nahm 13—14 Tage in Anspruch.[2])

1) Im August trafen angeblich unter einem Oberst Sollberg noch
5 Fähnlein ein (Uetterodt 364). Es dürfte hiemit Hauptmann Graf
Stolberg des 4/14. Mai abgedankten kurpfälz. Regts. z. F. Friedrich Solms
gemeint sein, der die Neubildungen aus den beiden Regimentern z. F.
Friedrich und Reinhard Solms führte. (Ueber letztere Regimenter vgl.
Geheim. Staats-A. Kast. schw. 30 jähr. Kr. 425/6 Rechnungsbuch des
Generalpfennigmeisters F. v. Berg.)

Soden II. 84. Der Bericht von Papes kann sich auf das Gros
beziehen, welches demnach 36 Cornets, 12000 Mann z. F. und 14 Geschütze stark war. Ebenda II. 78. v. Tetzel mansfeldischer Hauptmann
berichtet von 10000 Mann z. F. und 34 Cornets, v. Leublfing schätzt
Mansfeld auf 18000 Mann.

· 2) Näheres über den Marsch Mansfelds von der Oberpfalz in die
Unterpfalz überhaupt:

Allgem. Reichs-A. 30 jähr. Kr. Bd. XVI. 111. Königsfeld an Max.
12. Okt. 1621. Ebenda XVI. 113. Ellrichshausen an Königsfeld. Velburg
12. Okt. 1621. Ebenda XIX. 16. Ebenda XLV. 106—115 Schriftverkehr
Mansfelds. Ebenda Fasc. XI. 110. Schriftverkehr Mansfelds etc. Quartier-
angaben. Ebenda Fasc. XIV. 129. Joachim Ernst an Bischof v. Eichstädt
9. Okt. 1621. (n. St.)

Universitätsbibliothek München. Unpartheyisches Bedenken Ob
den Hochlöblichen Fränkischen Crayssständen etc. S. 8.

Frankfurter Messrelationen 1621. 8. u. 16.

Londorpii Acta publica 1668 II. 511. (Wenn man von Rothenburg
aus Boxberg in 3 Tagen erreicht, so kann man nicht von besonderer
Eile sprechen.)

Gindely IV. 296.

Archiv für Geschichte v. Oberfranken IV. B. Holle, das Fürsten-
thum Bayreuth im 30 jähr. Kr. Bayreuth 1849 Seite 10 (die Zeitangaben
sind nach dem alten Kalender). XV. Jahresbericht des histor. Ver. f.
Mittelfr. 1846. S. 45.

Uetterodt 374 hat für die Ankunft bei Nürnberg den alten
Kalender.

Villermont I. 304.

Aus der Reihenfolge der Unterkunftszonen ergibt sich mit Ausschluss der ersteren Märsche für einen Tag eine durchschnittliche Marschgeschwindigkeit von 25—30 Kilometern:

| | | |
|---|---|---|
| 10. Oktober | | Ober- und Unter-Ferrieden, |
| 11. | „ | Feucht, Röttenbach (Verpflegung aus Nürnberg), |
| 12. | „ | Fürth, Poppenreuth, |
| 13. | „ | Burgfarrnbach, |
| 14. | „ | Unter-Farrnbach, |
| 15. | „ | Wilhermsdorf an der Zenn, |
| 16. | „ | Windsheim an der obern Aisch, Ickelheim, Külsheim, |
| 17. | „ | Rothenburg a. d. Tauber, |
| 18. | „ | Weickersheim a. d. Tauber, Mergentheim, |
| 19. | „ | Boxberg, Asamstadt, Oberwittstadt, |
| 20. | „ | Adelsheim, |
| 21. | „ | Mosbach, Neckarelz, |
| 22. | „ | Heidelberg, |
| 23. | „ | Mannheim. |

Erst von der Tauber ab wurde der Marsch allmählig beschleunigt.

Pfalzgraf Johannes II. von Zweibrücken, Statthalter der Unterpfalz, schickte dem anrückenden Heere von Heidelberg Kriegsräte in die kurpfälzischen Aemter Boxberg westlich der mittleren Tauber, und Mosbach am Neckar entgegen. Sie regelten die Unterkunft der Truppen, sorgten für Ergänzung der Artillerie-Zugpferde und liessen in Neckarelz Frachtschiffe zusammenführen.

---

Schreiber 247. Von gräulichen Verwüstungen wissen die eben angeführten fränkischen Berichte nichts.
Soden II. Seite 86 bis 92.

Etwa 2 Regimenter z. F. (2880 Mann) wurden auf dem Wasserwege nach Mannheim befördert. Wie es scheint überschritt erst am 25. Oktober das vereinigte pfälzisch-englische Heer nach Vollendung der bei Mannheim unter dem Schutze der Rheinschanze geschlagenen pfälzischen Kriegsbrücke den Strom.[1]) Zu einem Angriff auf die spanischer Seits um Frankenthal angelegten Zirkumvallationswerke kam es jedoch nicht mehr. Cordova hatte Vorsichts halber die Belagerung schon aufgehoben. Es dürfte deshalb kaum zu umgehen sein, auch die Vorgänge in der Unterpfalz kurz zu erörtern.

---

1) Uetterodt 382 bestreitet das Vorhandensein einer Rheinbrücke, allein schon die Anlage der Rheinschanze als Brückenkopf für Mannheim deutet auf eine Uferwechselstelle hin. Mercure français VIII. 19. nimmt eine Kriegsbrücke (pont de basteaux) in Mannheim an, ebenso Frankf. Messrel. 1621, 19. Fern. Erz. u. Unp. B. 72 (21. Okt. alt. St. als Uebergangstag).

# VII. Die Wiederaufnahme der Feindseligkeiten in der Unterpfalz.

In der zweiten Hälfte des August 1621, als die Kämpfe am Rehlingsbach während des bayerischen Artillerie-Angriffs ihren Höhepunkt erreichten, nahm auch die spanisch-niederländische Heeresleitung ihre Unternehmungen gegen die Unterpfalz wieder auf.[1)]

In diesem Staatswesen bestanden die jetzt zur Abwehr verfügbaren Streitkräfte wie in der Oberpfalz aus Werbetruppen und Landvolk. Erstere enthielten zunächst englisch-niederländische Regimenter, welche unter Prinz Friedrich Heinrich von Nassau-Oranien am

---

1) Für die Absicht einer gleichzeitigen strategischen Offensive gegen Ober- und Unterpfalz vgl. Geheim. Staats-A. Kais. Korresp. Kast. schw. ad. 2/17. Werbung des kais. Gesandten bei Maximilian. Aug. 1621. Ebenda 30 jähr. Kr. Kast. schw. 425/6. 179. Infant. Isabella an Maximilian. Brüssel 30. Juli 1621. Allgem. Reichs-A. 30 jähr. Kr. LXVIII. 239. Ebenda Fasc. XII. 123. Schriftverkehr Maximilians mit Tilly. Straubing 21. Juli und 12. Aug. 1621. Im Uebrigen: Allgem. Reichs-A. Fasc. XII. 123. Wolkenstein an Max. Mergentheim 29. Aug. 1621. Hof- und Staatsbibliothek. Handschriftensammlung. Collectio Camerariana. B. L. 19. Extract vertraulichen Schreibens aus Mainz 1/11. Aug. 1621. (Cordova erwartet Verstärkungen zum Angriff etc.) Khevenhiller, Annales ·Ferdinandei IX. 1424. verlegt den spanischen Angriff in den Juni 1621. Klopp Tilly S. 125 lässt den Krieg in der Unterpfalz erst im Oktober durch Mansfeld neu entzünden.

12*

4. Oktober 1620 ihre Vereinigung mit der pfälzischen Wehrkraft bewerkstelligt hatten.[1])

| | | | | |
|---|---|---|---|---|
| Regiment z. Pf. Megant | 4˙Komp. | Oberst Adrian v. Megant. | | |
| Kompagnie Nassau | 1 | „ | Oberstlieutenant Wilhelm von Nassau. | |
| „ Lambert | 1 | „ | Oberstlieutenant Lambert. | |
| Regiment z. F. Veere | 15 Fähnl. | General Horaz De Veere. | | |

                               Oberst Heinrich v. d. Merven.

„ „ „ Merven      15—20 Oberst von
„ „ „ Starkenburg   Fähnl.  Starkenburg. Oberstlieutenant Randewyk.

Da dem grossbritannischen General De Veere der Oberbefehl in der Unterpfalz anvertraut war, so standen auch jene kurpfälzischen Werbetruppen, welche von der Abrüstung der Union im Mai 1621 unberührt geblieben waren, unter Veere:

| | | | |
|---|---|---|---|
| Regiment z. Pf. Oberntraut | 5 Komp. | Oberst Johann Mich. v. Oberntraut. | |
| „ „ „ Streiff | . 4 | „ | Oberst Johann Streiff von Lauenstein. |

---

1) Zu den englisch-niederländischen Truppen: Geheim. Staats-A. 30jähr. Kr. Kast. schw. 425/6, 455. Rechnung 3., Allgem. Reichs-A. 30jähr. Kr. Fasc. XV. 133. Relation aus Heilbronn Mai 1621. Gindely IV. 108. 293. Du Cornet II. 236 Anm. 2. Morawitzky II. Serie, 1. Bd. 106. Heilmann II. 1. 117. Für Meggau ist stets, Megant zu lesen. — Das Regiment Veere ist schon berührt auf S. 9 dieser Druckschrift.

Regiment z.F. Waldmanns- 10 Fähnl. Oberst von Wald-
        hausen                 mannshausen.

„    „ „ Landschad   5   „    Oberst Pleickhardt
                            Landschad von
                            Steinach.

Das gesamte Geschütz- und Zeugwesen, ebenso die Ausrüstung der Festungen lag in pfalzgräflichen Händen. Das Ingenieurwesen stand unter dem bewährten englischen Ingenieur Textor.[1]) Der von General Veere vor dem 15. August 1621 angeordnete Zug des Regiments z. Pf. Megant, des Regiments z. F. Waldmannshausen und einiger Landfahnen durch eine, die alte Pfalz durchquerende Zone speyerischer Gebietsteile mochte wohl dem Gegner nur einen willkommenen Anlass bieten, seine an der untern Nahe und bei Oppenheim am Rhein zum Angriff bereit stehenden Heereskräfte, in breiter, südwärts gerichteter Front in Bewegung zu setzen.[2])

---

1) Einige Aufklärung über das unterpfälzische Heerwesen und hiebei verwendete Personen geben: Geheim. Staats-A. 30jähr. Kr. Kast. schw. 425/6 63 (Regt. Waldmannshausen). Ebenda 425/6 511. Stato der Artigliari Personen etc. Textor dürfte identisch sein mit Dexter in Frankfurter Messrelationen 1621 18. Allgem. Reichs-A. 30jähr. Kr. B. LXXIII. 301 u. 302 (400 Lehenreutter). Ebenda LXXXV. 78 (400 Landreutter). Ebenda Fasc. XII. 123 u. XV. 133. Berichte u. Relationen. Ebenda Bd. XVII. 139. Extract v. 18. Aug. 1621. Grossh. Bad. General-Landes-Arch. Kriegssachen Vol. XIV. 26. Befestigungen von Neuhausen und Hochheim Okt. 1620. Le Septiesme Tome du Mercure françois A Paris MDCXXIII. 789. Le Huictiesme Tome du Merc. franç. A Paris MDCXXVI. S. 16 (Landvolk betr.). Rheinisch. Antiqu. II. 6. 116 (v. Oberntraut) Mülverstedt, Der abgest. Adel der Provinz Preussen. Nürnberg 1874. S. 91. (v. Streiff) Kneschke. Deutsch. Adelslex. V. (v. Landschad).

2) Allgem. Reichs-A. 30jähr. Kr. Bd. XVII. 138. Extract Schreibens vom 18. Aug. 1621. Ebd. Fasc. XII. 123. Pfalzgraf Johannes II. an Landgraf Ludwig von Hessen. Heidelberg 9/19. Aug. 1621. Ebenda Fasc. XII. 123. Bericht vom 24. Aug./3. Sept. 1621. Collectio Camera-

Hiezu waren dem General Gonzales Cordova im ganzen 11000 Mann unterstellt, welche vermutlich wie folgt gegliedert waren:[1])

Regiment z. Pf. de Ligne   5 Komp.    Oberst Albert de Ligne,
                                       Fürst von Barbanson
Freikompagnien z. Pf.   18   „ (?)
9 Kürassier-, 2 Chevaulegers-, 7 Archibusier-Kompagnien (vermutlich zum Teil noch regimentiert).

---

riana XLVII. 151. An J. A. Solms, Haag 16. Sept. 1621. Frankfurt. Messr. 1621. 104. Etlich Bischoff Speyrische Flecken (Ruppertsberg, Forst, Niederkirchen, Hassloch, Deidesheim, Maikammer) 15—18. Aug. 1621 vergewaltigt. Mercure françois VII. 788. verlegt diesen Vorgang in eine frühere Zeit. Gindely IV. 293. Es dürfte sich um Verschiebung obiger, auf Selbstverpflegung angewiesener, Truppen von der südlichen in die nördliche Unterpfalz, mit Benützung der kürzesten Anmarschwege gehandelt haben.

1) In bezug auf Stärke und Zusammensetzung des spanisch-niederländischen Heeres in der Unterpfalz sind zu erwähnen:

a. Hauptkonservatorium der Armee, Plankammer, Karten zum 30 jährigen Kriege, Belagerung der Stadt Frankenthal 1621 delineirt von Heinrich von der Borcht.

b. Frankfurter Messrelationen 1621. 18. 19.

c. Du Cornet II. 98—112 Liste des officiers, année 1621. Ob die Tercien Hennin und de Fontaine 1621 in der Unterpfalz waren, ist zweifelhaft. T. Wingarde dagegen wurde in der Unterpfalz aus Gulzin errichtet. Ebenda II. 102. Anm. 5. Ebenda II. 12. (Bauer) 95. II. 51. Anm. 1. II. 208. II. 18. Anm. 2 etc.

d. Brix Premierlieutenant Schles. Ulan.-Regt. Nr. 2 Geschichte der Organisation der Infanterie und Kavallerie der K. Span. Armee. Berlin, 1861 Seite 98.

e. Gindely II. 108. (Cordova als Maitre de camp in der Unterpfalz). Ebenda IV. 293. Das Regimt. Sebastian Bauer dürfte auch in der Schlacht bei Wimpfen mitgewirkt haben, nicht das ligistische Regiment Johann Jakob Bauer, wie die Zeitschrift für Geschichte des Oberrheins XXXI. 443. anzunehmen scheint.

| | | | |
|---|---|---|---|
| Span. Tercio Ibarra (vorh. Cordova?) | | Maitre de camp | Franz de Ibarra, |
| Wall. Tercio Wingarde (vorh. Gulzin) | | „ | Thomas v. Wingarde, |
| Burg. Tercio Balançon | etwa 30—35 Fähnlein | „ | Claudius de Rye, Bar. d. Balançon, |
| Italien. Tercio Campolattaro | | „ | Joh. Bapt. de Capua, Marq. de Campolattaro, (Oberstwachtm. Ciccius de Novara), |
| Deutsches Regiment z. F. Ysenburg | | Oberst | Ernest Graf v. Ysenburg, |
| Deutsches Regiment z. F. Emden | etwa 20—25 Fähnlein | „ | Christof Graf von Emden - Ostfriesland, (Oberstwachtm. Ludwig de Ville), |
| Deutsches Regiment z. F. Bauer | | „ | Sebastian v. Bauer. |

Der spanisch-niederländische Angriff erfolgte in der Art, dass der rechte Flügel und die Mitte sich gegen den Selz- und Seebach richteten, während der linke Flügel sich mit Bewältigung der schon 1620 längs des Schanzgrabens und der Weschnitz vorbereiteten Grenzstellung Bensheim—Stein befasste.[1] Die pfälzischen Verteidigungs-Anstalten erwiesen sich hier als ungenügend. Etwa 2 Fähnlein des Tercio Campolattaro gelang es, am 22. August sich auf dem Wasserwege der in den rechtsseitigen Rheinauen südlich Gernsheim gelegenen Veste Stein überraschend zu nähern und sich derselben durch Ueberfall zu bemächtigen.[2] Die nächsten Mass-

---

1) Nach Dahl, Historische Beschr. des Fürstenthums Lorsch, Darmstadt 1812 Seite 96 wurden 1620 von Bensheim bis zum Rhein Schanzen aufgeworfen. Ebenso berichtet Kayser P. Historischer Schauplatz der Alten berühmten Stadt Heydelberg. Frankfurt 1733. S. 330.

2) Für die Einnahme von Stein und die nächsten Unternehmungen: Allgem. Reichs-A. 30jähr. Kr. Fasc. XII. 123. Landgraf Ludwig von

nahmen Cordovas bezweckten die mit 300 Mann eines
deutschen Regiments besetzte Veste zum Brückenkopf
der hieher zu verlegenden Uferwechselstelle umzu-
wandeln.

Was die verspätete Entwicklung der schwachen
pfälzischen Streitkräfte gegen Ende August 1621 anbelangt, so entsendete Veere die Megant'schen Reiter
sowie Teile der Regimenter z. F. Waldmannshausen
und Starkenburg nach dem Selzbach-Grunde in die
Gegend von Gau-Odernheim; gegen Osthofen am Seebach unternahmen Oberntraut'sche Reiter einen Ueberfall.

Zum Wiedergewinn Steins langte am 26. August
morgens vom untern Neckar her Oberst von Oberntraut
selbst mit Kompagnien seines eigenen Regiments sowie
mehreren Fähnlein, ferner 2 Karthaunen und 2 Mörsern
an der untern Weschnitz an. Hier trafen zur Verstärkung Oberntrauts einige Tage später noch

5 Fähnlein Regiments z. F. Veere
7 „ „ „ „ Waldmannshausen
7—8 Landfahnen ein.

Die ersten in dem morastigen und bedeckten Gelände zwischen der Weschnitz und dem Rhein geführten
Annäherungsarbeiten gegen Stein wurden schon am
29. August durch einen kräftigen Ausfall der Besatzung
gestört, wobei Hauptmann von Waldmannshausen fällt.

Auf den weitern Fortgang des belagerungsmässigen
Verfahrens war jedoch, abgesehen vom hohen Wasser-
stande des Rheines, von lähmenden Einfluss, dass spanische, bei Rheindürkheim errichtete Batterien die pfäl-

---

Hessen an Maximilian. Lichtenberg 13/23. August 1621. Ebenda Fasc.
XII. 123. Berichte an Hohenzollern aus Worms vom 25. und 31. Aug.
(n. St.) 1621. Ebenda Fasc. XII. 123. Extract eines Schreibens, Laudenburg
3. September 1621 Frankf. Messrel. 1621 104. Mercure français VII. 788.

zischen Laufgräben in ihrer linken Flanke aufs wirksamste beschiessen konnten.

Es ist demnach erklärlich, wenn General Veere in der ersten Hälfte des Septembers nicht nur keine taktischen Erfolge aufzuweisen vermochte, sondern sogar von der untern Weschnitz hinter den Rinnebach und den Mühlgraben südlich zurückwich und sich bei Bürstadt und Hofheim lagerte.[1])

Als endlich am 22. September 1621 · seitens der spanischen Heeresleitung, welche sich vorher der Dörfer Biblis, Wattenheim und Nordheim bemächtigt hatte, unter Benützung der bei Stein geschlagenen Kriegsbrücke eine umfassende Erkundung der neuen pfälzischen Stellung Bürstadt—Hofheim unternommen wurde, fand ein Zusammentreffen mit dem verschanzten Gegner hiebei nicht mehr statt.

Veere hatte, wie es scheint, die bisher inne gehabten verdeckten Werke schon vorher geräumt und den Rest seiner bisher im Felde gestandenen Truppen von Bürstadt über Lampertheim und Sandhofen nach dem untern Neckar zurückgenommen. Das Regiment z. Pf. Oberntraut wurde hiebei nach Ladenburg, die Regimenter Veere und Waldmannshausen mit den Landfahnen nach Mannheim—Friedrichsburg und Heidelberg verlegt. In letzterer Stadt begannen zugleich die Arbeiten zur Verteidigungsinstandsetzung.[2])

---

1) Allgem. Reichs-A. 30jähr. Kr. Bd. XLV. 362. Oppenheimer an Hohenzollern. Speyer 7. September 1621 (alt St.?) Hiernach soll Cordova versucht haben nach dem Vorbild Maximilians in der Oberpfalz den Gegner durch Entlöhnung der Werbetruppen zu entwaffnen. Ebenda Fasc. XVI. 135. Bericht des Statthalters. Heidelberg 14. Sept. 1621 (alten St.?) Conc. Frankfurter Messrel. 1621. 106.

Gindely IV. 293.

2) Kayser, Hist. Schauplatz S. 340 (Mit einer Elegie des Prof. Miräus.)

Nach dem erwünschten Rückmarsch der pfälzischen
Streitkräfte beschloss Cordova noch am 22. September
abends die im August 1620 durch seinen Vorgänger
Spinola schon versuchte Eroberung von Kaiserslautern
durchzuführen.[1]) Hiemit sollten die schon vorbereiteten
Unternehmungen gegen die westlich des Rheines befindlichen kurpfälzischen Gebietsteile eröffnet werden.
Cordova hegte nämlich die Absicht, sich vor Einbruch
des Winters noch der Plätze Frankenthal, Neustadt und
Germersheim zu bemächtigen.[2]) Bei Entfaltung des
spanischen Heeres rückte, wie anzunehmen ist, der
rechte Flügel vom Selzbach her westlich des Donners-
berges abgesondert über Otterberg gegen die Sickinger
Veste Landstuhl an der Kaiserstrasse vor,[3]) während
sich die verstärkte Mitte bei Dürkheim am Ostfuss der
Haardt vereinigte. Sie war im besondern bestimmt, die
Umgehung des rechten Flügels gegen Anfälle von
Mannheim oder Frankenthal zu decken.[4])

Der linke Flügel verblieb vorerst noch östlich des
Rheines, um sich, Front gegen Osten mit der Weg-
nahme der pfälzischen Stützpunkte an der Bergstrasse
Bensheim, Heppenheim, Starkenburg zu beschäftigen.

---

1) G i n d e l y IV. 293. K l o p p O. Tilly, Beilagen S. 520.

2) Allgem. Reichs-A. 30 jähr. Kr. Bd. XLV. 189. Referat des aus
der Oberpfalz nach Speyer und Philippsburg entsendeten Oberstlieutenants
Johann Aldringen. (Okt. 1621.)

3) K a y s e r, Histor. Schaupl. 339 spricht von der Einnahme Otter-
bergs ohne nähere Zeitangabe. Die Frankf. Messrel. 1621 14 berichten,
dass Landstuhl am 26. Sept. eingenommen wurde. Nachdem diese ältesten
halbjährigen Zeitungen mit bezug auf Vorgänge in der Unterpfalz sich
des neuen Kalenders bedienen, so ist auch hier die Anwendung nicht
ausgeschlossen.

4) G i n d e l y IV. 293.

Cordova hatte sich zu diesem Behufe um den 24 September nach Lorsch begeben.[1]) Nur das mittelalterlich befestigte mit einem Vorgraben verstärkte Bergschloss Starkenburg leistete, soweit bekannt, einen nennenswerten Widerstand. Jenseits der Weschnitz besetzte Cordova noch Weinheim mit der Burg Windeck und liess in Lampertheim seinen Generalkommissär zur Beobachtung zurück.

Gegen Ende September setzte auch der bislang östlich des Rheines verwendete spanische Heeresteil bei Stein über diesen Strom, um sich dann ebenfalls südwärts nach Dürkheim zu bewegen. Von hier aus zweigte sich am 1. Oktober eine etwa 3000 Mann starke Gruppe ab, und wandte sich durch den Engweg des Haardtgebirges über Frankenstein von Osten her gegen Kaiserslautern. Dieser Platz, dem unbeteiligten Pfalzgrafen Ludwig Philipp zugehörig, wurde nach thatkräftigem Widerstand des Hauptmanns Racquet am 3. Oktober in Besitz genommen.[2])

Um diese Zeit war die beabsichtigte Einschliessung Frankenthals durch die hiefür in der Stärke von 7 bis 8000 Mann zusammengezogenen Heereskräfte längst vollzogen.[3])

---

1) Collectio Camerariana. B. XLVIII. 26. Cordova an Landgraf Ludwig von Hessen. Lorsch 24. Sept. 1621. (In spanischer Sprache.) Nach Dahl S. 97 ging Lorsch 1621 bei Anwesenheit der Spanier in Flammen auf.

2) Zur Einnahme von Kaiserslautern: Mercure françois VIII. 14. Khevenhiller, Annales Ferdinandei IX. 1438. Lehmann G. Urkundliche Geschichte von Kaiserslautern. Kaiserslautern 1883 S. 129. Zeitangabe nach altem Kalender. Gindely IV. 293.

3) Merc. franç. VIII, 18 hat 6—7000 à p. 2000 ch. Pappenheim hielt spät. zu einer Blokade von Frankenthal 3000 bis 4000 Mann z. F. für ausreichend: Propositio eines Anschlags die Festung Frankenthal betreffend. Regensburg 1623, 20. März. Morawitzky Mat. II.S. 2.Bd. 5.

In drei Teile (vermutlich Cordova, Ibarra, Ysenburg) gegliedert rückten am 29. September die hiezu bestimmten Truppen über Gönheim und Oggersheim, dann von Lambsheim und Hessheim her in die im südlichen und östlichen Vorlande Frankenthals angewiesenen Lagerplätze ein. Die auf den drei Anmarschrichtungen zur Beobachtung bereitgestellten Truppen des Verteidigers traten nur auf der Speyererlandstrasse den Cernierungstruppen hemmend entgegen.[1])

Um sich persönlich über die nähere Beschaffenheit der im besten Verteidigungszustande befindlichen Festung und ihres Vorlandes zu unterrichten, nahm Cordova vom Hessheimer Kirchturm aus eine Erkundung vor. Schon früher, 16. und 21. September, waren Reiter-Abteilungen südlich des Karl- und Schenkelbaches vor-

---

1) Quellen und Bearbeitungen zur Belagerung Frankenthals: Allgem. Reichs-A. 30jähr. Kr. Bd. LXVIII. 402. Kriegsräte an Tilly. Neumarkt 27. Okt. 1621. Acta mansfeldica 111. Unter „äussern Wöhren" und „Halbmohnen" dürfte das Ravelin vor dem Speyerer Thore zu verstehen sein. Hauptkonservatorium der Armee. Plankammer. Belagerung der Stadt Frankenthal. Frankf. Messrel. 1621 14—19. Frankenthal'sche Belägerung, Oder Ausführlicher Gründlicher Bericht und Historische Erzählung, was sich in Zeit jüngster Belägerung in und ausserhalb der Stadt Fankenthal zugetragen und begeben hat etc. Durch einen Inwohner daselbst colligiert, beschrieben und in Druck gegeben MDCXXI. (Eur. 355. 134.) Mercure françois VIII. 15 ff. Gemershim dürfte für Gomersheim zu lesen sein. Khevenhiller, Annales Ferdinandei IX. 1438. Belagerungsplan enthält zusammenhängende Kontravallationslinie. Cesius H. S. 7. (Verlustangaben) Morell-Fatio L'Espagne en XVI et XVII. siècle. Heilbronn 1878: Ibarra Francisco de, La Guerra del Palatinado. 1620/21. Heilmann II. 1. 115—117 nach der Frankenthal'schen Belägerung. Wille Dr. Stadt und Festung Frankenthal während des 30 jähr. Krieges. Heidelberg 1877 S. 37—41. Auch für d. Vorgeschichte des Festungsbaus von Frankenthal von Wert. Arch. f. d. Off. d. K. Preuss. Art.- u. Ing.-K. LVII. 1. 90.

Uetterodt S. 378—380. Gindely IV. 294—295.

gedrungen, um über den wichtigen Platz Aufklärungen zu erhalten.[1]) Frankenthal, ungefähr 6 Kilometer westlich des Rheins gelegen, wurde von 1608 anfangend mit einer zeitgemässen Umwallung versehen. Ihre Befestigungsart gehörte der altniederländischen (Freitag'schen) an, deren besondere Eigenart in dem Mangel an Mauerwerk, ferner in den nassen Gräben bestand. Die Nordwestseite der Festung enthielt die voraussichtlichen Angriffsfronten, welche deshalb im ganzen regelmässig erbaut waren. Nur am Lambsheimer Thore bildete die Kurtine einen stumpfen, ausspringenden Winkel. Die Süd- und Ostseite des Platzes dagegen, vom Speyerer Thore bis zur nordöstlichen Bastion reichend, wichen im Grundriss von der Freitag'schen Manier etwas ab.

Vor den Spitzen fast aller Bastionen, deren Flanken senkrecht auf der Kurtine standen, dann auch vor den Thorgebäuden hatte Ingenieur-Hauptmann Textor noch Deckwerke, Halbmonde und Raveline errichtet, aus deren ausspringenden Winkeln vorbereitete Gräben in das nähere Vorland führten.

Vermutlich waren die beiden vor der Speyerer-Thorfronte aus dem Halbmond Wittgenstein und dem englischen Ravelin gegen Süden vorgeschobenen Lünetten erst nach Erkennung der feindlicherseits gewählten Angriffsrichtung durch die Kriegsbesatzung erbaut worden.

Letztere umfasste unter dem Oberstlieutenant Baronet Johann von Borres:

---

1) Frankenthal'sche Belägerung S. 4. Allgem. Reichs-A. 30jähr. Kr. Fasc. XVI. 135. Berichte des Statthalters vom 17. September 1621 die Plünderung von Klein-Niedesheim enthaltend.

Teile des (niederländischen) Regiments z. Pf.
 Megant
1 Stadtkompagnie z. Pf.
2 Fähnlein der niederländ. Regimenter z. F.
 Merven und Starkenburg
3 Fähnlein des englischen Regiments z. F.
 Veere
3 Fähnlein des pfälzischen Regiments z. F.
 Waldmannshausen
4 Kurpfälzische Stadt und Landfahnen.

> Im ganzen etwa 2000 Mann

Die Verteilung anlangend, wurden die englischen und niederländischen Werbetruppen zur Verteidigung der Werke nächst dem Speyerer Thore bestimmt. Die Fähnlein des Regiments Waldmannshausen, unterstützt durch Landfahnen, verwahrten das Rheinthor-Ravelin. Cordova unterliess nämlich nach seiner Erkundung ein Vorgehen gegen die starken regelmässigen Fronten und richtete wider Erwarten des Verteidigers seinen Hauptangriff auf die gegen Süden gekehrte Speyerer Thorfronte, deren Brustwehren schwächern Querschnitt und geringern Aufzug besassen.

Ein gleichzeitiger Nebenangriff fand gegen die Aussenwerke am Rheinthor von Osten her statt.

Im grossen und ganzen schob sich also das gewählte Angriffsfeld ·in das gegen die Nachbarfestung Mannheim-Friedrichsburg zugewendete Vorland ein, dessen Bestandung das nötige Holzwerk zum Batteriebau lieferte. Des Angreifers nächste Thätigkeit war anfangs Oktober vor allem auf die Herstellung mehrerer, schon damals üblicher Zirkumvallationswerke zum Schutze des Belagerungsparkes und der Angriffsarbeiten gerichtet. Zu diesem gehörte auch die Brückenschanze am Altrhein westlich Edigheim. Südöstlich dieses ver-

wahrten Altrhein-Ueberganges, dann zu beiden Seiten
der Speyerer-Landstrasse südlich der Isenach, an Studern-
heim angelehnt, befanden sich die auch durch Feld-
Befestigungen gesicherten Lager der Angriffstruppen.
Bei dem von Süden her geführten Hauptangriff
kommen vor:
  (Wallonisches) Tercio Wingarde
  (Italienisches) Tercio Campolattaro
  (Burgundisches) Tercio Balançon.
Bei dem Nebenangriff finden sich nur die (deutschen)
Regimenter Ysenburg, Emden und Bauer verwendet.
Das (spanische) Tercio Ibarra dürfte die Einschliessung im Nordwesten Frankenthals vervollständigt haben.
Die Reiterei, welche bei ihrer Vereinigung am 7. Ok-
tober in das wirksame Feuer der Festungsgeschütze
geriet, war bestimmt, den Rücken der Angriffstruppen
zu sichern. Aus dem im südlichen Vorland befindlichen,
möglichst trocken gelegten Einschnitten des Feld- sowie
des Almen- oder Schleidgrabens heraus schob am eben
genannten Tage der Ingenieurangriff seine Annäherungs-
Arbeiten einerseits gegen das Rheinthor-Ravelin, ander-
seits gegen die Lünetten Vervaix und Wittgenstein vor.
Das Geschützfeuer wurde am darauffolgenden Tage
(8. Oktober) eröffnet. Dem Vermuten nach hatte man
jedoch bis zu dieser Zeit im ganzen nur zwei Batterien
einer ersten Artillerie-Aufstellung gegen den Platz ge-
baut und armiert. Hievon war eine vereinzelte Batterie
am Schleidgraben auf 6—800 Schritte gegen das Rheinthor-Ravelin errichtet. In dem südlichen Angriffsgelände
zwischen dem Feldgraben und der Speyerer-Landstrasse
stand erst bis 13. Oktober eine Gruppe von 3 Demontier-
Batterien in Thätigkeit. Von letztern scheint die rechte
Flügelbatterie die (englische) Lünette Vervaix, die mittlere Batterie Lünette Wittgenstein, die in den Damm der

Speyerer-Landstrasse eingebaute linke Flügelbatterie das Ravelin Starkenburg auf Entfernungen von 600—800 Schritten, jedoch ohne besondere Wirkung unter Feuer genommen zu haben.[1]) Inzwischen liess es der äusserst thätige Verteidiger nicht an häufigen Versuchen fehlen, durch Ausfälle den belagerungsmässigen Angriff schon im Beginne zu stören und zu beunruhigen. Die ersten gewaltsamen Angriffe auf die Werke am Rhein- oder Mannheimerthore (am 8. Oktober abends), sowie gegen das Wormserthor (10. Oktober) werden kräftig zurückgewiesen.

Am 14. Oktober trat insoferne ein bedeutsamer Wendepunkt in der Belagerung Frankenthals ein, als des Angreifers ganze Aufmerksamkeit von jetzt ab nach Aussen abgelenkt wurde. Die Ansammlung feindlicher Truppen im Brückenkopf von Mannheim verfolgte näm- lich ohne Zweifel schon den Zweck, den Rheinübergang des nahenden pfälzisch-mansfeldischen Heeres sicher zu stellen.[2]) Als Cordova von dem drohenden Anmarsch Mansfelds aus der Oberpfalz am 16. Oktober nähere. Kunde erhielt, suchte er zunächst das Belagerungs- verfahren zu beschleunigen. Er liess noch am näm· lichen Tage abends 7 Uhr gegen das Ravelin am Rheinthore, sowie gegen die vorgeschobenen Lünetten Wittgenstein und Vervaix Sturmangriffe ausführen. Nur letzteres Vorwerk scheint hiebei durch Ueberraschung in die Hände des Angreifers gefallen zu sein, während Lünette Wittgenstein, dessen unermüdlicher Befehls-

---

1) Die Aussenwerke sind hier nach ihren Befehlshabern bezeichnet. Hauptmann Ludwig Graf von Wittgenstein war nicht wie Wille S. 39 annimmt Gouverneur, sondern vermutlich Fähnleinsführer im Regiment z. F. Starkenburg.

2) Zu Mansfelds Verkehr mit Veere vgl. Allgem. Reichs-A. 30- jähr. Kr. Fasc. XV. 133. Görz au Pawel. 8. Okt. 1621. Fern. Erz. etc. 71.

haber noch am 16. Oktober einen glücklichen Vorstoss gegen den stetig vorrückenden Ingenieur-Angriff unternommen hatte, erst am darauffolgenden Tage (17. Oktober) mit stürmender Hand erobert wurde. Der gleichzeitige Angriff am Rheinthor war anfänglich schwankend, endete jedoch mit dem Rückzuge des deutschen Regiments z. F. Ysenburg.

Cordova nützte seinen Erfolg im südlichen Vorland dazu aus, in der Höhe der gewonnenen Lünetten eine zweite Geschützaufstellung von 3 Batterien auf etwa 3—400 Schritte von der Hauptumfassung zu errichten. Mindestens eine Batterie wurde jetzt auch bestimmt, unter Anwendung von glühenden Kugeln das Feuer zum Brandlegen gegen die Wohngebäude Frankenthals zu eröffnen. Doch kaum hatten diese neuen Batterien, zu denen sich im Nebenangriff noch eine vierte gegen das Rheinthor-Ravelin gesellte, ihre Thätigkeit begonnen, als Cordova am 19. Oktober von dem Anrücken des mansfeldischen Vorzuges verständigt wurde, der um diese Zeit in der Stärke von etwa 4 Kompagnien und 12 Fähnlein von der Tauber her den Neckar erreichte.[1])

Einem nochmaligen vergeblichen Versuch am 19. Oktober durch das Rheinthor in die Festung gewaltsam einzudringen, folgten jetzt thatkräftige Massnahmen zur Abwehr eines möglichen Entsatzes. Alle bei der Belagerung selbst entbehrlichen Truppen wurden mit den Kriegsbesatzungen der nächstliegenden pfälzischen Städte zu einer besonderen Heeresgruppe von etwa 20 Fähnlein mit der gesammten Reiterei vereinigt und zur Verstärkung der Zirkumvallationswerke verwendet. Ihre Flügel dehnte Cordova rechter Hand bis zur Strasse nach Lambsheim, linker Hand bis zum

---

1) Vergl. hiezu Seite 177 dieser Abhandlung.

Peters-Auerhof gegenüber Lampertheim aus, woselbst
er dem hier belassenen Generalkommissär die Hand
reichte. Von einer Erstürmung der von Studernheim
6 Kilometer entfernten Rheinschanze, zu welchem Unternehmen bereits die Anordnungen getroffen waren, stand
jedoch Cordova in letzter Stunde ab. Inzwischen hatte
das bis an den Rand der Contreeskarpe vorgerückte
belagerungsmässige Verfahren schon deshalb keinen
Fortgang genommen, weil sich sowohl natürliche Ein-
schnitte, als künstliche Gräben durch anhaltende Nieder-
schläge mit Wasser füllten.

Wenn auch die Angriffsbatterien ihr Feuer nicht
unterbrachen, so gelang es ihnen doch nicht den Brust-
wehrkörper zu zerstören.[1]) Ein verspäteter Versuch
durch Minensprengung den Wall zu öffnen, wurde bald
aufgegeben. Wohl nur um der üblichen Form zu ge-
nügen, richtete Cordova am 23. und 24. Oktober an
den Gouverneur von Borres Aufforderungen zur Uebergabe, worauf dem Belagerer jedoch nur verschleppende
Antworten zukamen. Da inzwischen bekannt wurde,
dass das überlegene pfälzisch-mansfeldische Heer aus
der Oberpfalz in Mannheim eingetroffen war, so berief
Cordova einen Kriegsrat, der sich für ungesäumte Auf-
hebung der Belagerung erklärte. In der Nacht vom
24. auf den 25. Oktober traten die spanisch-niederländischen Truppen unter Deckung des italienischen Tercio
Campolattaro aus ihren Lagern nach zwei Richtungen
hin einen etwas übereilten Rückzug an. Während sich
der Hauptteil über Osthofen unter Festhaltung der
Steiner Uferwechselstelle nördlich gegen Oppenheim
wandte, wich ein kleiner Teil über Alzey nach Kreuz-

---

1) Dem Anscheine nach an einer der beiden Facen des Ravelins
Starkenburg vor dem Speyerthorgebäude.

nach gegen die untere Nahe aus.[1] Im Laufe des in
seinen Umrissen geschilderten belagerungsmässigen Verfahrens wurde dem Angreifer durch die feindlichen
Waffen allein ein Verlust von 502 Mann zugefügt,
271 Mann erlagen überdies den Kriegsstrapazen. Bei
der Verteidigung, die es auch in den letzten Tagen
der Belagerung nicht an kräftigen Ausfällen fehlen liess,
fielen im ganzen 260 Mann durch die Waffen, während
183 Mann auf andere Art das Leben verloren.

---

1) Die Gründe, welche Schreiber S. 250 für Cordovas Abzug
unterschiebt sind unzutreffend. Tilly befand sich am 25. Oktober noch
ruhig in Fürth, nicht an der Bergstrasse, wie Schreiber anzunehmen
scheint. Nach Klopp I. 135 dachte Cordova vor Frankenthal an keinen
Feind. Dieses ungünstige Urteil über die spanische Kriegführung ist
schon dadurch widerlegt, dass der stets methodisch handelnde Cordova,
wie erwähnt zunächst auf Anlage von Zirkumvallationswerken bedacht war.

# VIII. Vereinigung Tillys mit Oordova.
## Besetzung der Oberpfalz.

Was das weitere Verhalten Maximilians I. betrifft, so glaubte er eine eigenmächtige Ueberschreitung des ihm in bezug auf die Oberpfalz erteilten Auftrags verantworten zu können.

Schon die Entsendung des Oberstlieutenants Lorenzo del Majestro (vom Regiment z. Pf. Bönninghausen) nach dem Niederrhein zum General-Kapitän Marquis Spinola deutet darauf hin, dass der Herzog bereits vor dem Abzuge Mansfelds von der Rednitz ein Zusammenwirken der verfügbaren bayerisch-ligistischen Heereskräfte mit den in der Unterpfalz stehenden spanisch-niederländischen Truppen anstrebte.[1]

Die Vorbereitungen des Herzogs Christian zu Braunschweig, vom Niederrhein über die Weser vorzudringen, dürften Maximilian kaum entgangen sein. Christians kriegerische Unternehmungen waren auf eine Befreiung der bedrängten Unterpfalz gerichtet.[2]

Schon diese bedrohliche Wendung der allgemeinen

---

1) Nach Gindely IV. 294. versprach Maximilian dem spanischen General Cordova seine Unterstützung zu beginn der Belagerung Frankenthals, demnach anfangs Oktober 1621.

2) Näheres über die Vorgänge in Niedersachsen Sept. u. Okt. 1621 bei Opel J. O., der niedersächsisch-dänische Krieg I. 292. 293. dann Gindely IV. 312.

Kriegslage legte dem Herzog nahe, das Bundesheer zur Verstärkung Cordovas zu verwenden. Doch wartete der Herzog bei der Erteilung des bezüglichen Marschbefehls an Tilly vom 13. Oktober, wohl noch mit Rücksicht auf den Accord, erst die Bergung des pfälzisch-mansfeldischen Heeres hinter die Rednitz ab.[1]) Der spätere Vorwurf der spanischen Heeresleitung, dass Maximilian seine Anordnungen nicht rechtzeitig getroffen habe, um Mansfeld aufzuhalten, war also begründet.[2])

Das erst am 16. Oktober um Feucht und am nächsten Tage über Schweinau in der Umgebung von Fürth an der Rednitz eintreffende Bundesheer nahm trotz seiner bedeutenden Reiterei gar keine taktische Fühlung mit dem Gegner auf. Diese Aufgabe kam bambergwürzburgischen Werbetruppen unter den bischöflichen Obersten Kaspar von Steinau und Georg Peter von Hirschberg zu.[3])

Sie sammelten sich gegen Mitte Oktober an der untern Wiesent und an der Regnitz, bei Forchheim.

Von hier folgte der Grossteil dieser frischen Truppen über Höchstadt an der Aisch der Scheinfelderstrasse nach dem Steigerwald. An seinem Westhange traf

---

1) Heilmann II. 1. 114.
2) Allgem. Reichs-A. 30jähr. Kr. LXVIII. 414. Tilly an Max. Laudenburg 14. Nov. 1621 Morawitzky, Materialien II. Serie, I. Bd. 199. Tilly an Erzherzog Leopold (23?) November 1621. Gindely IV. 298.
3) Vgl. Allgem. Reichs-A. 30jähr. Kr. Bd. XCI. 21. Beschwerden des Grafen Georg Ludwig zu Schwarzenberg. In diesen Protokollen sind auch Mannschaften u. Pferde als bayerisch bezeichnet. Ebenda B. LXVIII. 341. Tilly an Max. Fürth 18. Okt. 1621. (Tilly war über Mansfelds Absichten nicht im geringsten unterrichtet.) Ebenda Fasc. XI. 110. Bericht des pfälzischen Kriegsrats v. d. Grün aus Neckarelz 21. Okt. 1621. Heilmann II. 1. 113. Anm. Soden II. 94.

er am 17. Oktober in der Zone Willanzheim-Seinsheim-Bullenheim-Weigenheim ein. Durch südlich vorgeschobene Seitentrupps wurde Mansfelds Bewegung aus der Marschlinie Forchheim-Ochsenfurt her dauernd beobachtet. Die am 19. Oktober in Gebsattel südlich Rothenburg a. d. Tauber auftauchenden Mannschaften dürften vom Steigerwald her dortselbst angelangt sein. Zu einer Begegnung mit mansfeldischen Truppenteilen kam es jedoch im Tauberthale nicht mehr. Mansfeld war bekanntlich schon am 18. Oktober tauberabwärts nach Weikersheim abgezogen.

Was nun den weitern Marsch des Bundesheeres zur Vereinigung mit den spanisch-niederländischen Truppen anbelangt, so wurde derselbe nach einem eilftägigen unthätigen Verweilen und Ausbreiten an der Rednitz am 27. Oktober fortgesetzt.[1]

Angesichts des mansfeldischen Zuges hatten nämlich geistliche Bundesgenossen ihr Oberhaupt, den Herzog, um Schutz für ihre am mittleren Rhein, und untern Main gelegenen Gebietsteile ersucht. Jetzt erst schien die Fortbewegung der um Fürth versammelten bayerisch-ligistischen Streitkräfte nach dem mittleren Rhein auch vor dem Kaiser gerechtfertigt.[2]

---

1) Inzwischen beschäftigte sich die Heeresverwaltung mit innern Angelegenheiten. (Allgem. Reichs-A. LXVIII 358—396.)

2) Zum Marsche Tillys zu Cordova, und zu den begleitenden Umständen vgl.:

Allgem. Reichs-A. 30jähr. Kr. Bd. XIX. 163. Berichte aus Bayersdorf.

Ebenda XXXVIII. 118. Verzeichnis von Einquartierungen etc. in Rothenburg a. d. Tauber.

„ XLV. 187. Memoriale, Hilfe für Speier.

„ XLV. 223. XLVII. 40. Schriftverkehr Anholts mit Maximilian.

„ LXVIII. 356. 367. 371. 372. 400. 406. 409. 412.

Hiebei wurde von der Rednitz bis zur Tauber im allgemeinen eine westliche, und von hier durch den südöstlichen Teil des Odenwaldes, dann dem Thalweg des Maines entlang, eine nördliche Richtung gegen den Bach- und Rottgau eingehalten.

Vom Abschnitt der Gersprenz aus, den das Bundesheer vermutlich über Schaafheim, Gross-Umstadt anfangs November erreichte, ging Tilly gegen die Bergstrasse westlich des Odenwaldes vor.

Aus den annähernd bekannten Unterkunftsorten der Heeresleitung zu schliessen, nahm die ganze Verschiebung von der Rednitz bis zur Gersprenz 10—11 Tage in Anspruch:

27. u. 28. Oktober  Neustadt an der Aisch, (?)
29. u. 30.    „     Ulsenheim (östlich Uffenheim),
31.           „     Bieberehrn,
1. u. 2. November   Königshofen an d. Tauber,

Ebenda LXXXI. 586. 589. Haimhausen an Max. Nürnberg 17. Okt. 1621. Die Kontribution dieser Reichsstadt betr.

„ Fasc. XI. 110. Schriftverkehr Tillys. Für Obirstadt dürfte Eberstadt zu lesen sein.

„ Fasc. XII. 121 u. 123. Schriftverkehr Tillys während des Marsches (auch in italienischer Sprache).

„ Fasc. XIII. 127.

„ Fasc. XVI. 137. Joh. Schweickhard an Tilly. Johannisburg 26. Okt. 1621.

Frankfurter Messrelationen 1621. Seite 25 und 27. Fernere Erzähl. u. Unparth. Ber. 1622. Seite 72.

Londorpii Acta publica 1668. II. 511. Vorbereitungen für den Marsch durch Mainzer Gebiet.

Morawitzky, Materialien II. Serie I. Bd. S. 202.

Gindely IV. 298. 299.

Heilmann II. 1. 112. 118.

Madler, Schloss Miltenberg, Amorbach 1837. S. 44.

Soden, II. Seite 93—101.

3. November  Külsheim,
4.   „   Kleinheubach,
5.   „   Dieburg an der Gersprenz.

Schon anfangs November zweigten sich zur Besetzung des wichtigen Engweges bei Gelnhausen gegen die anrückenden braunschweigischen Werbetruppen
etwa 4 Kompagnien
4 Fähnlein
nordwärts über Seligenstadt vom Hauptteile ab.

Gleichzeitig wurde nach Hanau das Fähnlein Saint-Julien des Regiments z. F. Schmidt verlegt.

Von Dieburg aus begab sich Tilly am 6. November nach Pfungstadt und von hier am nächsten Tage nach Gross-Rohrheim. Die am 8. November, einem Rasttage, zu Gernsheim stattgehabte Besprechung Tillys mit Cordova ergab, dass diese beiden Heerführer sich über die nächsten Unternehmungen nicht einigen konnten. Nach einer voreiligen Aufforderung Heidelbergs, welche nicht nach dem Geschmacke Max I. war, rückte Tilly längs der Bergstrasse am 9. November nach Heppenheim und am 10. November nach der kurpfälzischen Stadt Weinheim vor.

Der südwärts gerichteten Front des bayerisch-ligistischen Heeres gegenüber stand nur Oberst Joh. Mich. von Oberntraut zwischen Weinheim und Heidelberg. Er beobachtete von hier aus mit 7 Kompagnien z. Pf. die gegen den untern Nekar führenden Verbindungen.

In bezug auf die Marschordnung für die geschilderte Bewegung hatte schon Maximilian selbst verfügt, dass Freiherr von Tilly im Nachzuge zu verbleiben habe. Da dem Generalwachtmeister Freiherrn von Anholt (als Stellvertreter eines Feldmarschalls) die Führung des Vorzugs oblag, so dürfte sich das Bundesheer von Fürth aus etwa in nachstehender Dreigliederung bewegt haben:

I. **Vorzug.** Generalwachtmeister Freiherr v. Anholt.[1]

| Regiment z. Pf. Erwitte | 5 Komp. |
|---|---|
| ,, ,, ,, Eynatten | 5 ,, |
| ,, ,, F. Anholt | 10 Fähnl. |
| ,, ,, ,, Florainville | 4 ,, |
| ,, ,, ,, Roville | 2 ,, |

II. **Mittelzug.** Oberst Graf Egon zu Fürstenberg-Heiligenberg.[2]

| Regiment z. Pf. Fürstenberg | 6 Komp. |
|---|---|
| ,, ,, F. Fürstenberg | 7 Fähnl. |
| Salzburgische Freifähnlein (v. Teuffel und Trinkalin) | 2 ,, |
| 10—12 Geschütze. | |

III. **Nachzug.** Generaloberstlieutenant Freiherr von Tilly.[3]

| Regiment z. Pf. Pappenheim | 2—3 Komp. |
|---|---|
| ,, ,, ,, Lintelo (ohne Obersten Kompagnie) | 4 ,, |
| Regiment z. Pf. Herzelles (würzburgisches) | 6 ,, |

---

1) Madler, Schloss Miltenberg, gibt Anholts Gruppe auf 4500 Mann an.

2) Zur Ueberlassung der beiden Fürstenberg'schen Regimenter vgl. Allgem. Reichs-A. 30jähr. Kr. XCII. 6. Max an Ferdinand II. 27. Okt. 1621. Intercession (Fürsprache) für Herrn Graf Egon Fürstenberg Hofmarschall.

3) Soden II. 101. gibt Tillys Heerteil auf 2000 Reiter und 3 Regimenter z. F. an. Der Abmarsch des Bundesheeres dürfte staffelweise erfolgt sein.

| Regiment z. F. Haimhausen (eich- | |
| städtische Fähnlein) | 2—3 Fähnl. |
| Regiment z. F. Truchsess (würz- | |
| burgisches) | 10 „ |
| Regiment z. F. Schmidt | 10 „ |

Diese angenommene Einteilung erlitt, abgesehen von den erwähnten Abzweigungen, insoferne eine Aenderung, als die beiden Reiter-Regimenter des Vorzugs, Eynatten und Erwitte, sowie das Regiment z. Pf. Lintelo um den 1. November vom Maine über Schaafheim — Dieburg nach der Rhein-Uferwechselstelle am Steiner Wörth gegenüber Rheindürkheim entsendet worden waren.

Oberst von Lintelo, als Führer dieser Reiterabteilung, sollte wohl Fühlung mit den spanisch-niederländischen Truppen anstreben, welche um diese Zeit sich im Anmarsch gegen Rheindürkheim befanden.[1]

Zu Tillys Truppen traten noch 10—12 spanische (Frei-) Kompagnien z. Pf., welche Cordova anfangs November 1621 der bayerisch-ligistischen Heeresleitung zur Verfügung stellte.[2]

Hiedurch wurde das übliche Verhältnis von Reiterei und Fussvolk hergestellt.

Die Gesammtstärke des Bundesheeres betrug demnach um Weinheim an der Bergstrasse etwa

40 Kompagnien (28 bayerisch-ligistische, 12 spanische) ⎫
46 Fähnlein ⎬ im ganzen 16000 Mann
10—12 Geschütze ⎭

---

1) Morawitzky, Materialien II. Serie I. Bd. S. 202.
2) Gindely IV. 299. (1500 Reiter). Es ist möglich, dass diese Kompagnien nur zur Fühlung mit Lintelo demselben entgegengeschickt wurden.

Wie ersichtlich fehlen bei der Marschordnung mit
Ausnahme des Regiments z. Pf. Lintelo alle unter be-
stellten bayerischen Obersten stehenden Regimenter.
Dieselben waren zum Teil schon in der Oberpfalz
verblieben, wie Herliberg, Haimhausen, Mortaigne, zum
Teil kehrten sie erst von Fürth aus über Gräfenberg
oder Feucht dorthin zurück, wie Bönninghausen, Cratz,
Gaisberg. Letzteres wurde nach halbjährigem Bestande am
9. November in Neumarkt von 10 Fähnlein auf 3 (Reinach,
Neuching, Salis) reformiert.[1]

Die übrigen altbayerischen Regimenter verteilte
Maximilian auf alle ehemals kurpfälzischen Städte und
Aemter.[2]

Auch in das nordwestliche Böhmen wurden gleichzeitig bayerische Kompagnien und Fähnleins verlegt.

1) Allgem. Reichs-A. 30jähr. Kr. B. XXIII. 246. Ebenda Fasc.
IV. 50.

2) Zur Truppenverteilung in der Oberpfalz und in Böhmen vgl.:
Allgem. Reichs-A. 30jähr. Kr. XX. 168. 172. 174. 182. Schrift-
verkehr zwischen Maximilian und Herliberg. Ebenda XXIII. 188.
Ebenda B. XXXVI. 221. 222. Schriftverkehr Herlibergs.
   „   XXXVIII. 39. Roding an Max 8. Okt. 1621.
   „   XLVII. 331. Lintelos Schriftverkehr.
   „   LXVIII. 378. 392. 394. Cratz bittet in der Oberpf.
bleiben zu dürfen.
   „   LXXIII. 7. 118.
   „   LXIX. ante 1. Verteilungsbefehl ohne Zeitangabe nach
Erlass vom 27. Okt. 1621 eingebunden.
   „   Fasc. XVI. 120.
Hof- und Staatsbibliothek, Handschriftensammlung. Codex germ.
bav. 1937. Verschiedene relationes 290.
Verhandlg. d. histor. Ver. d. Oberpf. u. Regsbg. XXII. Mehler
Geschichte von Tirschenreuth. 139
Soden II. S. 101.

# I Pfälzische Grenzorte.[1])

| Als Befehlshaber kommen vor. | Komp. Regt. z. Pf. | Fähnl. Regt. z. F. |
|---|---|---|
| Neumarkt. Oberstlieutenant Hübner ⎱ Freystadt ⎰ | 1 Bönninghausen | 2 Herliberg |
| Seligenpforten ⎱ Kastel ⎰ . .    . . .    . . . , | | 1 Herliberg |
| Amberg . . . . bis 8. November Oberst von Mortaigne sodann Oberst v. Herliberg | 1 Bönninghausen | 3 Mortaigne sp. Herliberg |
| Auerbach . . . Oberstlieutenant Adam Arnold v. Erwitte Michelfeld Eschenbach Waldsassen | 1 Bönninghausen | 2 Herliberg |
| Tirschenreuth Hauptmann Garttner Bärnau Rittmeister Prugger | 1 Bönninghausen | 2 Haimhausen. |

## II. Andere pfälzische gegen Bayern, die junge Pfalz und Eichstätt gelegene Orte.

| | | |
|---|---|---|
| Waldmünchen Hauptmann Rosenheimer | | 1 Fürstenberg |
| Cham (und Roding) bis anfangs Nov. v. Herliberg dann Oberstlieut. v. Wager | | 2 Herliberg (Gaisberg) |
| Bruck | | |
| Reichenbach . . . Oberstlieutenant v. Voith | | 1 Fürstenberg |
| Walderbach ⎱ Oberstlieutenant Melchior v. Neunburg v. d. W. ⎰ Reinach Rötz | | 1 1/2 Gaisberg (reform.) |
| Nabburg ⎱ Hirschau ⎰ | | 1 1/2 |

1) Nur die Gruppierung der Städte etc. ist nach: Allgem. Reichs-A. 30 jähr. Kr. LXIX. ante 1.

### III. Böhmische Städte.

| Befehlshaber | Komp. | Regt. z. Pf. | Fähnl. | Regt. z. F. |
|---|---|---|---|---|
| Pilsen | 1 | | 1½ | |
| Taus | 1 | vermutlich | 1/1½ | |
| Klattau | 1 | Cratz | 1½′ | anfänglich |
| Bischofteinitz | 1 | u. Herberstorff | 1½ | Mortaigne, |
| Haid | | | 1 | Haimhausen |
| Tachau (Hauptm. Stella) | | | 1 | und |
| Mies | ½ | | 1½ | Schmidt |
| Elbogen (Hauptm. Festi) | ½ | | 1½ | |

Im Gefolge vorstehender Werbetruppen, welche wie vorher die mansfeldischen nicht überall mit freundlichen Mienen empfangen wurden,[1]) befanden sich auch die ersten Pioniere für jenen denkwürdigen und nachhaltigen Umschwung, der sich jetzt unter dem mächtigen Einflusse der Restauration in der Oberpfalz und in Böhmen vollzog.[2])

Maximilian I. verweilte nach dem Abzuge des Bundesheeres zur Rednitz noch zwei Wochen in Neumarkt. Der Herzog war zwar am 15. Oktober wohl im stande seinem kaiserlichen Freunde Ferdinand II. die Besitzergreifung der Oberpfalz zu melden. Allein er musste zugleich bekennen, dass die mit dem Grafen von Mansfeld in bezug auf seine Abrüstung sich hin-

---

1) Allgem. Reichs-A. 30jähr. Kr. XXXVI. 221. Erwähnung eines Gefechtes von Teilen der Regimenter Bönninghausen und Herliberg mit pfälzischem Landvolk. Cesius H. Seite 7 führt einen Verlust von 9 Gebliebenen an, welchen Kaiserliche (Bayerische) bei Newen Mark (Neumarkt in der Oberpfalz) erlitten haben sollten.

2) Nach Allgem. Reichs-A. LXXIII. 90 brachte v. Preysing allein 12 Mitglieder der Gesellsch. Jesu u. 2 Vät. v. Ord. d. heil. Franziskus d'Assissi nach Amberg. Die Regimenter hatten stets eine Anzahl etatsmässiger Kapläne. Ausserdem besoldete der Herzog noch Militärgeistliche aus eigenen Mitteln. Zur Restaurat. siehe: Fink, Geöffn. Arch. Jhrg. 1820/21 I. 81.

schleppenden Verhandlungen noch zu keinem Abschlusse gediehen waren.

Das Misstrauen, mit welchem der staatskluge Herzog die ersten auf einen Entwaffnungsvertrag zielenden Nachrichten aufnahm, erwies sich als begründet.[1]) Er mochte von Anfang ab das bestehende Dienstverhältnis des pfälzisch-mansfeldischen Heeres zum Pfalzgrafen Friedrich sowie die Zusammensetzung des ersteren nicht unterschätzt haben. Einem förmlichen Bruche, wenn ein solcher überhaupt beabsichtigt war, dürften insbesondere die aus dem abgedankten Unionsheere nach der Oberpfalz übergetretenen Offiziere wie Lichtenstein, Stolberg, Pape, abgeneigt gewesen sein. Regimenter kurpfälzischen Ursprungs, wie Solms, Schlammersdorf, dann die erprobte Artillerie waren wohl für einen sogenannten Accord vorweg nie zu gewinnen.

Nach mehr als dreimonatlicher Abwesenheit von München trat der grosse Herzog am 27. Oktober die Rückreise von Neumarkt nach der bayerischen Haupt- und Residenzstadt an, woselbst er am 29. Oktober 1621 anlangte.[2])

---

1) Hiezu Geheim. Staats-A. Kaiserl. Korresp. Kast. schw. 2./17. Seite 243. Max an Ferdinand. Neumarkt 15. Okt. 1621. Ebenda 936. Maximilian an Ferdinand Straubing 7. Aug. 1621.

Nach Soden II. 77. reiste Chalon am 30. Sept. unbefriedigt über Maximilians Verhalten von Nürnberg ab.

2) Auf die Reise des Herzogs beziehen sich: Allgem. Reichs-A. 30jähr. Kr. LXIX. 1. Max an die in Neumarkt belassenen Räte, Hohenkammer 28. Okt. 1621. Ebenda LXVIII. 402. Räte an Tilly. Neumarkt 27. Okt. 1621.

Ebenda Fasc. IV. 50 bayer. Kriegsrechnung. Fol. 1. Auf Ir Drl. . . . erst den 29. Oktober zurugkh in Dero Landen ankhommen.

# Anhang

enthaltend einige Angaben zur Geschichte der 1619 und 1620
errichteten bayerisch-ligistischen Regimenter.

## I. Regimenter zu Pferd.

### (2.) Regiment z. Pf. Bönninghausen.

Bestallungs-Revers: München 24. April 1619, siehe Allgem.
Reichs-A 30jähr. Kr. Band I Bl. 331. Zur Werbung: Geheim.
Staats-A. Kriegssachen 1611—1650. Kast. schw. 426/7. Köln,
8. Mai 1619.

6 Kompagnien dieses Regiments trafen vom 14. Juni
1619 ab zur Musterung aus den spanischen Niederlanden in
Gerolfing bei Ingolstadt ein: Allgem Reichs-A. 30jähr. Kr.
IX. 12. Haimhausen an Max, Ingolstadt 14. Juni 1619.

Weitere Aufschlüsse über dieses Regiment: Allgem. Reichs-
A. 30jähr. Kr. Fasc. IV. 50. bayr. Kriegsrechnung.

Hienach führt Leibgarde-Lieutenant Bonaventura wie schon
im (1.) Regiment Bönninghausen 1607 eine Kompagnie.

Sammelblatt des historischen Vereins in und für Ingolstadt XI. Heft Seite 150, Musterung vom 18. Juli 1619; Fahnen-
weihe am 19. Juli 1619; Beschreibung der 5 Fahnen.[1] Klagen
über Ausschreitungen Allgem. Reichs-A. 30jähr. Kr. XX. 6. 10.
An Viehbeck und Bönninghausen

Einreihung in die Schlachtordnung bei Prag Krebs, S. 102.
Heilmann II. 1. 77.

---

1) Da Oberst von Bönninghausen auch Hauptmann der Corbiner-
garde war, so dürfte hier einzuschalten sein, dass die Standarte dieser
herzogl. Leibgarde durch Major Freih. von Branca in sehr gelungener
Weise gemalt und die Abbildung dem K. Armee-Museum zu München
geschenkt wurde. (Vergl. Katalog des Arm.-Mus. S 160. Nr. 6444.)

Regiment z. Pf. H e r z e l l e s (würzburgisches).

Bestallungs-Patent vom 10. Mai 1619 (ohne Ortsangabe),
Allgem. Reichs-A. 30jähr. Kr. Bd. I. Bl. 343. Erste Musterung
durch den Bischof von Würzburg 22. Juli 1620. H e i l m a n n
II. 2. 913. Hier ist die Bezeichnung in 6 „Escadronen"
statt 6 „Kompagnien" gewählt.
Ueber den Marsch des Regiments in das Stift Eichstätt
und von da in den Lallinger Winkel. H e i l m a n n II. 160. Anm.
Eintritt in die Bestallung der Liga bei Ueberlassung d.
Reg. an dieselbe 1620 23. Aug. (?) (Bayr. Kriegsrechnung,
Allgem. Reichs-A. 30jähr. Kr. Fasc. IV. 50).
Nach K r e b s Dr.: Die Schlacht am weiss. Berge Seite 60
trifft das Regiment am 4. November 1620 beim bayerisch-
ligistischen Hauptheere ein.
Einreihung in die Schlacht bei Prag: Ebenda 102.

Regiment z. Pf. P a p p e n h e i m.

Den Stamm dieses hervorragenden bayerisch-ligistischen
Reiterregiments bildet jene Kreiskompagnie z. Pf., deren Errichtung durch Kreisadjunkten-Abschied zu Landshut 19. Januar
1619 bewilligt wurde (vgl. L o r y, Sammlung des bayerischen
Kreisrechts Seite 260). Eine auf 200 Kürassiere lautende
Bestallung lür Rittmeister H. G. von Pappenheim vom 31. Mai
1619: Allgem. Reichs-A. 30jähr. Kr. Bd. I. Bl. 355. H e i l m a n n
II. 2. 917. Weitere Nachrichten über die Geschichte dieses
Regiments siehe: Geheim. Staats-A. Kriegss. 1611—1650. K a s t.
schw. 426/7. 18. Sept. 1619. 14. Mai 1620. Allgem. Reichs-A.
30jähr. Kr. Bd. XXV. 11. Maximilian an Pfalz-Neuburg,
München 19. Okt. 1619, dann ebenda Fasc. IV. 50. Bayer.
Kriegsr. etc. Seite 17 und 18. Ueber Pappenheims Beteiligung
an der Schlacht am weiss. Berge und seine Verwundung: H e i l -
m a n n II. 1. 83. K r e b s 122.

Regiment z. Pf. F ü r s t e n b e r g.[1])

Oberst Egon Graf zu Fürstenberg-Heiligenberg, errichtet
zu Beginn des 30jährigen Krieges, ein Regiment z. Pf. für
die Liga, ein Regiment z. F. für Kaiser Ferdinand II.

---

[1]) Auf Seite 16 dieser Druckschrift nach dem Oberstl. als Regiment Nerssen bezeichnet. Bestallungs-Patente für Johann v. Virmundt

Letzteres berührt K r e b s S. 195. Die Heere. Ersteres
tritt (1619, 8. Okt.?) 6 Kompagnien stark in die Bestallung
der Liga (Allgem. Reichs-A. 30jähr. Kr. Fasc. IV 50. bayer.
Kriegsrechnung 25.) Rittmeister Moriame, Freiherr von Pallandt,
befand sich bei diesem Regiment. (Als Ergänzung zu K r e b s
199 u. H e i l m a n n II. 1. 48.)
Weitere Nachrichten: Ebenda B. XXXI. 2—8. 14. Juni
1619 Reiterwerbung betreff.
Das Regiment wird 1620 zur Besatzung von Oberösterreich
gezogen.

## Regiment z. Pf. E r w i t t e.

Die Bestallung für Oberstlieutenant Dietrich Ottmar von
Erwitte vom 22. Aug. 1619 befindet sich im Allgem. Reichs-A.
30jähr. Kr. Band I. 377. Nebenbestallung: Ebenda I. 388.
390. 391.
Die Vergangenheit des Regiments Erwitte berühren: Allgem.
Reichs-A 30jähr. Kr. Fasc. IV. 50. 23.
G i n d e l y III. 314. — H e i l m a n n II. 1. 69. —
K r e b s 52. In der Schlachtordnung für den 8. November 1620
ist es nur mit der einen Kompagnie Grün vertreten. Ursprünglich zu 6 Kompagnien errichtet, trat 1620 auch noch die Kompagnie Riz in Oberösterreich hinzu.
Gleichzeitig mit Dietrich Ottmar von Erwitte kommt im
bayerisch-ligistischen Heere der Oberstlieutenant Adam Arnold
von Erwitte im Regiment z. F. Herliberg vor.

## Regiment z. Pf. L i n t e l o.

Bestallungs-Patent vom 9. Nov. 1619. Allgem. Reichs-A.
30jähr. Kr. Bd. I Bl. 397, dann H e i l m a n n II. 2. 917.
M ü n i c h, Geschichte 1. Chev -Regt. nimmt Seite 158 den
16. Jan. 1620 als Errichtungstag an.
Sammelbl. des hist. Ver. in u. f. Ingolstadt XI. H. S. 151.
(Reg. z. Pf. Lintelo schon im Jahre 1619 in Ingolstadt) Zuteilung zu Heimhausen H e i l m a n n II. 1. 68. Oberst von

z. d. Nerssen finden sich: Allgem. Reichs-A. 30jähr. Kr. I. 384. 1619
25. Okt. Ebenda 405. 1619 13. Nov. 406. 411. 13. Nov. 612 615.
1621 1. Okt. Ebd. IX. ad 55h. In der bayr. Kriegsr. findet sich kein
Vortrag.

Lintelo verbleibt als Etappenkommandant mit seinem Regiment und 3 Fähnlein Haimhausen an der bayerisch-böhmischen Grenze.

## Regiment z. Pf. Herberstorff.

Bestallungs-Revers am 22. November 1619 für den Rittmeister Adam von Herberstorff auf 200 Kürassier-Reutern (Stamm-Kompagnie). Allgem. Reichs-A. 30jähr. Kr. Bd. I Bl. 414. Musterung von 4 Kompagnien zu Deutz 1620 29. Febr. (1. Adam von Herberstorff, 2. Malkolm von Herberstorff, 3. Nikolaus Cronenburg, 4. Enkeford) siehe Ebenda Bd. IX. ad 55f u. g.

Der Stand dieses Regiments wurde bis auf 16 Kompagnien erhöht.[1]) (Allgem. Reichs-A. Fasc. IV. 50. Bayer. Kriegsr. 21). Abordnung zu Dampierre: Heilmann II. 1. 66.

## Regiment zu Pf. Cratz.

Zur Persönlichkeit des Obersten: Krebs 56 Anm.

Wie das Regiment z. F. Anholt von geistlichen Reichsständen (Mainz, Trier, Worms, Speyer, Strassburg, Passau, Fulda) 1619 errichtet.

Eintritt in die Bestallung der Liga 1619 28. Dez. (Allgem. Reichs-A. bayr. Kriegsrechnung Fasc. IV. 50.)

Besichtigung d. Reg. durch Maximilian I anf. April 1620 Sammelbl. d. hist. Ver. f. Ingolstadt XI. H. 153. Zuteilung zur Gruppe Haimhausen: Heilmann II. 1. 68.

Der Anteil des Regiments an den Kämpfen bei Rakonitz und an der Schlacht am weiss. Berge bei Krebs Dr. S. 56 und 114 und Heilmann II. 1. 82.

Cratz wird 1621. 1. Januar bestellter bayerischer Oberst (Kreis-A. München, Hofzahlamtsrechnungen 1621. 543.)

## Regiment z. Pf. Nievenheim — Lippe — Eynatten.[2])

Nach den Vorträgen in der „Bayerischen Kriegsrechnung etc. (Allgem. Reichs-A. 30jähr. Kr. Fasc. IV. 50. 28) hat Oberst-

---

1) Worunter auch die ephemeren zu rechnen sind?

2) Bei diesem Regiment befanden sich auch die Rittmeister Witpart und Gumerspach. (Allgem. Reichs-A. B. LXVII. 123. IX. 55 k. u. m. Fasc. IV. 50.)¯ Als Ergänzung zu Krebs 199 und Heilmann II. 1. 48.

lieutenant Wienand von Eynatten 1620 3. Juli ein schon be-
standenes, 1619 errichtetes Regiment z. Pf. Nievenheim übernommen. Dem Regiment Eynatten wurden sodann 1620 Juli
die 3 Kompagnien des reformierten Regiments z. Pf. Lippe
einverleibt. Ueber das Regiment Nievenheim fehlen bis jetzt nähere
Nachrichten. (Krebs 71 Anm. erwähnt Oberstlieut. von
Nievenheim.) Vom Regiment Lippe ist nach der obigen „Kriegsrechnung" etc. bekannt, dass Herrmann Graf zur Lippe 1620
fünf vom Kurfürsten Ferdinand von Köln geworbene Kom-
pagnien als Regiment z. Pf. erhält. Die Musterungen dieses Regiments fanden, wie sich aus
einem „Verzaichnuss der Original-Musterrollen etc." ergibt, im
Dezember 1619 und Januar 1620 statt. (Allgem. Reichs-A.
30jähr. Kr. Bd. LXVII 61—63.) Die Linz. Hauptkriegsrech.
führt Regim. Lippe noch 1620 Juli auf: Kriegs-A. B. 30jähr Kr.
Das letztere Regiment Lippe langt auf seinem Marsche
vom Rhein nach Lauingen in Eichstädt an: Londorpii,
M. C. Acta publica 1628 V. Buch II. 7. 7. Seite 166. —
Ueber des Regiments Lippe Haltung im Lager Lauingen und
Dillingen: Gindely III. 237. Auch Allgem. Reichs-A.
30jähr. Kr. B. XLV. 387 ist Lippe berührt. Ein Zeitgenosse des obigen Wienand von Eynatten ist
Adolph von Eynatten, Oberstlieutenant im spanisch-nieder-
ländischen Kürassier-Regiment Ysenburg. (Du Cornet II. 79
bis 123).

### Regiment z. Pf. Marcoussey.

Erste Kunde über Oberst Johann Graf von Marcoussey:
Allgem. Reichs-A. 30jähr. Kr. Bd. XIV. Bl. 251. Beschaidt So
des Hertzogen von Vaudemonts Abgesandten, dem Marchesan,
wegen Armierung dess Rheinischen Creiss und eines Obristen-
Leuttenambs Carico zugestellt worden. 1620 1. Februar, ferner
Fasc. IV. 50 B. K. Fasc. IV. 51. Es ist möglich, dass die beiden Regimenter Marcoussey
ursprünglich durch den Herzog von Nevers im Verein mit
einem französischen Ritterorden für Kaiser Ferdinand II. errichtet wurden (vgl. Gindely III. 16 u. 17. Unterredung
des kaiserlichen Gesandten Kurz mit Nevers). Der Eintritt in die Bestallung der Liga setzt sich nach

Morawitzky Max Graf von, Materialien etc. Serie II Bd. I
Seite 203—206 „Calculation wie sich Ir fstl. Dlt. in Bayern
Kriegsspesa gegen die Sächsische* verhält" für das Regiment
z. Pf. auf 7. Mai 1620 für das Regiment z. F. auf anfangs
April 1620 fest. Nach der „Bayer. Kriegsrech. (Allgem.
Reichs-A. 30jähr. Kr. Fasc. IV. 50) ergibt sich der 27. Mai
1620.
Ueber die verspätete Ankunft dieser Regimenter beim
Bundesheere bezw. den Aufenthalt am Rhein vgl. Allgem.
Reichs-A. 30jähr. Kr. Fasc. IX. 93. —
Frankfurter Messrelationen 1620. 51 u. 52. —
Morawitzky, Materialien etc. II. Serie I. Bd. 155.
324—326. —
Gindely III. 23—25, dann Heilmann II. 1. 49.
Oberst Graf Marcoussey stirbt zu Linz zwischen 4. Aug.
u. 23. Sept. 1620. Allgem. Reichs-A. 30jähr. Kr. Bd. XX. 77.
Abrechnung des Obristen Marcusan Compagnie Reutter. Nach
Marcousseys Tod führt Oberstlieutenant Sainte-Etienne das
Regiment. Allgem. Reichs-A. 30jähr. Kr. Bd. XLVII. Bl. 176.
Marcoussey ist noch berührt: Ebenda XLV. 383—386.

Regiment z. Pf. Wartenberg.

Bestallungs-Revers für Rittmeister Albrecht Graf zu Warten-
berg. München 14. Mai 1620. (Allgem. Reichs-A. 30jähr.
Kr. Bd. I. Bl. 494 und 633.
Albrecht Graf zu Wartenberg ist geboren 1601, 3. Mai
(Häutle Dr., k. Reichsarchivrat, Genealogie des erlauchten
Stammhauses Wittelsbach. München 1870. S. 205.) Fähnrich
im Kreisregiment z. F. Herliberg 1619 27. Mai. (Allgem.
Reichs-A. 30jähr. Kr. Bd. XXXVI. Bl. 18.) Rittmeister im
Regiment Fürstenberg 14. Mai 1620. Gestorben zu München
1620 6. Dezember als Oberstlieutenant. (Häutle etc. Genea-
logie etc. S. 205.) Einreihung in die Prager Schlachtordnung
Krebs 103, Heilmann II. 1. 78. Zur Abdankung: Allgem.
Reichs-A. B. XIII. 205.

Regiment z. Pf. Pötting.

Von den Ständen des Landes ob der Enns übernommen
1620 26. August: Allgem. Reichs-A. 30jähr. Kr. Fasc. IV. 50.

Bayr. Kriegsrechnung. Anteil des Regiments am Feldzug 1620:
K r e b s S. 103, Heilmann II. 1. 58. 78.
Entlassung Pöttings, Kreis-A. München. Hofkammer-
protokolle 1621. 68.
Uebertritt von Pöttings in kaiserliche Dienste siehe Allgem.
Reichs-A. Bd. XVIII. 37. Ebenda XIII. 202.

## II. Regimenter zu Fuss.

Regiment z. F. H e r l i b e r g.[1]

I. Ueber Errichtung der Stammfähnlein dieses ursprüng-
lich bayerischen Kreisregiments z. F. (Herliberg, Gottfriedt,
Soyer, später Mabon) vgl. Lory Sammlung des bayerischen
Kreisrechts Seite 248. 249. 260. Allgem. Reichs-A. 30jähr. Kr.
Bd. XXI. Bl. 1 Bd. XXXVI. Bl. 95 Bd. XXIV. Bl. 38, Bd.
XXXVI. Bl. 5, Bd. XXII. Bl. 44, Bd. XXXVI. Bl. 3. XX. 142,
(Soyer.)

II. Vermehrung des Regiments um weitere 3 Fähnlein
(Erwitte, Khöpper, Wiener) Allgem. Reichs-A. 30jähr. Kr.
Bd. XVI. Bl. 1, Bd. XXXVI. 5. Lory, Sammlung etc. Seite 263.
Allgem. Reichs-A. 30jähr. Kr. Bd. XXXVI. Bl. 7, Bd. I 364,
Bd. XXI. Bl. 10. XXI. 23.

III. Stand der bayerischen Kreistruppen: Freiberg, Max
Frhr. v., Pragmatische Geschichte der bayerischen Gesetzgebung
und Staatsverwaltung unter Max I. München 1835—39. I. 49.
Allgem. Reichs-A. 30jähr. Kr. Bd. XXXVII. Bl. 4. Max an
Hofkammer-Präsidenten Lerchenfeld und Kirchmayr. München
10. Sept. 1619. Ebenda Band post XXIV. 18. Alles der Zeit
vorhandene Kriegsvolk etc. (ohne Zeitangabe).

IV. Ankunft der unter II erwähnten (niederländischen)
Fähnlein, Musterungen etc. Allgem. Reichs-A. 30jähr. Kr.
Bd. IV. 157. Bd. XXIV. Bl. 44, Bd. XLV. Bl. 191, Bd. XXXVII.
Bl. 4, Bd. IX. Bl. 17, Bd. XXI. Bl. 31, Bd. IX. 15. Bd. IX.
Bl. 19. Bd. XXI. S. 23, 44, 45. Bd. XXXVI. Bl. 18.

V. Etatsstärke von 9 Fähnlein: Allgem. Reichs-A. 30-
jähr. Kr. Fasc. IV. 50. Bayr. Kriegsrechnung etc. Der 18. Okt.

1) Herliberg gehörte seit 1608 zu den bestellten bayerischen
Obersten und Befehlshabern (Reitzenstein, Die ältesten bayerischen
Regimenter z. F. 1885. S. 62.

1619 bei München, Geschichte des 1. Chev.-Regts. Seite 178 ist als ein Musterungstag, nicht aber als Errichtungstag anzusehen.

VI. Verteilung der Kreistruppen etc. auf die einzelnen Kreisstände und Plätze, dann allgemeine Verordnungen etc. Allgem. Reichs-A. 30jähr. Kr. Bd. XXXIX. Bl. 4. Bd. IX. 19. Bd. XXXVI. 75. XXV. 6. 11. XXXVI. 44, dann Fasc. III. 47. Bd. XX. 142. XII. 7. Sammelbl. des hist. Ver. in u. f. Ingolstadt XI. Heft. S. 150. (Fähnlein Gottfriedt betreff.)

VII. Angriff mansfeldischer Truppen auf die von Teilen des Kreisregiments besetzten Schanzen bei Grainet und Freundorf (am Rücken des Passauer-Waldes) 1620 30. Juli: Allgem. Reichs-A. XX. 155. Bd. XXVIII. 14. u. 17. dann Fasc. IX. 92. Morawitzky, Materialien etc. Serie II. Bd. I. S. 154.

VIII. Vereinigung des Kreisregiments im Lallinger Winkel (2. Hälfte Sept. 1620) Allgem. Reichs-A. 30jähr. Kr. Bd. XLVIII. Bl. 28 u. 30. Gindely III. 237 lässt das Regiment Herliberg schon im Juli 1620 nach Furth marschieren. Fähnlein Mabon verbleibt in Oberösterreich (Allgem. Reichs-A. 30jähr. Kr. Bd. XLVII. 144).

IX. Einmarsch in Böhmen, Beteiligung am Kriege, insbesondere bei Taus 12. Okt. Rakonitz 30. Okt. und Prag 8. Nov. 1620 siehe: Heilmann II. 1. 68. 69. 77. Krebs Dr. die Schlacht am weiss. Berge. S. 55. 122.

Die Fähnleins Karl von Premer, Friedrich von Böhmer (Boymer) Friedrich Neumann gehörten zum Regiment Herliberg. (Als Berichtigung zu Krebs 199.)

X. Uebergang der Kreistruppen in Bundestruppen. Allgem. Reichs-A. 30jähr. Kr. Bd. XIII. 182.

## Regiment z. F. Haimhausen.

Die Stammfähnlein dieses ursprünglich herzoglichen Regiments waren vor 10. Sept. 1619 sicher vorhanden. (Allgem. Reichs-A. 30jähr. Kr. Tom. XXXVII. 4. Maximilian an Hof-Kammerpräsidenten. München 10. Sept. 1619. Der Herzog unterscheidet hier: 1. Herzogl. bayr. Truppen (Für Uns selbst 1500 Mann in 5 Fenl . . . . 2. Kreistruppen (Regiment Herliberg). 3. Bundestruppen (Regiment z. F. Haslang). Eine eigentliche Bestallung für Haimhausen war nicht zu finden.

Hauptkonservatorium der Armee Handschriftensammlung. Morawitzky Materialien Serie I. Bd. III. Uniformierung der Leibschützen des Obersten-Fähnlein. Da München, Gesch. des 1. Chev.-Regts. S. 178 bei Haimhausen 13 am 8. Okt. 1619 gemusterte Fähnlein annimmt. so dürften von diesem Regimente in Wemding, Ingolstadt, Donaustauff Teile als bleibende Besatzungstruppen in Verwendung gestanden sein. Besichtigung des Fähnleins Pfisterer durch Maximilian I. zu Ingolstadt April 1620. (Sammelbl. d. hist. Ver. f. Ingolstadt XI. H. S. 153. Sammlung des Regiments bei Furth und Eschlkam Heilmann II. 1. 68. Vermutlich haben nur die 2 dem Regimente einverleibten (eichstädtischen) Fähnlein v. Blaarer und v. Flursheim dem Feldzuge 1620 in Böhmen beigewohnt.

## (3.) Regiment z. F. Haslang.

Eine Nebenbegleichung zur Bestallung für Oberst Alexander von Haslang zu Haslangkreit etc. ist vom 10. Juni 1619. (Allgem. Reichs-A. 30jähr. Kr. Bd. I Bl. 363.) Nachrichten zu einer Geschichte dieses Regiments finden sich vor:

I. Erste Werbungen und Musterungen: Geheim. Staats-A. Kriegssachen 1611—1650. Kast. schw. 426/7. 8. Mai und 4. Juni 1619. Allgem. Reichs-A. 30jähr. Kr. B. XXIV. 44 u. 45.

II. Oberstlieutenant Valentin Schmidt v. Wellenstein als Verweser der Oberstenstelle: Ebenda Bd. XXXVII. 4.

III. Uebernahme des Regiments durch Haslang: Ebenda Bd. XLV. 209. XXVIII. 2.

IV. Verzeichnisse, Meldungen, Standorte etc. Ebenda XII. 149. XX. 56. Bd. post XXIV. Bl. 18, dann Bd. XLVI. Bl. 9, ferner: Fasc. IV. Nr. 50 bayr. Kriegsrechnung Bd. IX. 70. Hauptkonservatorium der Armee Handschriftensammlung. Fragmente zur bayerischen Militärgeschichte unter Max I. Fasc. IV. S. 87. u. s. f. Ebenda Morawitzky, Materialien etc. Serie II, Bd. I. 147. 159. München Friedr. Gesch. des 1. Chev.-Regts. etc. München 1860 S. 178.

V. Das tragische Lebensende des Obersten und Generalwachtmeisters von Haslang am 24. Okt. (welchen Styls?) in Rackonitz oder Rockytzan berühren: Frankf. Messrel. 1620. 40.

Gindely III. 318. Krebs Dr. Jul. die Schlacht am weiss. Berge. 52.

VI. Bei der Musterung nach der Prager Schlacht sind 10 Fähnlein vorhanden: 1. Oberst, 2. Wager, 3. Reinach, 4. Pappus, 5. Walter v. Taxis, 6. Schmidt (Rudolf Haslang), 7. Stainpeck, 8. Raittner, 9. Schnabel, 10. Hohenzollern (Truchsess). (Allgem. Reichs-A. 30jähr. Kr. B. IX. 132. u. Fasc. IV. 50. 45.)

VII. Reformierung auf 2 Fähnlein (Lung u. Ligsalz) Unterstossung ders. im Reg. Herliberg.

## Regiment z. F. Mortaigne.[1]

Neu errichtet 1619 8. Oktober (Münich Geschichte des 1. Chev.-Reg 1862. 159). In die Bestallung der Liga fähnleinweise getreten vom 2. Januar 1620 ab. Revers: Allgem. Reichs-A. I. 465. 1620, 18. Febr. (Allgem. Reichs-A. 30jähr. Kr. Fasc. IV. 50. Bayr. Kriegsrechnung). Unterkunft des Regiments bei Lauingen. Bd. XII. 140).

Dieses Regiment verblieb 1620 in Oberösterreich und nahm an den Kämpfen in Böhmen 1620 nicht teil. Nur Fähnlein Martin Robert ist in der Schlachtordnung für Prag.

Vorträge finden sich Kriegs-A. B. 30jähr. Kr. Linzer Hauptkriegsrechnung.

Morawitzky, Materialien Serie II Band I 148.

## Regiment z. F. Anholt.

Zur Persönlichkeit Anholts:
Du Cornet II. pag. 40. Not. 2.
Krebs Dr. S. 75.

Bestallung für den Obersten Johann Jakob Freiherrn von Anholt etc. auf 1 Regiment Knechte. Mainz 22. Nov. 1619: Allgem. Reichs-A. 30jähr. Kr. Bd. I. Bl. 421a. Ueber den Anmarsch dieses Regiments von Flandern nach Dillingen: Cuspinianus Famae mundi Majus, Warpurg 1620. Nachrichten: 1. aus Cöln vom 4. Mai; 2. aus Strassburg vom 6. Mai; 3. aus Oberelsass vom 13. Juni; 4. aus Ulm vom 16 Juni.

Gindely III. 21.

---

1) Levin v. Mortaigne, bestellter bayer. Oberst 1618, 11. März (Kreis-A. München Hofzahlamtsrechnungen 1618.)

Fernere Nachrichten: Allgem. Reichs-A. 30jähr. Kr. Bd.
IX. 77.

Sammelbl. des hist. Ver. in u. für Ingolstadt. XI. H. S. 154.
Heilmann II. 1. 66.

Vor dem Abmarsch des Regiments zu Dampierres Gruppe
fand eine Musterung statt. Kriegs-A. B. 30jähr. Kr. Linzer
Hauptkriegsrechnung Laden 29. Allgem. Reichs-A. 30jähr. Kr.
Bd. XLVII. 144.

Regiment z. F. Sulz.

Ueber die Errichtung dieses Regiments ist im Allgem.
Reichs-A. ein besonderer Akt: „Werb- u. Musterungen des
Grafen Alwig Sulz" 1619—1620, vorhanden (Archivalische Zeit-
schrift vom Geh. Rat Dr. v. Löher VII. Bd. München 1880.
S. 332. Auracher Frz. Die Kriegsakten des Allgem. Reichs-A.)
Fernere Aufschlüsse: Allgem. Reichs-A. Fasc. X. 100. Bd. VIII. 47.
Bd. IX. 70. Bd. XXVIII. 2.

Münich: Gesch. d. 1. Chev.-Reg. etc. München 1860.
S. 178.

In die Bestallung der Liga getreten 1620 2. März. (Ebd.
Fasc. IV. 50 Bayr. Kriegsrechn.)

Musterung: Ebenda Bd. XLV. 296. An Graf Alwig Sulz.
Musterung seines Regiments zu Landsberg am Lech betreffend.
Allgem. Reichs-A. 30jähr. Kr. Bd. post XXIV. Bl. 18.
Alles derzeit vorhandene Kriegsvolk etc. Ebenda B. XLV.
292—344.

Ueber die Bestrafung des Regiments wegen grober Ausschreitungen vgl. Gindely III. 255.

Am 8. Dezember 1620 auf 1 Fähnlein reformiert; (Bayr.
Kriegsr.) dieses Fähnlein wird dem Regiment Herliberg einverleibt.

Aus der Bestallung 1621 5. Febr. (Allgem. Reichs-A. B.
XLV. 320.)

Regiment z. F. Landsberg — Roville.

Von den Kurfürsten am Rhein errichtet 1619. (Allgem.
Reichs-A. 30jähr. Kr. Fasc. IV. 50 bayr. Kriegsrechn. S. 54.)

Ueber die Vorgeschichte dieses von Oberst Valentin von
Landsberg im Erzstifte Köln geworbenen Regiments z. F. geben
nachstehende Druckschriften Aufschluss:

1. Soden, Kriegs- u. Sittengesch. etc. II., S. 4 u. 5.

\*

Marsch des Regiments von Andernach durch mainzisches und würzburgisches Gebiet nach Nürnberg und von da nach Eichstädt 1620. Von 18 Fähnlein, die durch Nürnberg kamen, waren nur 13 zum Regiment Landsberg gehörig, die übrigen stiessen zu andern Regimentern, Haslang, Mortaigne. 2. Heilmann II. 1. 49. Anm. 3. Oeffentliche Bezeugung und wahrhaffte erzehlung: Aus was für vrsachen jüngst etliche Compagnien von dem genandten Bayerischen Volck sich aus dem Stift Aichstett wider zurückbegeben, Vnd wie man sie ahn vnd hinder das licht geführet, Aus des Stifts Cöllen Diensten, worinnen sie geworben und verpflichtet worden vnbehandlet vnd vnwissend Ihrer, in Bayerische dienst vnderstecken wollen, Auch von jhrem Obristen Valentin vvn Landtsperg und Capitänen, ganz gefährlich verlassen worden: Menniglichen zur nachrichtung vnd zu nothwendiger der von solchem Regiment zurück gewichenen Soldaten Ehren Defension, auch allen aufrichtigen, ehrliebenden, redlichen Soldaten und Kriegsleuthen zur wissenschafft kein vnzeitiges vorvrtheil in dieser sachen zu schöpffen, in Druck verfertiget. Anno 1620. Ferner: Allgem. Reichs-A. 30jähr. Kr. Fasc. IV. 50. Bayerische Kriegsrechnung etc. dann Fasc. IX. 92. Entwichene und gefangene Soldaten vom Landsbergischen Regiment. Ebenda. Bd. IX. Bl. 65. 70. Bd. XII. Bl. 93. 140. XIII. 16. Fasc. VII. 86. Morawitzky, Materialien etc. Serie II. Bd. 1. 149. u. 156. Londorpii M. C. acta publica 1628. V. Buch II. 7. S. 166. Oberst Nikolaus von Roville war nach dem Musterungsakt des Regiments vom 21. Nov. 1620 an diesem Tage schon gestorben: Allgem. Reichs-A. 30jähr. Kr. B. IX. Bl. 128 u. 129.

### Regiment z. F. Marcoussey-Florainville.

Näheres siehe bei Regiment z. Pf. Marcoussey. Aus der bayerischen Kriegsrechnung ergibt sich der 26. Mai 1620 als Eintritt in die Bestallung der Liga. Vom Oktober 1620 an wurde das Regiment nach dem Oberstlieutenant Florainville genannt.

Ob sich der „Accord" mit einem Oberst auf 2000 Mann (siehe Allgem. Reichs-A. 30jähr. Kr. Bd. I. 721) auf dieses Regiment bezieht, ist noch zweifelhaft.

Musterung nach Prager Schlacht: Allgem. Reichs-A. 30-
jähr. Kr. B. IX. 65—70. Auf 5 Fähnlein reformiert.

### Regiment z. F. Baur (würzburgisches).

Der Errichtungstag dieses Regiments z. F. ist nicht bekannt.
Doch hat es vermutlich schon vor 1. Juni 1619 bestanden.[1])
Allgem. Reichs-A. 30jähr. Kr. Bd. XXII. 44. Es wäre hienach
in den Rheinlanden geworben worden. In die Bestallung der Liga getreten 1620 28. Aug. (bayr.
Kriegsrechnung) den Marsch vom Main in das Bistum Eich-
städt und von hier nach dem Lallinger Winkel Heilmann
II. 1. 60 Anm. Soden II. 18. Einnahme von Taus 12. Okt.
1620. Heilmann II. 1. 69. Nach Krebs Dr., Seite 60
trifft das Regiment am 4. November 1620 beim bayerisch-
ligistischen Heere ein. Anteil an der Schlacht bei Prag. Krebs
S. 122.

Ueber die Verwenduug Baurs als Truppenbefehlshaber
von Prag: Frankf. Messrel. 1620. 50.

### Regiment z. F. Schmidt.

Von den Ständen des Landes Oesterreich ob der Enns
in die Bestallung der Liga getreten, 24. Aug. 1620: Allgem.
Reichs-A. 30jähr. Kr. Fasc. IV. 50 bayr. Kriegsr. Krebs Dr.
S. 35.

Vorträge zum Regiment Schmidt finden sich Kriegs-A.
B. 30jähr. Linzer Hauptkriegsrechnung Ld. 28. 117.

Hiernach war das Fähnlein Franz Festi wohl am Schlacht-
tage von Prag nicht beim Regimente.

Vermutlich war das Oberstlieutenants Fähnlein (v. Sichart)
ebenfalls nicht bei Prag.

Dagegen gehört Fähnlein Saint-Julien zum Regiment
Schmidt.

Die Beteiligung des Regiments an der Einnahme Piseks
und an der Schlacht am weiss. Berg hat Krebs 102.

---

1) Gleichzeitig kömmt ein spanisches Regiment Bauer vor.

# Zusätze und Berichtigungen.

1. Bei den in der Einleitung aufgeführten Quellen ist das Grossherzoglich Badische General-Landesarchiv zu Karlsruhe einzufügen, welches in seinen Kriegsakten vom Jahre 1621 über die Befestigungsanlagen bei Oppenheim, Worms, Russheim südöstlich Germersheim u. a. O. Aufschlüsse zu erteilen vermag.

2. Seite 45 Zeile 9 von oben ist schon der Gleichheit halber „unterösterreichischen" anstatt „Unterösterreichischen" zu lesen.

3. Seite 89 Zeile 13 von unten ist zu lesen: „Günderode" statt „Gründerode".

4. Seite 136 Zeile 3 von unten ist zu lesen: „ihre" statt „seine".

5. Seite 143 Zeile 12 von oben ist zu lesen: 1607 statt 1606.

6. Seite 182 Anm. 1e ist zu lesen: „Gindely IV." anstatt „Gindely II."

7. Bei nachstehenden Familiennamen ist „Fränkhing", „Orttenburg", „Khevenhiller", „De Roye" und „Peblis" als die richtige Schreibart einzusetzen.